高职高专“十二五”国际商务专业规划教材

国际商法

——国际商务法律实务

（第二版）

童宏祥　主　编
王卓亚　副主编

上海财经大学出版社

图书在版编目(CIP)数据

国际商法:国际商务法律实务/童宏祥主编．—2版．—上海:上海财经大学出版社,2015.2

(高职高专"十二五"国际商务专业规划教材)

ISBN 978-7-5642-1991-8/F·1991

Ⅰ.①国… Ⅱ.①童… Ⅲ.①国际商法-高等职业教育-教材
Ⅳ.D996.1

中国版本图书馆CIP数据核字(2014)第187504号

□ 责任编辑 刘晓燕
□ 电　　话 021—65903667
□ 电子邮箱 exyliu@sina.com
□ 封面设计 钱宇辰

GUOJI SHANGFA

国际商法

——国际商务法律实务

(第二版)

童宏祥 主 编

王卓亚 副主编

上海财经大学出版社出版发行
(上海市武东路321号乙 邮编200434)
网　　址:http://www.sufep.com
电子邮箱:webmaster @ sufep.com
全国新华书店经销
同济大学印刷厂印刷
上海景条印刷有限公司装订
2015年2月第2版 2015年2月第1次印刷

710mm×960mm 1/16 18.75印张 336千字
印数:8 001—12 000 定价:36.00元

(本书有电子课件和参考答案,欢迎向责任编辑索取)

前　言

《国际商法——国际商务法律实务》(第二版)保持了原版本的基本框架和基本内容,删除了已经变更的法律法规条文,并增加了新的法规内容。

本书从国际商务的视角,围绕着进出口业务活动所涉及的相关法律法规,系统地介绍了国际商事组织法、工业产权法、产品质量法、国际货物买卖合同法、代理法、国际货物运输法、国际结算制度、海洋货运、航空货运和陆上货运保险条款、进出口管理条例、检验法、海关法、票据法、国际结算惯例和国际商事仲裁法、诉讼法的主要内容,突出了以案例为主导的地位。《国际商法——国际商务法律实务》强调理论知识与实际案例相结合,边讲边议,并通过“议题”和“思考与检测”的形式来帮助学生加以理解和掌握。本书可作为高等职业院校国际商务、报关与货运代理、国际物流等专业的商务法律专业教材。

本书是由上海立达职业技术学院童宏祥教授担任主编,由上海立达职业技术学院王卓亚副教授担任副主编,上海立达职业技术学院其他老师予以参编。具体编写分工是:童宏祥(第一章、第二章),王卓亚(第三章、第四章),王晓艳(第五章),程欣然(第六章),卢香竹(第七章),刘中州(第八章),叶紫琪(第九章),全书由童宏祥教授统稿。由于笔者的水平有限,书中难免有错误或纰漏,恳请同行和专家不吝赐教。

编　者

2015 年 1 月

目 录

第一章　国际商事组织形式与确立

——国际商事组织法律

学习目标

- 公司的基本特征与分类
- 公司依法设立的条件和程序
- 公司资本的法律特征和出资形式
- 有限责任公司与股份有限公司依法设立的条件和程序
- 有限责任公司与股份有限公司资本的出资形式
- 有限责任公司与股份有限公司的组织机构

国际商务活动的主体是各类商事组织。商事组织是社会团体或个人依法设立的，以自己名义从事商务活动的社会经济机构。商事组织受国际商事组织法和有关法律的制约，其一切交易必须在法律规定的范围内，不得违背交易规则。国际商事组织法是规范商事企业的设立、组织、经营、变更、解散、清算以及商事企业对内、对外关系的一系列组织结构和行为规则的部门法律，在我国其主要包括《公司法》、《个人企业法》和《合伙企业法》。

第一节　公司法

公司是现代法人制度的核心，是现代市场经济条件下最重要的商事组织形式。公司是指依据各国公司法的规定而组织、登记设立的，以营利为目的的企业法人。《中华人民共和国公司法》(以下简称公司法)第 2 条规定："本法所称公司是指依照本法在中国境内设立的有限责任公司和股份有限公司。"

公司法是指规定公司设立、组织、运营、变更、解散以及股东权利、义务和公司内部、外部关系的法律规范的总称，其调整的对象是公司内部和外部的财产关系、公司内部和外部的组织管理与协作关系等。我国公司法于 1993 年 12 月由全国人大常委会审议通过，随着市场经济的发展和经济体制改革的深入，公司法分别于 1999 年、2005 年、2013 年进行了三次修正，修正后的公司法自 2014 年 3 月 1 日起施行。第三次公司法的修正主要体现在放宽注册资本登记条件、简化登记事项和文件、完善公司设立制度等方面，有利于鼓励个人创业和对行政机关的简政放权。

案例导入

李丝和张季留日归国，与民营企业主王好商议共同投资设立上海四季好服装有限责任公司，并签订了发起人协议。协议规定李丝、张季各出资 100 万元，王好以原公司厂房和设备投资（经评估折价为 120 万元），为此，李丝和张季按规定各将 100 万元存入了公司在银行开设的账户，王好也办理了财产权的转移手续，并依法获得了验资证明。然后，三人共同制定公司章程，王好为董事长，李丝为副董事长，张季为董事和总经理，并持公司章程、验资证明和公司登记申请书等材料向工商行政管理部门申请设立登记，经核准并获得公司营业执照。

根据《公司法》的基本理论，请思考下列问题：

1. 公司的基本特征有哪些？

2. 公司从不同角度如何进行分类？

一、公司的基本特征

1. 公司是以营利为目的的经济组织

公司以营利为目的是指设立公司的目的以及公司的运作，都是为了谋求经济利益。公司的营利性是公司的本质属性。公司是由投资者出资组成，投资者的投资目的当然是为了获得投资的收益和回报，因而，在一定意义上公司是投资者实现其投资利益的工具。所以，营利是一切企业组织存在和活动的基本动机和目的，是经营活动的出发点和归宿点。

公司的营利性也是公司区别于国家机关、事业单位以及其他社会团体等法人组织的重要标志。营利性法人的宗旨是获取利润并将利润分配于成员（出资者或股东）；而非营利性法人的宗旨是发展公益、慈善、宗教、学术事业，它们即使从事商业活动，赚取利润，也只是以营利为手段，旨在实现与营利无关的目的。

2. 公司具有法人资格

法人是在法律上赋予与自然人相同的具有民事权利能力和民事行为能力的民事主体，是依法独立享有民事权利、承担民事义务的组织。公司作为法人组织，具体表现为公司拥有独立的财产，设有独立的组织机构和独立承担法律责任。

二、公司的分类

1. 以公司股东对公司的责任形式为依据，分为无限公司、有限责任公司、股份有限公司、两合公司

(1)无限公司

无限公司是无限责任公司的简称，是指由两个以上的股东组成的、全体股东对公司债务承担无限连带责任的公司。无限公司一般组织结构稳定，股东信用可靠，但是由于股东承担的风险很大，使其规模难以发展，因此，实践中，无限公司多为中小企业。

(2)有限责任公司

有限责任公司又称为有限公司，是指股东以其认缴的出资额为限对公司承担责任，公司以其全部财产对公司的债务承担责任的公司。

(3)股份有限公司

股份有限公司又称为股份公司，是指股东以其认购的股份为限对公司承担责任，公司以其全部财产对公司的债务承担责任的公司。

(4)两合公司

两合公司是指由无限责任公司股东和有限责任公司股东共同组成，无限责任公司股东对公司债务负连带无限责任，有限责任公司股东对公司债务仅以其认缴的出资额为限承担有限责任的公司。

2. 以公司股份的发行与转让的形式为依据，分为封闭式公司、开放式公司

(1)封闭式公司

封闭式公司又称为不上市公司，其特点是公司的股份只能向特定范围的股东发行和有条件转让，而不是在证券交易所公开向社会发行并进行买卖。

(2)开放式公司

开放式公司又称为上市公司，即可在证券市场上向社会公开发行股票，并在证券交易所自由地买卖或交易。

3. 以公司之间的隶属关系为依据，分为总公司与分公司、母公司与子公司

(1)总公司与分公司

总公司又称为本公司，是指依法设立并管辖公司全部组织的具有企业法人资格的总机构。

分公司是指在业务、资金、人事等方面受本公司管辖而不具有法人资格的分支机构，其民事责任由总公司承担。公司设立分公司，应向公司的登记机关申请登记，领取营业执照。

(2)母公司与子公司

母公司又称为控股公司，是指其拥有其他公司一定数额的股份或根据协议，能够控制、支配其他公司的人事、财务、业务等事项的公司。

子公司是指一定数额的股份被另外一公司控制或依照协议被另一公司实际控制、支配的公司。子公司具有独立的法人资格，自由拥有自己的财产，自己的公司名称、章程和董事会，对外独立开展业务和承担责任。

议题一

江苏玩具有限公司是国有独资公司，苏州玩具有限公司是由江苏玩具有限公司独资创办的子公司。目前，苏州玩具有限公司对外负债100万元，无力偿还，而该债务是在江苏玩具有限公司决策与指示下以苏州玩具有限公司的名义进行贸易造成的。请分析，该100万元的债务应当由谁承担?

4. 以公司之间的特殊联系为依据，分为关联公司与公司集团

(1)关联公司

关联公司又称为关联企业，是指两个以上独立存在而相互之间又具有稳定、密切的业务联系或投资关系的公司。如母公司与作为子公司的上市公司之间的关系是典型的关联公司。关联公司之间的关系属于关联关系。关联关系是指公司控股股东、实际控制人、董事、监事、高级管理人员与其直接或者间接控制的企业之间的关系，以及可能导致公司利益转移的其他关系。但是，国家控股的企业除外。

(2)公司集团

公司集团又称为企业集团，是指在同一管理之下，由法律上独立的若干企业或公司联合组成的团体。公司集团中处于主导地位的是母公司。在我国的实践中，又把公司集团的母公司称为集团公司，公司集团的成员都属于关联公司或从属公司。

5. 以公司的国籍为依据，分为本国公司、外国公司、跨国公司

(1)本国公司

本国公司是依据本国法律在国境内设立的公司，包括国内的外商投资企业。

(2)外国公司

外国公司是指依照外国法律在国境外设立的公司,并可在国境内设立分支机构。外国公司在国境内设立的分支机构不具有所在国法人资格,其经营活动由外国公司承担民事责任。

(3)跨国公司

跨国公司是指以本国为基地或中心,在不同国家或地区设立分支机构、子公司或其他企业形式,从事跨国性生产经营活动的经济组织。跨国公司并非法律意义上的“公司”,实际上是指国家性的公司集团,表明的是公司之间的一种特殊关系。

知识连接 **公司国籍认定的标准**

国籍认定在国际上主要有以下三种方法:

1. 依注册登记地确定公司的国籍(我国采用该方法)。
2. 依公司主要营业地确定公司的国籍。
3. 依股东国籍确定公司的国籍。

6. 以公司的信用基础为依据,分为人合公司、资合公司与人合兼资合公司

(1)人合公司

人合公司是指以股东个人条件作为公司信用基础而组成的公司。人合公司的对外信用主要取决于股东个人的信用状况,故人合公司的股东之间通常存在特殊的人身信任或人身依附关系。无限责任公司是典型的人合公司。

(2)资合公司

资合公司是指以公司资本规模作为公司信用基础而组成的公司。资合公司的对外信用主要取决于公司的资本规模,而非股东个人的信用情况,公司股东之间以出资相结合,无须相互了解。有限责任公司具有一定资合公司特点,而股份有限公司是典型的资合公司。

(3)人合兼资合公司

人合兼资合公司是指以股东个人条件和公司资本规模作为公司信用基础而组成的公司,从而公司既有人合性质又有资合性质。两合公司、股份两合公司和有限责任公司均为此类公司。

三、公司的设立

公司设立是指公司设立人依照法定的条件和程序,为组建公司并取得法人资格而必须采取和完成的法律行为。

1. 公司设立的原则

公司设立的原则是指一个国家在法律上对公司设立基本方式的要求。

我国公司法规定，设立公司应当依法向公司登记机关申请设立登记。符合本法规定的设立条件的，由公司登记机关分别登记为有限责任公司或者股份有限公司；不符合本法规定的设立条件的，不得登记为有限责任公司或者股份有限公司。法律、行政法规规定设立公司必须报经批准的，应当在公司登记前依法办理批准手续。因此，股份公司的设立与有限责任公司一样，原则上实行严格准则主义，对于特殊行业必须经审批的，才实行核准主义。

议题二

无锡民营企业家根据市场的需求，单独出资建立无锡职业培训中心。于是，制定了公司章程，随附5 000万元的验资证明和公司登记申请书等材料向工商行政管理部门申请设立登记。请分析，工商行政管理部门是否准予登记并发放营业执照，为什么？

2. 公司设立的方式

公司设立方式分为发起设立与募集设立两种。

(1)发起设立

发起设立是指由发起人认购公司应发行的全部股本或股份而设立的公司。有限责任公司的设立采取发起设立的方式。

(2)募集设立

募集设立是指由发起人认购公司应发行股份的一部分，其余股份向社会公开募集或者向特定对象募集而设立公司。采用募集设立方式的主要是股份有限公司，由于其资本规模较大，涉及众多投资者的利益，故各国法律均对其设立程序严格限制。我国公司法规定，以募集设立方式设立的股份有限公司，发起人认购的股份不得少于公司股份总数的35%，法律、行政法规另有规定的，从其规定。

3. 公司章程

公司章程是指关于公司的组织、内部关系和开展业务活动的基本规则和依据，是以书面形式固定下来的全体股东共同一致的意思表示。

公司章程是公司成立的必备要件之一，它是指导公司设立及未来运作的基本准则，对于公司本身、公司股东、公司董事、监事和高管人员都有必要而严格的约束。

(1)公司章程的制定

公司章程原则上应由全体股东共同制定，但公司章程的制定主体与程序因公司类型不同而有所不同。如我国公司法规定，有限责任公司的公司章程的制定者是公司设立时的所有股东。股份有限公司采取发起设立的，其公司章程制定者为发起人；股份有限公司采取募集设立的，由于公司股东不仅包括公司发起人，还包括认股的社会公众或特定范围内的认股对象，因此，其章程的制定过程既需要发起人的制定，又必须经过创立大会的通过。

(2)公司章程的内容

公司章程的内容依公司类型的不同而有差别。我国公司法规定，有限责任公司的公司章程内容主要有：公司名称和住所，公司经营范围，公司注册资本，股东的姓名或者名称，股东的出资方式、出资额和出资时间，公司的机构及其产生办法、职权、议事规则，公司法定代表人，股东会会议认为需要规定的其他事项。股东应当在公司章程上签名、盖章。

议题三

李丝、张季与王好为了共同投资设立上海四季好服装有限责任公司，签订了发起人协议，并制定了公司章程。章程内容详细记载了公司名称及住所、经营范围、注册资本、出资金额与方式、股东姓名、法定代表人以及需要规定的其他事项。请分析，该章程有效吗，为什么？

股份有限公司的公司章程内容包括：公司名称和住所；公司经营范围；公司设立方式；公司股份总数、每股金额和注册资本；发起人的姓名或者名称、认购的股份数、出资方式和出资时间；董事会的组成、职权、任期和议事规则；公司法定代表人；监事会的组成、职权、任期和议事规则；公司利润分配办法；公司的解散事由与清算办法；公司的通知和公告办法；股东大会认为需要规定的其他事项。

知识连接 **公司法人人格否认制度**

公司法人人格否认制度是指为了防止公司人格的滥用、保护公司债权人利益和社会公共利益，针对具体法律关系中的具体事实，否认公司的独立人格和股东的有限责任，责令股东对公司债权人或者社会公共利益直接负责的一种法律制度。

根据《公司法》第 20 条的规定，公司股东应当遵守法律、行政法规和公司章程，依法行使股东权利，不得滥用股东权利损害公司或者其他股东的利益；不得滥用公司法人独立地位和股东有限责任损害公司债权人的利益。公司股东滥用股东权利给公司或者其他股东造成损失的，应当依法承担赔偿责任。公司股东滥用公司法人独立地位和股东有限责任，逃避债务，严重损害公司债权人利益的，应当对公司债务承担连带责任。

四、公司资本

公司资本又称为股本或股份总额，是公司章程确定并载明的股东出资总额。公司的资本是公司取得法人资格、设立的基本条件。

1. 公司资本的法律特征

(1)公司资本是公司自有的独立财产

公司法人成立的条件之一就是要具有独立的财产，在《公司法》的表现形式上就是公司资本。

(2)公司资本来源于股东的出资

公司资本只能由股东出资构成，股东的出资总额即为公司资本总额。

(3)公司资本表现为一定的数额

公司资本是将公司的各种出资形式表现为具体数额，如为实物、知识产权和土地使用权等形式的出资，应当进行评估，转化为数额形式，才能计入资本。

(4)资本是由公司章程确定并载明的

公司资本是公司章程的必要事项，是在公司成立时由发起人或认股人协商确定，如公司资本发生变动，需要对公司章程进行修改。

2. 股东出资的形式

出资是指公司设立时或者增加资本时，根据法律和章程的规定，按照认股协议的约定向公司交付财产或履行其他给付义务以取得股权的行为。出资既是公司设立的重要条件，同时也是股东的最基本的义务。股东出资的具体形式如下：

(1)货币

货币是股东最主要的出资方式。

(2)实物

实物是股东最主要的非货币出资方式，实物主要包括房屋、设备、车辆等，对其估价后，办理登记和过户手续，向公司实际转移。

(3)知识产权

知识产权包括著作权、专利权、商标权、发明权及其他科技成果。当然,各国关于知识产权的法律上的认定有所不同,但是,随着世界经济一体化、全球化的发展,这种区别正在消失。对于那些智力密集型的高科技公司,知识产权出资甚至成为最主要的形式。

(4)土地使用权

在我国,土地是属于国家与集体所有的,个人不允许拥有土地所有权,但是可以允许拥有土地使用权。拥有土地使用权可以提供最基本的经营生产场所,因此,以土地使用权出资可以降低公司经营成本。

议题四

李丝、张季与民营企业主王好商议共同投资设立上海四季好服装有限责任公司,由李丝、张季各出资100万元,王好以原公司厂房和设备投资。在向工商行政管理部门申请设立登记并获得公司营业执照后,开始进行生产和商务活动。一年后,公司业绩不理想,于是邀请当地的著名主持人加入,以其姓名的使用权进行出资。请分析,该主持人的出资合法吗?为什么?

3. 公司资本的变动

由于公司经营活动的发展、业务范围和市场状况的变化,公司资本会作相应的增加或减少。

(1)公司的增资

公司的增资是指公司依法增加注册资本的行为。上市公司一般通过公开发行新股的方式增资。有限责任公司和不上市的股份有限公司则是以原股东追加投资或者接纳新出资人的方式来完成增资。

(2)公司的减资

公司的减资是指公司依法减少注册资本的行为。公司减资主要有减少股份总额、减少每股金额或既减少股份总额又减少每股金额三种方式。我国公司法对于减资作了较为严格的限制,必须依照法定的条件和程序进行。

五、公司董事、监事、高管人员的资格和义务

1. 公司董事、监事、高管人员的资格

各国关于公司董事、监事、高管资格的法律规定原则上差不多。我国公司法规定,有下列情形之一的,不得担任公司的董事、监事、高级管理人员:

(1)无民事行为能力或者限制民事行为能力；

(2)因贪污、贿赂、侵占财产、挪用财产或者破坏社会主义市场经济秩序，被判处刑罚，执行期满未逾五年，或者因犯罪被剥夺政治权利，执行期满未逾五年；

(3)担任破产清算的公司、企业的董事或者厂长、经理，对该公司、企业的破产负有个人责任的，自该公司、企业破产清算完结之日起未逾三年；

(4)担任因违法被吊销营业执照、责令关闭的公司及企业的法定代表人，并负有个人责任的，自该公司、企业被吊销营业执照之日起未逾三年；

(5)个人所负数额较大的债务到期未清偿。

如在选举、委派董事、监事或者聘任高级管理人员时，有上述情形之一的，该选举、委派或者聘任无效；如董事、监事、高级管理人员在任职期间出现上述情形之一的，公司应当解除其职务。

2. 公司董事、监事、高管人员的义务

各国关于公司董事、监事、高管的义务在法律上的原则规定也差不多。我国公司法规定，董事、监事、高级管理人员应当遵守法律、行政法规和公司章程，对公司负有忠实和勤勉义务，不得利用职权收受贿赂或者其他非法收入，不得侵占公司的财产。具体而言，董事、高级管理人员不得有下列行为：

(1)挪用公司资金；

(2)将公司资金以其个人名义或者以其他个人名义开立账户存储；

(3)违反公司章程的规定，未经股东会、股东大会或者董事会同意，将公司资金借贷给他人或者以公司财产为他人提供担保；

(4)违反公司章程的规定或者未经股东会、股东大会同意，与本公司订立合同或者进行交易；

(5)未经股东会或者股东大会同意，利用职务便利为自己或者他人谋取属于公司的商业机会，自营或者为他人经营与所任职公司同类的业务；

(6)接受他人与公司交易的佣金归为己有；

(7)擅自披露公司秘密；

(8)违反对公司忠实义务的其他行为。

议题五

张名先生是大华贸易公司的经理，近期股市火暴，于是将公司的部分资金以其个人名义购买新股。获利后，将其存入自己的账户。请分析，对张经理的行为应当如何处理？

知识连接 独立董事制度

独立董事制度是董事会这一内部机构的外部化，对内部人形成一定的监督制约力量。独立董事由股东大会选举产生，不是由大股东委派或推荐，代表公司全体股东和公司整体利益监督高级管理人员，检讨董事会和执行董事的表现，就公司的发展战略、业绩、资源、主要人员任命和操守标准、薪酬等问题作出独立判断。

独立董事的监督主要表现为：独立董事主要通过参与董事会下设的各种专门委员会如审计委员会、提名委员会、薪酬委员会来实现其监督。审计委员会负责定期与公司的内部审计员或首席财务官协同工作，并充分利用公司外部合法的审计员，有效地监督公司的财务报告过程，督察公司内部的审计程序，详细讨论审计业务中的问题，收集审计师们关于审计管理方面的建议，评估公司的内部控制制度；薪酬委员会和提名委员会通过制订内部董事和经理人员的薪酬政策、方案和提名董事会经理人选，对其起到监督与督促的作用。

六、公司的合并与分立

1. 公司的合并

公司合并是指两个或两个以上的公司订立合并协议，无须通过解散、清算程序，直接结合为一个公司的法律行为。公司合并的途径：一是吸收合并，又称为兼并，是指一个或一个以上的公司并入另一家公司，并入方解散，接纳方存续的合并。例如1996年12月15日，世界航空制造业排行第一的美国波音公司宣布与世界航空制造业排行第三的美国麦道公司合并，此后具有76年历史的麦道公司不再存在。二是新设合并，又称为创立合并，是指两个或两个以上的公司合并为一个新公司的同时，各原有公司全部解散的合并。例如1998年7月23日，国泰证券公司与君安证券公司实现合并，合并后成立一个新的公司——国泰君安证券股份有限公司，而原国泰证券公司与君安证券公司不再存在。

各国关于公司合并必须要履行的法定程序有所不同。我国公司法规定，公司合并必须要履行的法定程序如下：

(1)由股东会(股东大会)作出合并决议。

(2)参加合并的各方在平等协商的基础上签订合并协议。

(3)编制资产负债表及财产清单，确定合并各方的公司资产。

(4)自合并决议之日起10日内通知债权人,并于30日内在报纸上公告;债权人自接到通知书之日起30日内,未接到通知书的自公告之日起45日内,要求公司清偿债务或者提供相应的担保。

(5)依法向公司登记机关办理合并登记手续。合并各方的债权、债务,应当由合并后存续的公司或者新设的公司承继。

2. 公司的分立

公司的分立是指一个公司通过依法签订分立协议,不经过清算程序,分为两个或两个以上公司的法律行为。公司分立可以采取派生分立与新设分立两种类型:派生分立是指公司以其部分资产另设一个或数个新的公司,原公司存续;新设分立是指公司全部资产分别划归两个或两个以上的新公司,原公司解散。

各国关于公司分立必须要履行的法定程序有所不同。我国公司法规定,公司分立必须要履行的法定程序如下:

(1)由股东会(股东大会)作出分立决议。

(2)由各方在平等协商的基础上签订分立协议。

(3)进行财产分割。

(4)编制资产负债表及财产清单。

(5)在分立决议之日起10日内通知债权人,并于30日内在报纸上公告。

(6)依法向公司登记机关办理分立登记手续。公司分立前的债务由分立后的公司承担连带责任,但在分立前与债权人就债务清偿达成的书面协议另有约定的除外。

议题六

南通大地有限责任公司由甲、乙股东投资设立,海门天空有限责任公司由丙、丁投资设立。之后,南通大地有限责任公司被海门天空有限责任公司兼并,股东为甲、乙、丙、丁四方。在兼并前,南通大地有限责任公司有40万元债务尚未偿还。请分析,合并前的原南通大地有限责任公司的40万元债务应由谁偿还,为什么?

七、公司的解散和清算

1. 公司解散

公司解散是指已成立的公司因发生法律或章程规定的解散事由而停止业务活动。公司解散的原因主要有:

(1)公司章程规定的营业期限届满或者公司章程规定的其他解散事由出现;

(2)股东会或者股东大会决议解散；

(3)因公司合并或者分立需要解散；

(4)依法被吊销营业执照、责令关闭或者被撤销；

(5)公司经营管理发生严重困难，继续存续会使股东利益受到重大损失，通过其他途径不能解决的，持有公司全部股东表决权10%以上的股东，可以请求法院解散公司，法院可以予以解散。

2. 公司清算

公司清算是指终结已解散公司的一切法律关系，处理公司剩余财产，使公司法人资格最终归于消灭的法律行为。公司解散是公司清算的原因，只有经解散并清算后才最终使公司法人资格消灭。

(1)清算机构

根据法律规定，一般在清算过程中，代表被解散公司依法执行清算事务的清算机构的组成有三种情形：一是有限责任公司的清算机构由股东组成；二是股份有限公司的清算机构由董事或者股东大会确定的人员组成；三是逾期不成立清算机构进行清算的，债权人可向法院申请指定有关人员组成清算机构进行清算。

清算机构在清算期间行使的职权主要有：

①清理公司财产，分别编制资产负债表和财产清单；

②通知、公告债权人；

③处理与清算有关的公司未了结的业务；

④清缴所欠税款以及清算过程中产生的税款；

⑤清理债权、债务；

⑥处理公司清偿债务后的剩余财产；

⑦代表公司参与民事诉讼活动。

(2)清算程序

根据法律规定，清算程序一般如下：

①成立清算组。除因公司合并或者分立需要解散外，应当在解散事由出现之日起15日内成立清算组，开始清算。

②通知、公告债权人并进行债权登记。我国公司法规定，清算机构应当自成立之日起10日内通知债权人，并于60日内在报纸上公告。债权人应当自接到通知书之日起30日内，未接到通知书的自公告之日起45日内，向清算机构申报其债权。债权人申报债权，应当说明债权的有关事项，并提供证明材料。清算机构对债权进行登记，在申报债权期间不得对债权人进行清偿。

③清理公司财产，制定清算方案。我国公司法规定，清算机构在清理公司财产、编制资产负债表和财产清单后，应当制定清算方案，并报股东会、股东大

会或者法院确认。如果清算机构在清理公司财产、编制资产负债表和财产清单后,发现公司财产不足以清偿债务的,应依法向法院申请宣告破产,经法院裁定破产后,将清算事务移交给法院。

④分配公司财产。我国公司法规定,公司财产法定的分配顺序为:支付清算费用;支付职工的工资、社会保险费用和法定补偿金;缴纳所欠税款;清偿公司债务;向股东分配剩余财产,有限责任公司按照股东的出资比例分配,股份有限公司按照股东持有的股份比例分配。公司财产在未按前款规定清偿前,不得分配给股东。

⑤清算程序终结。我国公司法规定,公司清算结束后,清算机构应当制作清算报告,报股东会、股东大会或者人民法院确认,并报送公司登记机关,申请注销公司登记,公告公司终止。

第二节　有限责任公司

有限责任公司是指公司的股东以其认缴的出资额为限对公司承担责任,公司以其全部财产对公司的债务承担责任的企业法人,是公司法主要调整的对象之一。

案例导入

王名、李莉、张颖和方正四位海归人士拟设立上海进出口有限公司,从事棉纺织品等进出口贸易业务。该公司注册资本为1 000万元,王名、李莉、张颖和方正四位股东各出资 100 万元,拟通过发行股票对外募集 600 万元,并设立董事会,确认了董事人选,通过了公司章程。在向注册地工商行政部门申报时,提交了有关规定的资料,但未获得批准。根据法律关于有限责任公司的规定,请思考下列问题:

1. 有限责任公司的法律特征如何?
2. 有限责任公司依法设立的条件和程序是什么?
3. 有限责任公司资本的出资形式和组织机构有哪些?
4. 公司资本的法律特征和出资形式有哪些?

一、有限责任公司的特征与设立

1. 有限责任公司的特征

有限责任公司的法律特征如下:

(1)股东人数的限制性

各国公司法对此有不同规定。我国公司法规定,有限责任公司由50个以下股东出资设立,对有限责任公司的股东人数作出了最高限制。

(2)股东责任的有限性

有限责任公司的股东仅以其认缴的出资额为限,对公司承担责任,对公司债权人不承担直接责任。

(3)具有人资两合性质

有限责任公司的资合性表现为每个股东都必须出资才能成为公司的股东,其人合性在于公司股东之间的相互信任以及良好的关系是公司得以成立的重要前提。因此,有限责任公司是将资金的联合与股东之间的信任作为公司两个不可或缺的共同信用基础。

(4)公司设立比较简易

有限责任公司的设立手续较为简易,只有发起设立,没有募集设立的方式。

(5)公司机构设置灵活

由于有限责任公司的人资两合性质,其机构设置一般较为灵活,不一定都要设置股东会、董事会和监事会。如我国公司法规定,股东人数较少或者规模较小的有限责任公司,可以设一名执行董事,不设立董事会,执行董事可以兼任公司经理。

(6)公司具有封闭性

有限责任公司不得向社会公开募集股份、发行股票,严格限制股东对外转让出资,不向社会公开公司的经营状况等。

2. 有限责任公司的设立

(1)有限责任公司的设立条件

各国公司法对设立有限责任公司的条件有不同规定。我国的规定如下:

①规范的公司名称。公司名称的组成具体包括四个部分:公司登记地的行政区划名称;商号;公司营业所属的行业;公司的组织形式,即有限责任公司。

②固定的公司住所。公司以其主要办事机构所在地为住所。

③股东共同制定公司章程。有限责任公司的章程是公司自治性契约,理应由全体股东共同制定,在工商行政机关登记后产生法律效力。

④股东人数符合法定要求。有限责任公司应由50人以下的股东出资设立。

⑤有符合公司章程规定的全体股东认缴的出资额。根据2013年最新修改的公司法的规定,有限责任公司的注册资本为在公司登记机关登记的全体股东认缴的出资额。法律、行政法规以及国务院决定对有限责任公司注册资本实缴、注册资本最低限额另有规定的,从其规定。新公司法取消了公司注册资本最低限额的限制,同时也取消了股东首次出资的数额限制和时间限制,更多体

现了公司自治的思想，只要股东出资符合公司章程的规定，就可以向工商部门提出设立的申请。

议题七

公司法对公司注册资本最低限额的规定经历了几个阶段，1993 年公司法规定了四种行业有限责任公司注册资本的最低限额。最低的是科技开发、咨询、服务性公司，要求注册资本人民币 10 万元；最高的是以生产经营和商品批发为主的两类公司，要求注册资本是 50 万元，并且不管是哪一类公司，均要求出资必须由股东一次全部缴清。2005 年公司法将有限责任公司的注册资本最低限额降低到人民币 3 万元，并且允许股东分期缴纳认缴的出资额。2013 年公司法则全部取消了公司成立对注册资本最低限额的要求，股东出资额只要符合公司章程的规定即可。关于公司注册资本的问题，本次公司法对原公司法的规定进行了较大的修改，试分析这种修改背后的立法目的。

(2)有限责任公司的设立程序

关于有限责任公司的设立程序，各国公司法的规定大同小异。我国的规定如下：

①签订发起人协议。有限责任公司只能采取发起设立，发起人通常签订一份发起人协议，以明确各自的权利、义务和责任。

②制定公司章程。公司章程主要是规范公司内外的各种关系，应严格按照法律规定制定，并由股东在公司章程上签名、盖章。

③依法办理审批。如公司的行业或经营范围涉及法律、行政法规要求报经政府有关部门批准的，应在公司登记前依法办理批准手续。

④按章程缴纳出资。股东应当按照公司章程中规定的各自所认缴的出资额按期足额缴纳，股东以货币出资的，应当将货币出资足额存入有限责任公司在银行开设的账户，以非货币财产出资的，应依法办理其财产权的转移手续。2013 年新公司法取消了股东缴纳出资后经依法设立的验资机构出具验资证明的手续。

⑤申请设立登记。由全体股东指定的代表或者共同委托的代理人向公司登记机关报送公司登记申请书、公司章程等文件，申请设立登记。

⑥核准登记发照。公司登记机关，即各级工商行政管理部门，对公司设立登记的申请进行审查，对符合法定设立条件的申请予以登记并发给营业执照。公司营业执照签发日期为公司成立日期。

二、有限责任公司的组织结构

1. 股东会

股东会是有限责任公司的权力机构，其由全体股东组成。除一人有限责任公司与国有独资公司外，有限责任公司必须设立股东会。股东会是股东直接参与公司经营管理的重要形式，以会议形式在召开股东会议时存在。

(1)股东会的形式

股东会会议因召开的原因和时间不同，可分为首次会议、定期会议、临时会议。我国公司法规定，首次会议是指有限责任公司成立后召集的第一次会议，由出资最多的股东召集和主持，讨论并通过公司章程，选举公司董事会和监事会成员；定期会议是指按照公司章程规定的期限定期召开的股东会议，通常为一年；临时会议是指在两次定期会议之间因法定事由而临时召开的股东会议。根据《公司法》的规定，代表 1/10 以上表决权的股东、1/3 以上的董事，监事会或者不设监事会公司的监事提议召开临时会议的，应当召开临时会议。

(2)股东会的召开

召开股东会会议，各国公司法的规定不尽相同。我国公司法规定，应当于会议召开 15 日以前通知全体股东，并分为三种情形：一是董事会召集股东会，由董事长主持，董事长不能履行职务或者不履行职务的，由副董事长主持，副董事长不能履行职务或者不履行职务的，由半数以上董事共同推举一名董事主持。二是不设董事会的，由执行董事召集并主持股东会。三是董事会或执行董事不能履行或者不履行召集股东会会议职责的，由监事会或者不设监事会公司的监事召集和主持；监事会或监事不召集和主持的，代表 1/10 以上表决权的股东可以自行召集和主持。

(3)股东会的职权

股东会行使的职权有：决定公司的经营方针和投资计划；选举和更换非由职工代表担任的董事、监事，决定有关董事、监事的报酬事项；审议批准董事会的报告；审议批准监事会或者监事的报告；审议批准公司的年度财务预算方案、决算方案；审议批准公司的利润分配方案和弥补亏损方案；对公司增加或者减少注册资本作出决议；对发行公司债券作出决议；对公司合并、分立、变更公司形式、解散和清算等事项作出决议；修改公司章程；公司章程规定的其他职权。

(4)股东会决议

股东会决议可分为普通决议和特别决议两种形式。普通决议是指股东会就公司一般事项所作的决议，需经代表 1/2 以上表决权的股东通过；特别决议是指股东会就公司重要事项所作的决议，如修改公司章程、增加或者减少注册资本、公司合并或分立或解散等，必须经代表2/3以上表决权的股东通过。

2. 董事会

董事会是有限责任公司的执行机构和决策机构。但股东人数较少或者规模较小的有限责任公司，可以设一名执行董事，不设立董事会，二者性质与职权相同。

(1)董事会的组成

各国公司法的规定不尽相同。我国公司法规定，有限责任公司设董事会，其成员为3人至13人，其中董事长一人，可设副董事长和经职工代表大会通过的职工代表。董事长、副董事长的产生办法由公司章程规定。

董事任期由公司章程规定，我国公司法规定，每届任期不得超过3年。董事任期届满未及时改选，或者董事在任期内辞职导致董事会成员低于法定人数的，在改选出的董事就任前，原董事仍应当依照法律、行政法规和公司章程的规定，履行董事职务。

(2)董事会的职权

董事会对股东会负责，其职权有：召集股东会会议，并向股东会报告工作；执行股东会的决议；决定公司的经营计划和投资方案；制订公司的年度财务预算方案、决算方案；制订公司的利润分配方案和弥补亏损方案；制订公司增加或者减少注册资本以及发行公司债券的方案；制订公司合并、分立、变更公司形式、解散的方案；决定公司内部管理机构的设置；决定聘任或者解聘公司经理及其报酬事项，并根据经理的提名决定聘任或者解聘公司副经理、财务负责人及其报酬事项；制定公司的基本管理制度；公司章程规定的其他职权。

(3)董事会的召开

董事会会议由董事长召集和主持，董事长不能履行职务或者不履行职务的，由副董事长召集和主持，副董事长不能履行职务或者不履行职务的，由半数以上董事共同推举一名董事召集和主持。对董事会决议的表决，实行一人一票制。

3. 监事会

监事会是有限责任公司依法设立的，对董事、高级管理人员的经营管理行为及公司财务进行专门监督的常设机构。

(1)监事会的组成

监事会的人数，按我国公司法规定，不得少于三人，设主席一人，由全体监事过半数选举产生，要有职工代表大会或其他形式民主选举产生的职工代表，具体比例由公司章程规定。股东人数较少或者规模较小的有限责任公司，可以设一名执行监事，不设监事会，其性质、职权与监事会相同。董事、高级管理人员不得兼任监事。监事的任期每届为三年，任期届满未及时改选，或者监事在任期内辞职导致监事会成员低于法定人数的，在改选出的监事就任前，原监事仍应当依照法律、行政法规和公司章程的规定，履行监事职务。

(2)监事会的职权

监事会、不设监事会的公司的监事行使的职权范围是：检查公司财务；对董事、高级管理人员执行公司职务的行为进行监督，对违反法律、行政法规、公司章程或者股东会决议的董事、高级管理人员提出罢免的建议；当董事、高级管理人员的行为损害公司的利益时，要求董事、高级管理人员予以纠正；提议召开临时股东会会议，在董事会不履行法律规定的召集和主持股东会会议职责时召集和主持股东会会议；向股东会会议提出提案；依法对董事、高级管理人员提起诉讼；公司章程规定的其他职权。

(3)监事会的召开

我国公司法规定，监事会每年度至少召开一次会议，监事可提议召开临时监事会会议，其决议应当经半数以上监事通过。

有限责任公司可以设经理，由董事会决定聘任或者解聘。经理对董事会负责，行使的主要职权是：主持公司的生产经营管理工作，组织实施董事会决议；组织实施公司年度经营计划和投资方案；拟订公司内部管理机构设置方案；拟订公司的基本管理制度；制定公司的具体规章；提请聘任或者解聘公司副经理、财务负责人；决定聘任或者解聘除应由董事会决定聘任或者解聘以外的负责管理人员；董事会授予的其他职权。公司章程对经理职权另有规定的，从其规定。经理可列席董事会会议。

三、有限责任公司的股权转让

股权是指股东依法享有的对公司的财产进行管理、经营、受益等方面的权利。股权是股东的基本权利，主要包括资产受益、参与重大决策和选择管理者三大权利。实践中，股权的取得方式有两种：一是因出资而取得，二是因受让而取得。

1. 股权转让的一般规定

(1)股东之间的股权转让

根据《公司法》第 71 条第 1 款的规定，有限责任公司的股东之间可以相互转让其全部或者部分股权。

(2)股东向股东以外的人转让股权

根据《公司法》第 71 条第 2 款的规定，股东向股东以外的人转让股权，应当经其他股东过半数同意。股东应就其股权转让事项书面通知其他股东征求同意，其他股东自接到书面通知之日起满 30 日未答复的，视为同意转让。其他股东半数以上不同意转让的，不同意的股东应当购买该转让的股权；不购买的，视为同意转让。经股东同意转让的股权，在同等条件下，其他股东有优先购买权。两个以上股东主张行使优先购买权的，协商确定各自的购买比例；协商不成的，按照转让时各自的出资比例行使优先购买权。

2. 股权转让的特殊规定

(1)人民法院通过强制执行程序转让股权

在实践中，股东在负有个人债务时，如自身财产不足以清偿，法院为保障债权人的利益，可以对其享有的公司股权进行强制转让。根据《公司法》第 73 条的规定，人民法院依照法律规定的强制执行程序转让股东的股权时，应当通知公司及全体股东，其他股东在同等条件下有优先购买权。其他股东自人民法院通知之日起满 20 日不行使优先购买权的，视为放弃优先购买权。

(2)异议股东的股份回购请求权

异议股东是指对于股东会作出的影响股东利益的决议持反对意见的股东。异议股东享有请求公司以公平价格收购其持有的股份，从而退出公司的权利，这是《公司法》赋予异议股东的一项权利。

第三节　股份有限公司

股份有限公司是指由最低法定人数以上的股东依法设立，其全部资本等分为股份，其股东就其所认购的股份为限对公司承担责任的一种公司，是公司法主要调整的对象之一。

案例导入

邢胜高级工程师发明了一项生物药品专利，拟设立一家制药股份有限公司将其转为商品。邢胜与该项目组成员 8 人为发起人，签订了发起人协议，制订公司章程，每人出资 100 万元认购股份，拟对外募集 5 000 万元，并选举了公司董事、监事。在向注册地工商行政部门申请设立登记时，提交了有关规定的资料。登记机关受理核准后予以登记，并颁发营业执照。

根据法律关于股份有限公司的规定，请思考下列问题：

1. 股份有限公司的法律特征与设立条件是什么？
2. 股份有限公司设立的程序如何？
3. 股份有限公司资本的出资形式和组织机构有哪些？

一、股份有限公司的特征与设立

1．股份有限公司的特征

根据各国公司立法和公司法理论，股份有限公司主要有如下特征：

(1)法人性质

股份有限公司具有独立的人格、独立的财产以及独立承担责任，具有法人组织必须具备的全部法律特征。

(2)股东责任具有一定限制

股份有限公司的股东仅以其认购的股份为限对公司承担责任，股东对公司债权人不承担直接责任。

(3)股东人数有最低法定限制

当今许多国家的公司立法都对股份有限公司的股东人数作了最低限制，如我国《公司法》规定设立股份有限公司应有 2 人以上发起人，英国、法国、美国等公司立法都规定最低股东人数为 7 人。

(4)属于典型的资合公司

股份有限公司以所拥有的资本作为存在的基础，而并非基于股东个人的信用和地位，任何持有公司股票的人都可以成为公司股东。

(5)公司全部资本分为等额股份

股份是股份有限公司资本的基本单位，其形式为股票。股份有限公司通过公开发行股票向社会募集资金，并向社会公开公司经营状况。

2．股份的特征

(1)股份具有平等性

股份的平等性表现在两个方面：一是指每份股份代表的公司的资本额相等，即每一股的金额相等；二是指每份股份代表的股东权相等，即同种类的每一股份应当具有同等权利。

(2)股份具有不可分性

任何股份有限公司的资本均被划分为股份，股份是公司资本的最基本、最小的构成单位，所以每一份股份不可以再分割，但是股份的不可分割性，并不排斥数人共享一份股份。

(3)股份具有可转让性

股份公司是最典型的资合公司，以公司资产作为其信用基础，股东的个人信用并非公司对外的信用基础，股东之间的人身关系较为松散，因此，股份可以自由转让。

知识连接　股份的分类、发行、转让

1. 股票的分类

股份有限公司的股份采取股票的形式，股票是公司签发的证明股东所持股份的凭证，其分类如下：

(1)以股东承担的风险和享有的权益的大小为标准进行的分类：①普通股，构成股份公司股东的基础，持有者具有经营管理公司的权利，其股息随股份公司的利润变动而变动。②优先股，是指股份有限公司在筹集资本时给予认购者某些优先条件的股票，其股息率固定，持有者优先分配股利和剩余财产，但无经营管理权。

(2)以是否在股票票面和股东名册上记载股东姓名或名称为标准进行的分类：①记名股，是指在股票票面和股东名册上记载股东姓名或名称的一种股票。公司发行记名股票时，在股东名册上记载股东的姓名及住所、股东所持股份数及编号、股东取得股份的日期等事项。②不记名股，是指在股票票面和股东名册上不记载股东姓名或名称的一种股票，其可自由转让。

(3)以股票是否载有一定金额为标准进行的分类：①额面股，是指股票票面表明一定金额的股份。②无额面股，是指股票票面不表明一定金额，只表示其占公司资本总额一定比例的股份(我国不允许发行)。

(4)以投资主体的不同为标准进行的分类：①国家股，是指有权代表国家投资的部门或机构以国有资产向股份有限公司投资而形成的股份。②法人股，是指具有法人资格的组织以其可支配的财产向股份有限公司投资而形成的股份。③社会公众股，是指社会公众以其财产向股份有限公司投资而形成的股份。④外资股，是指外国的投资者以购买人民币特种股票的形式，向公司投资而形成的股份。

2. 股份的发行

股份发行是指股份有限公司以募集资本为目的，而向投资者出售或分配自己股份的行为。根据发行目的的不同，股份发行可以分为设立发行与新股发行。设立发行是指为设立股份有限公司而发行股份；新股发行也称为增资发行，是指股份有限公司成立后，为增加公司股本总额而发行股份。

3. 股份转让

股份转让是指股份有限公司的股东将其持有的股份依合法的方式转让给他人，使他人取得股份而成为公司股东的行为。根据《公司法》的规定，

股东转让其股份，应当在依法设立的证券交易场所进行或者按照国务院规定的其他方式进行。记名股票由股东以背书方式或者法律、行政法规规定的其他方式转让，转让后由公司将受让人的姓名或者名称及住所记载于股东名册。无记名股票的转让，由股东将该股票交付给受让人后即发生转让的效力。

3. 股份有限公司的设立

(1)股份有限公司设立的条件

设立股份有限公司的条件，各国公司法的规定不尽相同。我国公司法规定，设立股份有限公司应当具备下列条件：

①符合法定的发起人人数。设立股份有限公司应有 2 人以上 200 人以下的发起人，其中须有半数以上的发起人要在中国境内有住所。

②有符合公司章程规定的全体发起人认购的股本总额或者募集的实收股本总额。股份有限公司采取发起设立方式设立的，注册资本为在公司登记机关登记的全体发起人认购的股本总额。在发起人认购的股份缴足前，不得向他人募集股份。股份有限公司采取募集方式设立的，注册资本为在公司登记机关登记的实收股本总额。法律、行政法规以及国务院决定对股份有限公司注册资本实缴、注册资本最低限额另有规定的，从其规定。2013 年新公司法取消了股份有限公司注册资本的最低限额和股东的首次出资数额及出资时间的限制。

③按法律规定发行股份。关于股份有限公司的股份发行，在我国《公司法》和《中华人民共和国证券法》中都有明确的规定。

④制定公司章程。采用募集方式设立的，由发起人制定公司章程，但必须经创立大会通过；采用发起设立的，由全体股东共同制定。

⑤规范的公司名称与组织机构。公司的名称应由行政区划、字号、行业、组织形式依次组成，公司应设股东大会、董事会和监事会等组织机构。

⑥固定的办公场所。公司主要办事机构场所的面积应与经营的规模、性质相适应。

(2)股份有限公司设立的程序

股份有限公司采取发起设立的，其主要程序包括：发起人发起并签订发起人协议，发起人共同制订公司章程，发起人认购股份、缴纳股款，法定验资机构验资，选举公司董事、监事；申请设立登记，登记机关核准登记及受领营业执照，公告。

股份有限公司采取募集设立的，其主要步骤包括：发起人发起并签订发起人协议，发起人制订公司章程，发起人认购公司股份、缴纳股款，制作招股说明书，签订股票承销协议，签订代收股款协议，向证券监督管理机构提出募股申请，公告招股说明书，社会公众认股缴款，召开创立大会，申请设立登记，登记机关核准登记及受领营业执照，公告。

二、股份有限公司的组织机构

1. 股东大会

股东大会是股份有限公司的最高权力机构，是依法设立的公司组织机构，由全体股东出席。股东大会的职权适用于有限责任公司股东会职权的规定。股东大会分为两种形式：

(1)定期会议

定期会议又称为股东年会，是指依照法律和公司章程的规定，每年召开一次年会。召开定期会议，我国公司法规定，应将会议的时间、地点和审议事项于会议召开 20 日前通知各股东。

(2)临时会议

临时会议是指在定期会议之外，由于发生法定事由或者根据法定人员、机构的提议而召开的会议。我国公司法规定，董事人数不足本法规定人数或者公司章程所定人数的 2/3 时，公司未弥补的亏损达实收股本总额 1/3 时，单独或者合计持有公司 10%以上股份的股东请求时，董事会认为必要时，监事会提议召开时，公司章程规定的其他情形时，有上述情形之一的，应当在两个月内召开临时股东大会。临时股东大会应当于会议召开 15 日前通知各股东。

我国公司法规定，股东大会由董事会召集，董事长主持；董事长不能履行职务或者不履行职务的，由副董事长主持；副董事长不能履行职务或者不履行职务的，由半数以上董事共同推举一名董事主持。董事会不能履行或者不履行召集股东大会职责的，监事会应当及时召集和主持；监事会不召集和主持的，连续 90 日以上单独或者合计持有公司 10%以上股份的股东可以自行召集和主持。股东大会作出的决议，必须经出席会议的股东所持表决权过半数通过。但是，股东大会作出修改公司章程、增加或者减少注册资本的决议，以及公司合并、分立、解散或者变更公司形式的决议，必须经出席会议的股东所持表决权的 2/3 以上通过。

2. 董事会

董事会是代表股东对公司活动进行管理和指挥的机构，是股份有限公司的常设机构。董事会既是负责实施股东大会决议等决策的执行机构，又是制定公司一些方针政策的决策机构；董事会既对内负责公司管理，又对外代表公司进行业务活动。

我国公司法规定，股份有限公司设董事会，其成员为 5 人至 19 人，其中设董事长一人，也可设副董事长，由董事会选举过半数产生。在董事会成员中，可以有职工代表大会或民主选举产生的公司职工代表。股份有限公司董事任期由公司章程规定，每届任期不得超过 3 年，但可连任。董事会应每年度至少召开两次会议，在会议召开 10 日前通知全体董事和监事，由董事长召集和主持。董事会的会议应有过半数的董事出席方可举行，所作决议必须经半数董事通过。

3. 监事会

监事会是股份有限公司依法设立的，对董事、高级管理人员的经营管理行为及公司财务进行专门监督的常设机构。其组成方式、职权范围、会议召开和监事任期与有限责任公司的规定相同。

思考与检测

一、单项选择题

1. 股份有限公司的发起人人数为(　　)。

A. 2 人以上 200 人以下　　B. 2 人以上

C. 5 人以上

2. 一个自然人可以投资设立(　　)个一人有限责任公司。

A. 3　　B. 2　　C. 1

3. 甲、乙、丙、丁、戊五人共同投资 1 000 万元人民币，设立金王股份有限公司。该公司的注册资本分为 1 000 万股，每股 1 元人民币。甲、乙、丙三人分别持有 300 万股，丁、戊两人分别持有 50 万股。该公司运营中的债务应由(　　)。

A. 公司与股东共同承担　　B. 公司以其全部资产承担

C. 甲乙丙丁戊五股东共同承担

4. 募集设立是(　　)。

A. 有限公司设立的一种方式　　B. 两合公司设立的一项原则

C. 股份有限公司设立的一种方式

5. 李某与合伙企业“大木采石厂”出资组建法人“大木采石有限公司”，聘请陈某担任经理，(　　)承担“有限责任”。

A. 李某与“大木采石厂”对“大木采石公司”

B. “大木采石厂”对合伙企业债务

C. “大木有限公司”对本公司债务

6. 公司的成立日期为(　　)。

A. 申请注册登记之日　　B. 营业执照签发日期

C. 注册资本缴纳完毕之日

7. 某国有企业准备改建为股份有限公司,公司以募集方式设立,注册资本为8 000万元,其股份金额为每股1元,股份总数为8 000万股。该公司发起人认购股份的最低限额为(　　)。

A. 2 800万股　　B. 3 200万股　　C. 4 000万股

8.某有限责任公司于2008年3月10日召开股东会,选举公司的监事。下列人员中可以担任公司监事的是(　　)。

A. 因挪用公款罪被判处有期徒刑的张某,于2004年2月21日刑满释放

B. 曾担任某公司的法定代表人,该公司于2006年9月被宣告破产,对公司破产负有个人责任的赵某

C. 该公司工会主席席某

9. 股份有限公司不能成立时,因设立行为产生的费用和债务应当(　　)。

A. 由发起人承担连带责任

B. 由全体认股人承担责任

C. 由发起人在认购的股份金额范围内承担责任

10. 根据公司法规定,有限责任公司因规模较小,不设董事会的,由(　　)作为公司的法定代表人。

A. 执行董事　　B. 监事会负责人

C. 总经理

二、多项选择题

1.有限责任公司与股份有限公司的区别是(　　)。

A. 后者的全部资本分为等额股份并采取股票的形式,前者则不然

B. 后者以股东大会为权力机构,前者则不然

C. 前者以其全部资产对公司债务承担责任,后者则不然

D. 前者的股东有最高人数限制,后者则不然

2.下列关于法人机关表述正确的是(　　)。

A. 法人机关无独立人格

B. 财团法人没有自己的意思机关

C. 法人分支机构为法人机关的一种

D. 监督机关不是法人的必设机关

3.甲、乙二公司拟募集设立一股份有限公司,获准后向社会募股,下列违法行为是(　　)。

A. 其认股书上记载"认股人一旦认购股份就不得撤回"

B. 与某银行签订承销股份和代收股款协议,由该银行代售股份和代收股款

C. 在招股说明书上告知公司章程由认股人在创立大会上共同制订

D. 在招股说明书上告知股款募足后将在 60 日内召开创立大会

4.股份有限公司的认股人在(　　)情形中可抽回股本。

A. 发起人未交足股款　　B. 发起人未按期召开创立大会

C. 公司未按期募足股款　　D. 创立大会决议不设立公司

5.下列关于股票和债券正确的表述是(　　)。

A. 股票和债券都属于投资证券

B. 法律对股票的发行条件与债券的发行条件有不同的要求

C. 有限责任公司和股份有限公司都可以发行股票和债券

D. 股票和债券都属于有价证券

6.根据公司法的规定,董事、经理具有(　　)行为,所得收入归公司所有。

A. 董事长散布虚假信息引起该公司股票上涨后,将自己的股票抛出获利

B. 总经理将公司的一笔暂时不用的资金用于个人炒股,获利后将这笔资金归还

C. 副董事长以公司的一处房产为某个体户的贷款提供担保,获得一笔资金

D. 副总经理得知公司某种货物将涨价,将该货卖给兄弟,再替他卖出,从中获利

7.下列选项中不构成甲公司解散事由的是(　　)。

A. 甲公司将其部分资产分为两部分,组织建成乙、丙两家公司

B. 甲公司被乙公司兼并,成为乙公司的子公司

C. 甲公司(有限责任公司)经代表过半数表决权的股东通过解散公司的决议

D. 甲公司开业后自行停业连续 6 个月以上

8.根据公司法的规定,下列人员中不能担任监事的是(　　)。

A. 公司董事长王某

B. 公司聘任的临时工李某

C. 公司所在市的总工会副主席刘某

D. 作为股东的副总经理陈某

9.必须经公司股东大会决议并经代表 2/3 以上表决权的股东通过的事项是(　　)。

A. 公司利润分配方案　　B. 增加公司注册资本

C. 向股东以外的人转让出资　　D. 修改公司章程

10.下列(　　)情形中,股份有限公司应在 2 个月内召开临时股东大会。

A. 董事人数不足法定人数或公司章程规定人数的 2/3

B. 公司未弥补的亏损达股本总额的 1/3

C. 持有公司股份 10%以上的股东请求时

D. 董事会认为必要或者监事会提议召开时

三、判断题

1. 公司是指依据各国公司法的规定而组织、登记设立的企业法人。　　(　　)

2. 我国公司法规定以募集设立方式设立的股份有限公司,发起人认购的股份不得少于

公司股份总数的35%，且注册资本为在公司登记机关登记的实收股本总额。 （ ）

3. 我国公司法规定有限责任公司的公司章程的制订者是公司设立时的所有股东，还必须经过创立大会的通过。 （ ）

4. 公司的出资形式必须为货币的具体数额。 （ ）

5. 公司经解散并清算后才最终使公司法人资格消灭。 （ ）

6. 各国公司法对有限责任公司的股东人数未作限制。 （ ）

7. 股东会是有限责任公司的权力机构，其由全体股东组成。 （ ）

8. 董事会会议由董事长召集和主持，其不能履行职务时由副董事长召集和主持，副董事长不能履行职务时由总经理召集和主持。 （ ）

9. 股份有限公司的股东对公司债权人要承担直接责任。 （ ）

10. 股东大会是股份有限公司的最高权力机构，由大股东出席。 （ ）

四、案例题

1. 碧海实业有限公司等3家国有企业筹集股本2亿元，制订公司章程，向登记机关提出设立以高新技术产业为主的新奇股份有限公司。碧海公司以厂房、设备、专利技术和土地使用权等非货币形式出资认购新奇公司股份1亿元，成为第一大股东，其他公司则以货币形式出资认购新奇公司股份，并在创立大会上通过了公司章程。于是碧海公司等3家国有企业向登记机关提出设立股份有限公司的申请。请分析，这种出资形式符合我国《公司法》的规定吗，为什么？

2. 甲、乙、丙三家公司共同出资2 100万元设立大名有限责任公司，其中甲公司出资800万元，乙公司出资600万元，丙公司出资700万元。双方在投资协议中约定：大名有限责任公司董事会成员为三人，第一任董事长由乙公司推荐，财务总监由甲公司推荐；股东拒绝参加股东会会议的，不影响股东会决议的效力。大名有限责任公司对投资协议的内容予以确认，并作出四个决定：A. 选举乙公司帅某为董事长；B. 任命甲公司代表马某为财务总监；C. 任命帅某为公司总经理；D. 决定斥资500万元参股某广告公司。请分析，上述哪个决定符合法律规定？

3. 法国人丹尼与美国人泰尔按我国法律规定，各出资50万美元（其中丹尼的出资包括专利技术出资）在上海成立一公司，公司章程规定各方以该出资对公司债务负责。后该公司又在上海注册成立了两家分公司。请分析，根据公司分类的原理，该公司属于什么类型的公司，为什么？

五、简答题

1. 公司董事、监事、高管人员的资格和义务各是什么？

2. 股份有限公司的组织机构是怎样的？

3. 公司资本的法律特征是什么？

4. 公司的清算程序是怎样的？

第二章 国际交易工业产品产权、质量规则

——工业产权法、产品质量法

学习目标

- 工业产权的特征
- 授予专利权的条件
- 专利法的基本原则
- 商标构成、商标注册程序与商标权的保护
- 产品质量的管理与监督
- 生产者、销售者的产品质量责任和义务
- 产品造成损害的责任承担

在国际商务活动中，买卖双方交易的客体是各类产品。而产品的设计、开发、品质等诸项事宜涉及工业产权和品质的认定。为了调整工业产权、产品质量的法律关系，各国与国际有关组织都先后颁布了相关法律，如《中华人民共和国专利法》、《中华人民共和国商标法》、《巴黎公约》、《专利合作条约》等。

第一节 工业产权法

工业产权是指发生在工业、商业、农业、林业和其他产业领域中的专利权和商标权，权利的客体是工业技术和工商业标记。工业产权主要保护对象是专利、实用新型、工业品外观设计、商标、服务标记、厂商名称、产地标记或原产地名称等。工业产权法是调整因确认、使用和保护智力成果而发生的各种社会关系的法律规范的总和，其主要包括专利法、商标法等。

案例导入

虹显医疗科技公司发明了一种“X射线机拍片交换”设备,并获得了实用新型专利权(专利号ZL94229600)。该专利技术是在现有X射线机拍片交换结构和工作原理的基础上,对驱动结构及其传动结构进行改进。但是,在权利要求及说明书和附图中对其新替换的核心部分传动系统缺少必要结构说明。

虹显医疗科技公司发现南通医疗设备公司销售的“X射线机—拍片交换”设备专利产品在设计原理、产品开发、结构及其结合等方面相同,要求其停止侵权。南通医疗设备公司称:专利产品的专利文件记载的全部必要技术特征或等同技术特征都未出现在被控产品中,而公司采用的齿带传动结构是本专利的主要发明点,故不构成侵权。

根据工业产权的理论,请思考下列问题:

1. 工业产权的特征是什么?
2. 授予专利权的条件和专利权的内容主要有哪些?
3. 专利法的基本原则是如何规定的?
4. 专利权的主体与客体的内容主要有哪些?
5. 专利权取得的法定程序如何?
6. 确定专利权的期限、终止和无效是如何规定的?

一、工业产权的特征

工业产权是有别于有形财产权的一种民事权利,最突出的特征就是客体无形性,并由此派生出下列特性。

1. 法定性

法定性是指工业产权需由国家主管机关授予或确认而产生。例如,专利权与商标权都要依照法定程序申请,经主管机关审查核准并发放专利证书、商标注册证后才具有法律效力。

2. 专有性

专有性是指同一项知识产品,不允许有两个或两个以上同一属性的工业产权存在。例如,同一项技术成果可能由两个以上的人分别创造完成,但只能授予其中一个专利权;在同一种或者类似的商品上,一件相同的商标可能有两个企业申请注册,但只有其中一个申请可被核准注册。

议题一

沙帝生化学研究所获得了“从动物脑中提取脑蛋白水解液的方法”的发明专利权，对星药公司的“脑蛋白水解物注射液”新药提起侵权诉讼。法院审理认定：两者均为动物脑组织经复合蛋白酶水解、分离、精制而成，虽然名称不同，但它们的结构和功能并无明显区别，并查明在该研究所申请专利之前，国内市场已进口并销售脑蛋白水解物注射液。请分析，沙帝生化学研究所的专利能否成立，为什么？

3. 地域性

地域性是指按照一国法律获得承认和保护的工业产权，只能在该国发生法律效力，其他国家对这种权利没有保护的义务。

4. 时间性

时间性是指工业产权只在法律规定期限内受到保护，一旦超过法定的有效期限，权利就自行消失。时间性特征意味着法定保护期限届满后，该项受工业产权保护的工业技术或标记便进入公有领域，成为整个社会的共同财富，任何人均可以无偿地利用。如果在有效期限届满时申请续展除外，如商标权。

二、专利法

专利权是指国家依法在一定时期内授予发明创造者或其权利继受者独占使用其发明创造的权利。专利法是调整因发明创造而产生的各种社会关系的法律规范的总和。专利法的立法目的在于激励技术创新、鼓励发明创造、促进技术与经济发展。

1. 专利权的客体与主体

(1) 专利权的客体

根据我国专利法的规定，专利权的客体是“发明创造”，包括发明、实用新型和外观设计三种类型。

①发明是指对产品、方法或者其改进所提出的新的技术方案，包括产品发明和方法发明两种。产品发明是人们通过研究开发出来的关于各种新产品、新材料、新物质等的技术方案；方法发明是人们为制造产品或解决某个技术课题而研究开发出来的操作方法、制造方法以及工艺流程等技术方案。如果是自然定律的发现或抽象智力的活动规律等，不属于发明。

②实用新型是指对产品的形状、构造或者其结合所提出的适于实用的新的技术方案。其必须具备三个基本特征：(a)必须是一种产品，不能是气态、液态

产品和粉末状、糊状、颗粒状的固态产品，并应经过工业方法制造并占据一定空间。方法发明创造、工艺产品的用途发明创造、非经人制造的自然存在的物品都不属于实用新型专利的保护范围。(b)必须是具有一定形状和构造的产品。(c)必须具有实用性，能够在工业上应用。

③外观设计是指对产品的形状、图案、色彩或其结合所作出的富有美感并适于工业上应用的新设计。其至少应具备两个条件：(a)与产品相结合，是关于产品形状、图案和色彩或其结合的新设计；(b)富有美感并适于工业上应用。

凡违反法律与社会公德，或属于科学发现、智力活动规则和方法、疾病的诊断和治疗方法、动植物品种、用原子核变换方法获得的物质和对平面印刷品的图案、色彩或者二者的结合作出的主要起标识作用的设计都不属于专利权保护领域。

议题一

袁隆平，这位“杂交水稻之父”，在1973年率领科研团队开启了杂交水稻王国的大门，在数年的时间内解决了十多亿人的吃饭问题，有力地回答了世界“谁来养活中国”的疑问。中国杂交水稻已在世界上30多个国家和地区进行研究和推广，并被冠以“东方魔稻”、“巨人稻”、“瀑布稻”等美称，甚至将之与中国古代四大发明相媲美。请分析，杂交水稻能否申请专利？为什么？

(2)专利权的主体

专利权的主体主要是指依照专利法规定获得专利权，并依法承担相应义务的人。我国专利法规定：发明人、设计人及其合法受让人有权获得非职务发明的专利权，单位有权获得职务发明的专利权，外国人也可在我国申请和获得专利权。

①发明人。发明人在发明创造活动中处于核心地位，其必须是直接参加发明创造活动、对发明创造的实质性特点作出创造性贡献的自然人，不能是法人或其他单位。

②发明人(设计人)单位。单位作为专利权主体主要包括两种情况：(a)执行本单位任务所完成的发明创造，即在本职工作中作出的发明创造，或履行本单位交付的本职工作之外的任务所作出的发明创造，或退休、调离原单位后或者劳动、人事关系终止后1年内作出的，与其在原单位承担的本职工作或者原单位分配的任务有关的发明创造；(b)主要利用本单位物质技术条件完成的发明创造，如本单位资金、设备、零部件、原材料或不对外公开的技术资料等，并成为完成发明创造所不可缺少的条件。专利法规定，单位与发明人订有合同，对申请专利的权利和专利权的归属作出约定的，从其约定。

③受让人。由于专利申请权和专利权可以通过合同、继承等方式而依法转让给其他单位或个人，因此，其他通过合法途径获得专利权的受让人也可以成为专利权的主体。

④外国人。在中国没有经常居所或者营业场所的外国人、外国企业或外国其他组织在中国申请专利时，依照其所属国同中国签订的协议或者共同参加的国际条约，或者依照互惠原则，根据中国专利法办理。上述主体在国内申请专利和办理其他专利事务的，应委托依法设立的专利代理机构办理。

2.专利法的基本原则

根据我国专利法的规定，专利法的基本原则主要包括以下三个方面：

(1)先申请原则

两个或两个以上的人分别就同样发明创造申请专利的，专利权授给最先申请人。根据我国专利法的规定，其仅适用于发明创造专利。

(2)书面原则

专利申请人及其代理人在办理专利法及其实施细则规定的各种手续时，都应当采用书面形式。根据我国专利法的规定，微生物的性状不但要在专利申请说明书中进行描述，而且还要保藏微生物实体本身。因此，微生物申请属于唯一一个例外。

(3)单一性原则

单一性原则是指一份专利申请文件只能就一项发明创造提出专利申请。一件发明或实用新型专利申请应当限于一项发明或实用新型，属于一个总的发明构思的两项以上发明或实用新型，可以作为一件申请提出。一件外观设计专利申请应限于一种产品所使用的一项外观设计，用于同一类别且成套出售或使用产品的两项以上的外观设计，可以作为一件申请提出。

3.授予专利权的条件

根据我国专利法的规定，授予专利权的条件如下：

(1)新颖性

新颖性主要是指授予专利权的发明或者实用新型不属于申请日以前在国内外为公众所知的技术；也没有任何单位或者个人就同样的发明或者实用新型在申请日以前向国务院专利行政部门提出过申请，并记载在申请日以后公布的专利申请文件或者公告的专利文件中。授予专利权的外观设计，不属于申请日以前在国内外为公众所知的设计；也没有任何单位或者个人就同样的外观设计在申请日以前向国务院专利行政部门提出过申请，并记载在申请日以后公告的专利文件中。

根据我国专利法的规定，在中国政府主办或者承认的国际展览会上首次展出的，或在规定的学术会议或者技术会议上首次发表的，或他人未经申请人同意而泄露其内容的，其在申请专利之日前6个月内不丧失新颖性。

议题二

沙帝生化学研究所获得了“从动物脑中提取脑蛋白水解液的方法”的发明专利权，对星药公司的“脑蛋白水解物注射液”新药提起侵权诉讼。法院审理认定：两者均为动物脑组织经复合蛋白酶水解、分离、精制而成，虽然名称不同，但它们的结构和功能并无明显区别，并查明在该研究所申请专利之前，国内市场已进口并销售脑蛋白水解物注射液。请分析，沙帝生化学研究所的专利权是否具有新颖性，为什么？

(2)创造性

创造性有三层含义：①对于发明专利而言，是指与申请日以前在国内外为公众所知的技术相比，必须具有突出的实质性特点和显著进步。即发明与现有技术相比具有明显的本质区别，发明的技术效果比现有技术要有长足的进步。②对于实用新型而言，是指与申请日以前现有技术相比，具有实质性特点和进步。③对于外观设计而言，则是指与申请日以前在国内外为公众所知的外观设计或设计特征的组合相比具有明显区别，并不得与他人在申请日以前已经取得的合法权利相冲突，如商标权、著作权、企业名称权、肖像权、知名商品特有包装或装潢使用权等。

议题三

虹显医疗科技公司发明了一种“X射线机拍片交换”设备，并获得了实用新型专利权。该专利技术是在现有X射线机拍片交换结构和工作原理的基础上，对驱动结构及其传动结构进行改进。但是，在权利要求及说明书和附图中对其新替换的核心部分传动系统缺少必要的结构说明。

虹显医疗科技公司发现南通医疗设备公司销售的“X射线机—拍片交换”设备专利产品在设计原理、产品开发、结构及其结合等方面相同，要求其停止侵权。南通医疗设备公司称：专利产品的专利文件记载的全部必要技术特征或等同技术特征都未出现在被控产品中，而公司采用的齿带传动结构是本专利的主要发明点。请分析，南通医疗设备公司的“X射线机—拍片交换”设备专利是否具有创造性，为什么？

(3)实用性

实用性是指发明和实用新型能够制造或者使用，并能产生积极效果。判断一项专利是否具有实用性的条件是：(a)可实施性。一项专利必须具有翔实的具体方案，仅有一个构思而没有具体实施方案的发明创造被称作未完成发明，故而不具备实用性。(b)有益性。具备实用性的专利必须能够带来积极的效果，对社会无益甚至有害的发明创造不能获得专利，受到法律保护。

议题四

某公司李某从猪血里提取出一种抗猪瘟物质，并命名为“血利1号”，向专利局申请技术发明专利。经专利局初步审查合格，并予公布。此后，李某将该专利转让给农林科技药物公司，开发“血利1号”系列防治猪瘟药品。于是农林科技药物公司对“血利1号”的防治效果进行三次试验，其试验结果分别为有效率20%、10%和20%。为此，该公司向专利局提出宣告“血利1号”技术无效的请求。请分析，李某的技术发明专利是否有效，为什么？

4. 专利权取得的法定程序

根据我国专利法的规定，一项发明创造即使符合取得专利权的实质条件，也不能自动取得专利权，必须依法提出申请，经审查、核准后予以登记和公告，并自公告之日起生效。

(1)专利申请

发明人提出专利申请，应提供发明和实用新型专利申请的基本文件。具体规定如下：

①请求书。请求书应包括发明或者实用新型的名称、发明人或者设计人的姓名、申请人姓名或者名称与地址及签章，还应包括申请文件清单和其他需要注明的有关事项。

②权利要求书。权利要求书应明确独立权利或从属权利的要求，在整体上反映发明或实用新型的技术方案，记载解决技术问题的必要技术特征，以及应用附加的技术特征，并对引用的权利要求作进一步限定。

③说明书。说明书应写明发明或实用新型的名称，并应与请求书中的名称一致，内容包括技术领域、专利所要解决的技术问题及其采用的技术方案和有益效果等。

④说明书摘要。说明书摘要应包括发明或实用新型专利申请所公开内容的概要，包括发明或实用新型的名称和所属技术领域所要解决的技术问题、技

术方案的要点及主要用途。

(2)专利申请的审查

根据我国专利法的规定,对发明专利实行公开延迟审查制度。从发明专利的申请日起进行形式审查,18个月即行公开,自申请日起三年之内提出实质审查请求。

根据我国专利法的规定,对于实用新型和外观设计专利实行登记制度。凡经过形式审查合格后,授予专利权。对于微生物、药品、计算机软件等特殊客体,审批较为严格。

世界各国的专利审查制度主要是延期审查制、实质审查制和登记制。①延期审查制又称请求审查制,即专利机构收到发明专利申请后,先进行形式审查,通过后予以公告。②实质审查制是指对专利申请经过形式审查后,再作严格的技术审查。③登记制也称形式审查,当专利机构收到发明专利申请后,只审查其是否符合法律规定的手续,文件是否齐全正确,发明是否是授予专利的范围,对于符合条件的,予以登记并授予专利。

(3)专利批准、登记和公告

专利机构对发明专利申请进行实质审查后,认为不符合法律规定的,应当通知申请人,要求其在指定的期限内陈述意见,或者对其申请进行修改;无正当理由逾期不答复的,该申请即被视为撤回。经实质审查没有发现驳回理由的,专利机构作出授予发明专利权的决定,发给发明专利证书,同时予以登记和公告。发明专利权自公告之日起生效。实用新型和外观设计专利申请经初步审查没有发现驳回理由的,专利机构作出授予实用新型专利权或者外观设计专利权的决定,发给相应的专利证书,同时予以登记和公告,自公告之日起生效。

5. 专利权的期限、终止和无效

(1)专利权的期限

发明专利的保护期为20年,实用新型和外观设计的保护期为10年,均自专利申请之日起计算。

(2)专利权的终止

专利权的终止是指专利权的法律效力因保护期届满或在期限届满前,基于法律规定的事由而归于消灭。我国专利法规定了专利权终止的三种情形:①专利权保护期届满;②专利权人没有按期缴纳专利年费;③专利权人以书面声明放弃其专利权。

(3)专利权的无效

专利权的无效是指已经授予的专利权因不符合《专利法》的规定,根据有关单位或个人的请求,由专利复审委员会复审核准后宣告该专利无效。

申请宣告专利权无效的主要依据是:①不符合专利的新颖性、创造性和实用性条件;②说明书公开不充分,权利要求书得不到说明书支持;③申请文件的修改超出原说明书和权利要求书记载的范围或原图片、照片表示的范围;④不属于《专利法》所称的发明创造;⑤不符合在先申请原则;⑥违反国家法律、社会公德或妨害公共利益或属于科学发现、智力活动的规则等。

根据我国专利法的规定,宣告无效的专利权视为自始即不存在。宣告专利权无效的决定,对在宣告专利权无效前法院作出并已执行的专利侵权的判决、裁定,已经履行或强制执行的专利侵权纠纷处理决定,以及已经履行的专利实施许可合同和专利权转让合同,不具有追溯力。但是因专利权人的恶意给他人造成的损失,应当给予赔偿。

议题五

某年 11 月香山有限公司向专利局申请 HA50 型电话机的外观设计专利,获得批准。不久,该公司发现先锋有限公司生产销售的 HA90 型电话机的外观设计与其十分近似,即要求先锋有限公司停止侵权。先锋有限公司以当年 2 月《神州电子》杂志上载有某公司发表的 HA50 型电话机图片,向专利复审委员会请求宣告香山有限公司 HA50 型电话外观设计专利无效。请分析,香山有限公司的专利权是否有效,为什么?

6. 专利权的内容

专利权的内容主要是指专利授予后享有的权利,如独占权、许可实施权、转让权和标记权等。

(1)独占权

独占权是指在发明和实用新型专利权被授予后,除《专利法》另有规定外,专利权人享有任何单位或者个人未经专利权人许可都不得实施其制造、使用、销售、许诺销售和进口等权利。具体内容如下:

①制造权。是指专利权人拥有自己生产制造专利文件中记载的专利产品的权利。在未经许可的情况下,只要他人生产制造的产品与专利产品相同,不论使用何种设备装置或方法,也不管制造数量多少,只要结果相同,即构成侵权。对于制造类似的产品,如果其技术特征属于权利要求书中划定的保护范围,尽管不是完全雷同,也构成侵权。如果在专利申请日前已经制造相同产品、使用相同方法或者已经作好制造、使用的必要准备,并且仅在原有范围内继续制造、使用的,不视为侵犯专利权。

②使用权。其指非经专利权人的许可,任何人不得使用其专利产品或使用其专利方法,包括对专利产品的使用权和专利方法的使用权。

③销售权。它是指专利权人享有独占销售专利产品及销售用专利方法制造的产品的权利。不管是专利权人自己销售,还是许可他人销售,其销售权是一次性权利。制造、进口或经专利权人许可制造、进口其专利产品或使用其专利方法直接获得的产品售出后,再次销售该产品的行为不视为侵犯专利权。

④许诺销售权。是指以做广告、在商店橱窗中陈列或者在展销会上展出等方式作出销售商品的意思表示。许诺销售权是指禁止他人进行销售前的推销或促销的权利。

⑤进口权。除法律另有规定外,专利权人享有独占进口专利产品的权利,其他人未经许可不得进口其专利产品或者进口依照专利方法直接获得的产品。

(2)许可实施权

许可实施权是指专利权人通过实施许可合同的方式,许可他人实施其专利并收取专利使用费的权利。专利权人与被许可人签订的许可合同,就其被许可权限范围来看,有以下几种:

①独占许可。是指在一定地域内,被许可方在合同有效期间对被许可使用的专利技术拥有独占权,许可方自己不能在该地域内使用其专利技术,也不得把该技术再许可第三方使用,但专利所有权不变。

②排他许可。是指在一定地域内,被许可方在合同有效期间对被许可使用的专利技术享有排他使用权,许可方不得把该专利技术再许可第三方使用,但许可方自己有权在该地域内使用该项技术。

③普通许可。是指许可方允许被许可方在指定地域内使用其专利技术,或自己有权在该地域内使用该技术,也可以许可第三方使用。

(3)转让权

转让权是指专利权人有权以买卖、赠与、交换等形式将专利权转让给他人。转让专利申请权或专利权时应当签订书面合同,并到专利局提出变更请求,经专利局进行登记并公告方能生效。中国单位或个人向外国人转让专利申请权或专利权的,须经国务院专利行政部门批准。

(4)标记权

专利权人有权在其专利产品或者该产品的包装上标明专利标记和专利号。标注专利标记和专利号的,应当标明下述内容:①采用中文标注专利权的类别,例如中国发明专利、中国实用新型专利等;②国家知识产权局授予专利权的专利号。除上述内容之外,标注者可以附加其他文字、图形标记,但附加的文字、图形标记及其标注方式不得误导公众。

7. 专利权的限制

专利权的限制是指《专利法》允许第三人在某些特殊情况下，可以不经专利权人许可而实施其专利的一种法律制度。这主要包括以下方面：

（1）国有企事业单位发明专利推广应用

专利法规定，国有企事业单位的发明专利，对国家利益或公共利益具有重大意义的，国务院有关主管部门和省、自治区、直辖市人民政府报经国务院批准，可决定在批准的范围内推广应用，允许指定单位实施，由实施单位按照国家规定向专利权人支付使用费。

（2）强制许可

根据我国专利法的规定，专利的强制许可主要包括以下方面：

①有下列情形之一的，国务院专利行政部门根据具备实施条件的单位或者个人的申请，可以给予实施发明专利或者实用新型专利的强制许可：专利权人自专利权被授予之日起满三年，且自提出专利申请之日起满四年，无正当理由未实施或者未充分实施其专利的；专利权人行使专利权的行为被依法认定为垄断行为，为消除或者减少该行为对竞争产生的不利影响的。

②在国家出现紧急状态或非常情况时，或者为了公共利益的目的，国务院专利行政部门可以给予实施发明专利或者实用新型专利的强制许可。

③为了公共健康目的，对取得专利权的药品，国务院专利行政部门可以给予制造并将其出口到符合中华人民共和国参加的有关国际条约规定的国家或者地区的强制许可。

④依存专利，一项取得专利权的发明或者实用新型比前一项取得专利权的发明或者实用新型具有显著经济意义的重大技术进步，其实施又有赖于前一发明或者实用新型的实施的，国务院专利行政部门根据后一专利权人的申请，可以给予实施前一发明或者实用新型的强制许可。在依照前款规定给予实施强制许可的情形下，国务院专利行政部门根据前一专利权人的申请，也可以给予实施后一发明或者实用新型的强制许可。

议题六

抗艾滋病药主要是发达国家生产的专利药，价格昂贵。为了控制艾滋病的蔓延，巴西、印度、泰国等国政府动用强制许可权，强制许可本国相关企业可以生产治疗艾滋病的专利药，廉价提供给患者。请分析，这种强制许可合理吗，为什么？

（3）专利权穷竭

专利权人自己制造或经其许可制造的专利产品售出后，即认为其专利权已经“用尽”，他人再使用、销售、许诺销售、进口该产品，都不视为侵权，但这仅限于合法投入市场的专利产品。

(4)先用权限制

对于在专利申请日以前已经制造相同产品，使用相同方法或者已经作好制造、使用的必要准备条件的“先使用人”，可以在原生产规模范围内继续使用这一技术。先用权可以转让，但不能脱离原来的生产实体单独转让。

(5)临时过境权限制

临时过境的外国运输工具或使用临时通过中国领土、领水、领空的外国运输工具，为其自身需要在装置和设备中使用有关专利技术的，可以不经专利权人许可，但这种使用仅限与我国签有协议或共同参加的国际公约，或有互惠条约的国家的运输工具，并不面向所有国家。但是，如果临时过境运输工具上载有仿制专利产品，则不在此合理使用范围内，应视为侵权。

(6)合理使用

为科学研究和实验目的，为教育、个人及其他非为生产经营目的使用专利技术的，可不经专利权人的许可，也不视为侵权。

(7)药品行政审批限制

为提供行政审批所需要的信息，制造、使用、进口专利药品或者专利医疗器械的，以及专门为其制造、进口专利药品或者专利医疗器械的行为，不视为侵权。

议题七

医学院李教授在生命制药公司享有某药品专利的基础上研制出了一种新药，将这一研究成果发表了科研论文，并在论文中引用了生命制药公司某药品专利文献中的数据。请分析，李教授是否会构成侵权，为什么？

(8)善意使用或销售

对于那些不知道是未经专利权人许可而制造并售出专利产品的使用者或销售者，能证明其产品合法来源的，视为“善意”第三人，承担侵权责任，但不承担赔偿责任。

8. 专利权的保护

专利权的保护主要涉及专利行政纠纷、侵犯专利权纠纷、专利权属纠纷和专利合同纠纷等各个方面，其中侵犯专利权纠纷最为突出。如未经许可进行制造、使用、许诺销售、销售、进口专利产品等现象。如果一旦认定侵权，侵权人依据其后果承担民事责任、行政责任和刑事责任。

民事责任主要有诉前禁令、停止侵害、赔偿损失、消除影响等。行政责任主要有责令改正并公告，没收违法所得并处违法所得四倍以下罚款，没有违法所得，可以处 20 万元以下罚款。刑事责任主要是：侵犯他人专利权、商标权或假冒他人专利、商标情节严重的，处三年以下有期徒刑或拘役，并处或单处罚金。

议题八

在李骏获得“商品真伪查询方法”发明的专利权之前，防伪科技公司已采用“通用产品密码防伪标记”方法从事电码电话防伪技术产品的生产、销售，使用的防伪技术方法与李骏的专利方法完全相同。请分析，防伪科技公司侵犯了李骏的专利权吗，为什么？

三、商标法

商标是由文字、图形、字母、数字、三维标志、颜色组合声音以及上述要素的组合构成的，用于商品或服务的一种识别性标志，以区别于商品或服务来源的不同生产者或经营者。从商标使用者、管理者和商品消费者的角度看，商标的具体作用是：标示商品或服务的来源，监督商品或服务的质量，指导商品或服务的选购，促进商品或服务的销售。

1. 商标的种类

根据我国商标法的规定，商标分类如下：

(1)商品商标

商品商标是指以生产企业的名义注册，表示商品的来源，在有形产品上使用的标志。例如，青岛啤酒、小天鹅洗衣机等。

(2)服务商标

服务商标是指以服务商的名义注册，在提供无形服务过程中使用的标志。例如，旅游行业的春秋等。

(3)集体商标

集体商标是指以团体、协会或其他组织名义注册，供该组织成员在商事活动中使用，以表明使用者资格的标志，且不得转让和许可非集体成员使用。例如，国际商会的标识等。

(4)证明商标

证明商标是指由对某种商品或服务具有监督能力的组织所控制，而由该组织以外的单位或个人使用于其商品或服务，用以证明该商品或服务的原产地、原料、制造方法、质量或其他特定品质的标志。例如，“CCC”检验标志等。

(5)驰名商标

驰名商标是指为相关公众广为知晓并享有较高声誉的商标。驰名商标必须由商标管理机构根据相关公众对该商标的知晓程度、使用的持续时间和地理范围等因素进行认定。例如，麦当劳、柯达、可口可乐、海尔等。

2. 商标的构成

申请商标注册，其构成的要素必须符合法律要求，且必须具有显著性。

(1)商标的法定构成要素

根据我国商标法的规定，商标的法定构成要素主要包括文字、图形、字母、数字、颜色、商品独特的包装形状、多维标志、声音以及上述要素的组合构成的可视性标志。上述一项或多项组合构成的商标，其必须具有显著特征，不能与在先的同类或类似商品上使用的标志相同或相似。

(2)商标的禁用标志

根据我国商标法的规定，不得作为商标使用的标志是：①同中华人民共和国的国家名称、国旗、国徽、国歌、军旗、军徽、军歌、勋章相同或近似。②同外国的国家名称、国旗、国徽、军旗相同或近似，但经该国政府同意的除外。③同政府间国际组织的旗帜、徽记、名称相同或近似，但经该组织同意或不易误导公众的除外。④与表明实施控制、予以保证的官方标志、检验印记相同或近似的，但经授权的除外。⑤同“红十字”、“红新月”的标志、名称相同或近似。⑥使用带有民族歧视性的标志。⑦使用夸大宣传并带欺骗性的标志。⑧使用有害于社会主义道德风尚或有其他不良影响的标志。⑨使用县级以上行政区划的地名或公众知晓的外国地名，如“上海”、“北京”等。但是，地名具有其他含义或作为集体商标、证明商标组成部分的除外，如“南山”荔枝等。

议题九

贵州茅台酒厂委托某商标事务所向国家商标局提出“茅台国酒及其拼音”商标注册申请。请分析，该商标注册申请能核准吗，为什么？

(3)商标注册的禁用范围

根据我国商标法的规定，商标注册的禁用范围是：①本商品的通用名称和图形；②直接表示商品质量、主要原料、功能、用途、重量、数量及其他特点的文字和图形；③缺乏显著特征的；④与在先权利相冲突，如与他人姓名权、肖像权、著作权、外观设计专利权、企业名称、商号权等民事权利相冲突的。但前款所列标志经过使用具有显著特征、便于识别的，可作为商标注册，如“两面针”、“五粮液”。以三维标志申请注册商标的，仅由商品自身的性质产生的形状、为获得技术效果而需有的商品形状或使商品具有实质性价值的形状，不得注册。

3. 商标注册申请的原则

根据我国商标法的规定，经商标局核准注册的商标为注册商标，商标注册人享有商标专用权，受法律的保护。该规定是以申请注册作为获得商标专用权的法律依据，谁最先申请注册，商标专用权就属于谁。而在先使用不能作为取得商标专用权的依据。即使商标使用者已经在商业上使用某一商标，如果没有向商标局提出注册申请，也不能获取商标专用权，其使用的商标不受法律保护。但是，商标注册申请人在明知的情况下，故意以他人在先使用的、已为相关大众知悉的商标作为自己相同商品或服务上的商标申请注册的，商标局应驳回申请；已经注册的，商标在先使用人可在一定期限内向商标评审委员会提出宣告无效的申请。商标注册人申请商标注册前，他人已经在同一种商品或者类似商品上先于商标注册人使用与注册商标相同或者近似并有一定影响的商标的，注册商标专用权人无权禁止该使用人在原使用范围内继续使用该商标，但可以要求其附加适当区别标识。

议题十

良良食品公司与鲜鲜乳品公司同时生产以同一卡通文字、图案为包装标识的冰淇淋产品。为此，良良食品公司向商标局申请注册该商标。鲜鲜乳品公司在其注册后仍继续使用该商标，遭到良良食品公司的侵权起诉。鲜鲜乳品公司答辩称：该商标是本公司自行设计的，不存在侵权问题。请分析，鲜鲜乳品公司是否侵权，为什么？

4. 商标权的主体、客体与内容

商标权是商标所有人依法对其商标所享有的专有使用权，具有独占性、地域性和时间性。其包括商标所有权和与其相联系的商标专用权、续展权、转让权、许可权、法律诉讼权等。

(1)商标权的主体

根据我国商标法的规定，商标权的主体包括自然人、法人或其他组织，也包括外国人和外国企业。但外国人或外国企业的所属国必须和我国签有商标互惠条约，或是《保护工业产权巴黎公约》和《商标国际注册马德里协定》的成员国，或是按对等原则准予注册我国商标的国家。两个或两个以上的自然人、法人或其他民事主体，也可以就同一商标共同提出申请，取得的商标权归申请人共同所有。

(2)商标权的客体

商标权的客体是指法律对商标权所保护的具体对象。根据我国商标法的规定，商标权的客体以注册商标为主，未经核准注册的商标满足一定条件也可以成为商标权的客体。例如未在我国注册的驰名商标，因为驰名商标通常在消费者中享有很高的信誉，所以法律也将其纳入保护范围。

(3)商标权的内容

商标权的主要内容如下：

①使用权。是指商标权人按照法律的规定，在核准的商品上使用注册商标的权利。使用权具有排他性，非经商标权人的许可，他人不能使用。使用权是商标权最基本的重要权利。商标侵权行为最常见的表现形式即侵犯商标专用权的行为。

②禁止权。是指商标权人依法禁止他人为一定行为的权利，包括禁止他人伪造、擅自制造注册商标标识或在同一种商品、类似商品上使用与注册商标相同或近似商标的权利。

③转让权。是指商标权人依法将其注册商标转让给他人所有的权利。

④使用许可权。是指商标权人通过签订商标使用许可合同，允许他人使用其注册商标的权利。

⑤收益权。是指商标权人在转让或许可使用其注册商标时，有获得报酬的权利。

⑥续展权。是指商标权人对其有效期届满的注册商标，可以在法定期间内申请续展注册。

5. 商标注册的程序

商标注册是指商标使用人为了取得商标专用权，将其使用或准备使用的商标，依照法律规定的条件和程序，向商标主管机关提出注册申请，经商标主管机关核准后予以注册。

(1)商标注册的申请

根据我国商标法相关规定，商标注册申请的具体要求是：①商标注册申请人为申请商标注册所申报的事项和所提供的材料应当真实、准确、完整；②应当按规定的商品分类表填报使用商标的商品类别和商品名称；③如果在不同类别的商品上申请注册同一商标的，应当按商品分类表提出注册申请；④注册商标需要在同一类的其他商品上使用的，应当另行提出注册申请；⑤申请商标注册不得损害他人现有的在先权利，也不得以不正当手段抢先注册他人已经使用并有一定影响的商标。

(2)商标注册的审查和核准

申请人向商标局提出商标注册申请后，商标局依法对该申请进行审查。其包括两方面：

①形式审查。即对申请文件的审查，以决定是否受理申请。如果申请手续不齐备、申请文件未按要求填写，商标局则不予受理并书面通知申请人并说明理由；如果手续基本齐备或申请文件基本符合规定，但需要补正的，则退回补正；如果手续齐备或申请文件符合规定，给予受理。

②实质审查。其内容主要包括：(a)商标是否具备法定构成要素；(b)商标是否违反了禁用标志；(c)审查商标是否具有显著特征；(d)审查商标是否与他人注册在先或初步审定在先并公告过的商标相同或近似；(e)审查商标是否与他人已失效但未超过1年期限的商标(被撤销或注销)相同或近似。

(3)初步审定与公告

申请注册商标，凡符合法律有关规定的，由商标局初步审定并予以公告。在同一种商品或类似商品上有两个或两个以上的商标注册申请人，以相同或近似商标申请注册的，初步审定并公告申请在先的商标；同一天申请的，初步审定并公告使用在先的商标。核准注册的商标注册申请人取得商标专用权的时间，自初审公告3个月期满之日起计算。商标局对注册商标申请进行审查后，如申请注册的商标不符合《商标法》有关规定或同他人在同一种商品或类似商品上已经注册或初步审定的商标相同或近似，则驳回申请并不予公告。注册商标申请人对商标局驳回申请的决定不服的，可自收到通知之日起15天内向商标评审委员会申请复审。

(4)商标的异议和复审

商标异议是指在先权利人、利害关系人对商标局初步审定的商标提出不同意见，要求撤销初步审定的商标，不予注册。商标异议期限为初审公告之日起3个月内。对初步审定、予以公告的商标提出异议的，商标局应当听取异议人和被异议人陈述事实和理由，经调查核实后作出裁定。当事人对异议裁定不服的，可以自收到通知之日起15日内向商标评审委员会请求宣告该注册商标无效。商标局做出不予注册的决定，被异议人不服的，可以自收到通知之日起15日内向商标评审委员会申请复审。被异议人对商标评审委员会的决定不服的，可以自收到通知之日起30日内向人民法院起诉。人民法院应当通知异议人作为第三人参加诉讼。

(5)商标注册的核准和裁定

根据我国商标法相关规定，对初步审定的商标自公告之日起3个月内，在先权利人、利害关系人均可以提出异议。商标管理机构应当听取异议人和被异议人陈述事实和理由，经调查核实后，做出裁定。经裁定异议不能成立的，予以核准注册，发给商标注册证并予以公告。商标注册申请人取得商标专用权的时间，自初审公告3个月期满之日起计算；经裁定异议成立的，不予核准注册。对初步审定的商标，公告期满无异议的，予以核准注册，发给商标注册证并予以公告。

(6)商标权的取得

我国商标权的取得采用注册原则，即按申请注册的先后确定商标权的归属。申请日为同一天的，实行使用在先的原则。同日使用或均未使用的，商标局通知各申请人以抽签的方式确定申请人，驳回其他人的注册申请。

议题十一

甲公司生产的“菊花”牌自行车因质优价廉，销售量日益递增。该公司数名技术人员高薪受聘于乙公司，在技术上进行革新并向商标局申请注册了“菊花”牌商标。对此，甲公司以该品牌是自己首创和先使用为由，要求乙厂停止使用该商标。乙公司则认为该商标自己已经注册，享有商标专用权，要求甲公司停止使用。请分析，本案中谁是侵权人，为什么？

6. 注册商标的续展、转让和使用许可

(1)注册商标的续展

注册商标的效力由法律规定，各国规定的期限从5年到20年不等。我国规定注册商标的有效期为10年，自核准注册之日起计算。但是，如果权利人在注册商标有效期满时，需要继续使用的，可办理续展。申请续展的法律要求是：①商标权人应当在期满前12个月内申请续展注册，在此期间未能提出申请的，可以给予6个月的宽展期。宽展期满仍未提出申请的，注销其注册商标并自注销之日起1年内，对与该商标相同或者近似的商标注册申请不予核准。②每次续展注册的有效期为10年，续展注册经核准后予以公告。

(2)注册商标的转让

转让注册商标的，转让人和受让人应当签订转让协议，并共同向商标管理机构提出申请。受让人应当保证使用该注册商标的商品质量。转让注册商标经核准后，予以公告。受让人自公告之日起享有商标专用权。

(3)注册商标的使用许可

注册商标的使用许可是权利人的一项重要权利。商标注册人可以通过签订商标使用许可合同,许可他人使用其注册商标并应当监督被许可人使用其注册商标的商品质量。被许可人应当保证使用该注册商标的商品质量,必须在使用该注册商标的商品上标明被许可人的名称和商品产地。商标使用许可合同应当报商标管理机构备案。

7.商标权的保护

(1)商标侵权的表现形式

根据我国商标法及其实施细则的规定,属侵犯注册商标专用权的情形有:①未经商标注册人的许可,在同一种商品上使用与其注册商标相同的商标的。②未经商标注册人的许可,在同一种商品上使用与其注册商标近似的商标,或者在类似商品上使用与其注册商标相同或者近似的商标,容易导致混淆的。③销售侵犯注册商标专用权商品的。④伪造、擅自制造他人注册商标标识或销售伪造、擅自制造的注册商标标识的。⑤未经商标注册人同意,更换其注册商标并将该更换商标的商品又投入市场的。⑥故意为侵犯他人商标专用权行为提供便利条件,帮助他人实施侵犯商标专用权行为的。⑦给他人的注册商标专用权造成其他损害的。例如,在同一种或类似商品上,将与他人注册商标相同或近似的标志作为商品名称或商品装潢使用,误导公众的;故意为侵犯他人注册商标专用权行为提供仓储、运输、邮寄、隐匿等便利条件的;将与他人注册商标相同或近似的文字作为企业的字号,在相同或类似商品上突出使用,容易使相关公众产生误认的;复制、模仿、翻译他人注册的驰名商标或其主要部分在不相同或不相类似商品上作为商标使用,误导公众,致使该驰名商标注册人的利益可能受到损害的;将与他人注册商标相同或相近似的文字注册为域名,并且通过该域名进行相关商品交易的电子商务,容易使相关公众产生误认的。

议题十二

港益电器公司生产的电机“绿岛”是省著名商标。某日,该公司在Google搜索引擎中输入“绿岛”,搜索结果显示“绿岛——欣欣电器公司”。港益电器公司经调查发现欣欣电器公司使用“绿岛”注册商标生产同类产品,并认为Google在搜索引擎上为欣欣电器公司提供宣传平台,其构成共同侵权。请分析,欣欣电器公司和Google是否构成侵权,为什么?

(2)商标权的保护形式

按照我国商标法的规定,对商标专用权实行行政保护和司法保护并行的双轨制,因此商标侵权的法律责任既有行政责任,也包括刑事责任和民事责任。

①行政保护具有方便、快捷、高效的特点，大部分商标侵权案件是通过行政执法机关进行处理，给予受损害一方经济赔偿。②司法保护主要是对商标侵权涉嫌构成犯罪的，由行政执法部门移送司法部门处理。实践证明，加大执法力度，追究当事人的刑事责任是极其有效的措施。

(3)对驰名商标的特殊保护

所谓驰名商标，是指那些在中国为相关公众广为知晓并享有较高声誉的商标。比较而言，由于驰名商标的特殊性，《商标法》对其保护较一般注册商标要宽。这主要表现在以下方面：①就相同或类似商品上的商标是复制、模仿或翻译他人未在中国注册的驰名商标，容易导致混淆的，对该商标不予注册并禁止使用；②就不相同或不相类似商品上的商标是复制、模仿或翻译他人已在中国注册的驰名商标，误导公众，致使该驰名商标注册人的利益可能受到损害的，对该商标不予注册并禁止使用；③发现他人将自己的驰名商标作为企业名称登记，可能欺骗公众或使公众造成误解的，当事人可以向企业名称登记主管机关申请撤销该企业名称登记。

8. 侵权责任的承担

根据我国商标法的规定，商标侵权责任的承担主要有下列三种方式：

(1)行政责任

工商行政管理部门在处理有关注册商标专用权的纠纷时，认定侵权行为成立的，将责令立即停止侵权行为，没收、销毁侵权商品和专门用于制造、伪造注册商标标识的工具，并可以处以罚款。当事人对处理决定不服的，可以自收到处理通知之日起 15 日内向人民法院提起行政诉讼。侵权人期满不起诉又不履行的，工商行政管理部门可以申请人民法院强制执行。

(2)民事责任

对于商标侵权行为，被侵权人既可以向工商行政管理机关提出控告，要求给予行政制裁，也可以直接向人民法院起诉，要求侵权人承担民事责任。根据《商标法》的相关规定，商标权人可向法院申请对侵权人采取财产保全措施、责令停止有关行为、停止侵害、消除影响及赔偿损失等制裁。

(3)刑事责任

根据《商标法》的规定，未经商标注册人许可，在同一种商品上使用与其注册商标相同的商标，构成犯罪的，除赔偿被侵权人损失外，依法追究刑事责任；伪造、擅自制造他人注册商标标识或销售伪造、擅自制造的注册商标标识，构成犯罪的，除赔偿被侵权人的损失外，依法追究刑事责任；销售明知是假冒注册商标的商品，构成犯罪的，除赔偿被侵权人损失外，依法追究刑事责任。

议题十三

马某前后8次替林某、张某等人将带有“五粮液”、“茅台”的内外包装、瓶盖、瓶贴及商标标识等物品运到制造假酒的窝点，又将制假者造的假“茅台”、假“五粮液”酒运到北京海淀区等地销售，为侵犯他人注册商标专用权行为提供运输便利条件。马某的行为是否构成侵权，其后果如何？

9.商标权的消灭

(1)商标权终止

商标权终止是指注册商标所有人因法定事由的发生而丧失商标权，法律不再对该注册商标给予保护。商标权终止情形主要有：①因注册商标法定有效期限届满又未办理续展注册导致注册商标注销，商标权终止；②因商标注册人自动申请注销，而导致商标权终止；③因注册商标争议，被商标评审委员会宣告无效，而导致商标权终止；④因商标注册不当，被商标评审委员会宣告无效而导致商标权终止；⑤因商标注册人违反商标法规定被商标局撤销其注册商标，而导致商标权终止。

(2)商标撤销

商标撤销是指商标局对违反商标法及有关规定违法使用商标的行为予以处罚，使原注册商标专用权归于消灭的制度。主要原因是：(a)自行改变注册商标的；(b)自行改变注册商标的注册人名义、地址或其他注册事项的；(c)注册商标成为其核定使用的通用名称；(d)没有正当理由连续三年不使用的，可以由商标局撤销其注册商标。

(3)商标的无效宣告

商标权的无效是指商标不具备注册条件但取得注册的，依法定程序使商标权归于消灭的制度。主要包括：(a)已经注册的商标，属于禁止使用标志或缺乏显著性规定。(b)以欺骗手段或其他不正当手段取得注册的。(c)侵犯他人合法在先权利。(d)就相同或者类似的商品已经注册的商标是复制、摹仿或者翻译他人未在中国注册的驰名商标，容易导致混淆的。就不相同或者不相类似商品已经注册的商标是复制、摹仿或者翻译他人已经在中国注册的驰名商标，误导公众，致使该驰名商标注册人的利益可能受到损害的。(e)未经授权的代理人或代表人以自己名义将被代理人或被代表人的商标进行注册等。(f)已经注册的商标中有商品的地理标志，而该商品并非来源于该标志所标示的地区，误导公众的。对于注册不当的商标，自商标注册之日起五年内，在先权利人或利害关系人可以请求商标评审委员会宣告该注册商标无效。对恶意注册的，驰名商标所有人不受五年时间的限制。

(4)商标注销

商标注销是指注册商标所有人自动放弃注册商标或商标局依法取消注册商标的制度。其事由有：①注册商标法定期限届满，未续展和续展未获批准；②商标注册人申请注销，自收到注销申请之日起终止商标效力；③商标注册人死亡或终止，自死亡或终止之日起 1 年期满，该注册商标未办理转移手续，任何人都可以向商标局申请注销该注册商标。该商标自商标注册人死亡或终止之日起终止。

四、工业产权的国际保护

1.《巴黎公约》

《巴黎公约》是保护工业产权最重要的国际公约，于 1883 年 3 月 20 日在巴黎签订，目前已有 130 多个国家参加了该公约。中国于 1985 年 3 月 19 日正式成为该公约成员国。

(1)保护对象

根据公约第一条规定，保护对象包括：专利(发明专利)、实用新型(少数国家称为“小专利”)、工业品外观设计、商标、服务标志、厂商名称、产地标志或原产地名称和制止不正当竞争行为。对工业产权应做最广义的理解，不仅适用于工商业本身，而且也应同样适用于农业和采掘工业以及一切制成品或天然产品，例如酒类、谷物、烟叶、水果、花卉和面粉等。

(2)基本原则

①国民待遇原则。在保护工业产权方面，每一个成员国必须把给予本国公民的保护同等地给予其他成员国公民；非成员国的国民，如果在成员国内有住所或真实、有效的工商营业所，也可以享有与成员国同样的待遇，得到同样保护。根据这一原则，外国专利与商标申请人或专利权人、商标权人，与本国申请人或专利权人、商标权人具有同样的权利与义务。

②优先权原则。成员国之间有义务给对方国民以优先权，即成员国国民向另一个成员国提出专利、商标申请后，在一定期限内(发明和实用新型专利为 12 个月、外观设计和商标为 6 个月)向其他成员国又提出同样申请的，可以要求给予优先权，视后一申请是在第一个申请日提出的。

③商标权、专利权保护独立原则。公约的一个成员国国民基于同一商标或发明在数个成员国或非成员国取得的商标权、专利权相互独立，受各自国家的法律保护和管理。商标法、专利法是国内法，一国批准的商标或专利对于他国

是没有约束力的，这也是工业产权保护地域性的体现。

(3)共同遵守的规则

①专利强制许可原则。公约对于防止滥用专利权问题作了强制许可规定。自专利申请日起满四年或专利批准日起满三年，取得专利的发明人无正当理由不实施或没有充分实施时，各成员国专利局均可根据第三者请求，给予实施该发明的强制许可，取得强制许可者应给予专利权人合理报酬。

②国际交通工具上的专利。在本公约任何成员国内，下列情况不应认为是侵犯专利权所有者的权利：(a)当本公约其他成员国的船只暂时或偶然进入领水，该船的船身、机器、船具、索具及其他附件上所用的器械构成发明人的主题时，只要使用这些器械是专为该船的需要；(b)当本公约其他成员国的飞机或车辆暂时或偶然进入领域，该飞机或车辆的构造、操纵或其附件上所用器械构成专利权所有者的专利发明主题时。

③缴纳维持费的宽限期。公约规定了各国都应遵守一定的专利、商标宽限期，即对专利与商标申请费、维持费的缴纳至少给予6个月宽限期。

④国际展览会上展示的发明、商标。对于在本公约任一成员国领土内举办的官方认可的国际展览会展出商品中的专利技术、商标，应予以相当于优先权期限的临时保护，但是临时保护不应延展优先权的期限。

2.《专利合作条约》(PCT)

《专利合作条约》是继《巴黎公约》之后缔结的又一个重要的国际性专利条约，旨在解决专利的“国际申请”，特别是其中的申请程序问题。该条约于1978年6月1日正式生效。中国于1994年1月1日正式成为该条约的成员国，中国专利局成为《专利合作条约》的受理局、指定局、选定局、国际检索单位及国际初审单位。条约申请程序可分为国际阶段与国内阶段。

(1)国际阶段

①国际申请：申请人向主管国家的专利局、地区性专利局或国际机构提出专利申请，并指定希望获得专利权的缔约国(指定国)。受理局在收到国际申请后进行形式审查，确定国际申请日，从而该申请在各指定国产生正规的国内效力。

②国际检索：受理局在自国际申请受理之日起一个月内，将申请文件副本送交由PCT联盟大会委托的一个检索单位，按统一标准进行检索。申请人在收到该报告后，可以决定撤回或维持国际申请，如果认为有必要，还可以对申请中的权利要求书进行修改。

③国际公布：自国际申请日(或优先权日)起满18个月，世界知识产权组织(WIPO)国际局对国际申请连同国际检索报告一起予以公布。公布后的国际申

请在各指定国是否享有临时保护权，由各指定国参照国内法而定。国际公布是强制性的，所有缔约国必须对其承认和使用。

(2)国内阶段

申请人决定进入国内阶段时才需要办理有关手续，委托指定国内代理人、缴纳该国的费用和提出用该国语言的申请译本等。进入国内阶段后，依指定国法律进行审理与保护。

3.《商标国际注册马德里协定》及其议定书

《商标国际注册马德里协定》(简称《马德里协定》)是在《保护工业产权巴黎公约》的指导下，为了进一步实现工业产权的国际保护，简化商标国际注册手续，促进商标注册国际合作而签订的程序性国际条约。由于1891年签订协定的主要是欧洲国家，为了进一步扩大商标国际注册范围，在世界知识产权组织的主持下，于1989年在马德里签订了一个商标国际注册条约，即《商标国际注册马德里协定议定书》(简称《马德里议定书》)。我国于1989年10月4日加入《马德里协定》，1995年12月1日加入《马德里议定书》。马德里协定的主要内容如下：

(1)商标国际注册程序

任何一个缔约国国民(自然人和法人)都可以在其原属国国内获得商标注册后，向其所属国商标注册主管当局提交商标国际注册申请，并缴纳有关费用。所属国商标注册主管当局经审查后转至WIPO国际局，经过形式审查认为符合要求的，给予公告，有关缔约国在得到国际局通知一年内未提出异议的，视为该国接受该商标的国际注册申请。自国际局生效的注册日期开始，商标在每个缔约国得到的保护视同该商标直接在该国提出注册。

(2)《商标国际注册马德里协定议定书》的发展

在《马德里协定》的基础上，《马德里议定书》对此有所变更：

①放宽申请商标国际注册的条件。《马德里协定》要求申请国际注册的商标必须是已经获得国内注册的商标，《马德里议定书》则允许将已经递交但尚未获得注册的商标申请国际注册。

②延长了成员国作出拒绝给予保护的生效期间。将时间从《马德里协定》规定的一年延长到18个月。

③协调了国际注册与国内注册的关系。商标国际注册因原属国的国内注册效力丧失被国际局撤销时，该国际注册可以转为各指定国的国内申请，国际注册日为申请日，且享有优先权。

4.《与贸易有关的知识产权协议》(TRIPS协议)

TRIPS协议是经过关税与贸易总协定乌拉圭回合谈判而形成的世界贸易

组织框架内的一个有关知识产权的协定。我国于 2001 年加入该协议。其最大特点就是承认了此前知识产权领域所有重要条约（如《巴黎公约》、《伯尔尼公约》等）的效力，并在此基础上大大拓展了知识产权的适用范围，提高了知识产权的保护水平，强化了知识产权执法程序和保护措施。TRIPS 协议与工业产权有关的内容主要包括：

（1）基本原则

①最惠国待遇原则。在知识产权保护方面，由一成员方授予任一其他国家国民的任何利益、优惠、特权或豁免，均应立即无条件地给予所有其他成员方的国民。该原则在国际知识产权条约中是第一次规定，这与本协议是“与贸易有关”分不开的。当然，协议也允许最惠国待遇存在例外情形。

②对权利合理限制原则。知识产权如同其他权利一样是相对的，应该有合理的、适当的限制。TRIPS 协议第 8 条第 2 款提出“可采取适当措施防止权利持有人滥用知识产权”的权利限制原则。在 TRIPS 协议第 13 条等处分别提出对商标权、工业品外观设计权和发明专利权给予一定权利限制的前提条件：一是保证第三方的合法利益，二是不能影响合理利用，三是不能损害权利所有人的合法利益。

③保护公共秩序、社会公德、公众健康原则。TRIPS 协议第 8 条规定，各成员国在制订或修正其法律和规章时，可采取必要措施以保护公众健康，并促进对其社会经济和技术发展至关重要部门的公众利益，只要其符合本协议规定。

（2）TRIPS 协议在商标、专利方面的特别要求

①获得保护和排除的商标、专利客体。在可以获得保护的客体方面，TRIPS 协议最显著的特点就是大大拓展了商标与专利的范围。商标方面，TRIPS 协议规定“任何能够将一企业的商品或服务与其他企业的商品或服务相区别的标记或标记的组合”均应能构成商标，且服务商标应与商品商标受到同样保护。这一概念界定一改《巴黎公约》中的模糊性规定，明确了商标认定的主要标准——标记的识别性。专利方面，“专利应当授予在所有技术领域的任何发明，无论产品还是方法”，“专利的获得和专利权的享有应不因发明地点、技术领域以及产品是进口还是本地生产而受到歧视”。各成员国可以对医治人或动物的诊断、治疗和手术方法，以及动植物（微生物除外）和生产动植物的生物学方法不授予专利。但对非生物学的方法和微生物方法可以授予专利。

②授予商标权、专利权方面。商标权方面，TRIPS 协议第 16 条规定，注册商标所有人应享有专有权以制止所有第三方未取得所有人同意在贸易中将与注册商品相同或近似的标记使用于与该商标所注册的商品或服务相同或类似的商品或服务，而这种使用可能会造成混淆。上述权利不应损害任何现有的

在先权利。专利权方面，TRIPS 协议第 28 条规定，专利权人的权利包括：(a)有权制止第三方未经其同意而制造、使用、建议销售、销售或为这些目的而进口该专利产品；(b)有权禁止第三方未经其同意而使用、建议销售、销售或为这些目的而进口依该专利方法而直接获得的产品。此外，TRIPS 协议还规定了商标权、专利权授予的例外情形、方法专利的举证责任等。

第二节　产品质量法

产品是指经过加工、制作，用于销售的产品。产品质量是指国家有关法规、质量标准以及合同规定的产品的可靠性、安全性、耐用性等内在性能与外观形态的总和。产品质量法是调整产品质量监督管理关系和产品质量责任关系的法律规范的总称，如《中华人民共和国产品质量法》(以下简称《产品质量法》)。

案例导入

湖北省崇阳县大兴化肥有限公司将 42 吨伪劣"红康阿"复合化肥销售给崇阳县化肥经销商流利公司，该复合肥经该公司卖给农民使用后，致使玉米、西瓜等农作物减产，造成经济损失 18.7 万元。案发后，流利公司赔偿农民损失 13.4 万元，并将大兴化肥有限公司诉至法院。崇阳县人民法院以销售伪劣化肥罪判处被告人向流利公司赔偿经济损失 6 万元，并处罚金 7 万元。

根据《产品质量法》的有关法理，请思考下列问题：

1. 产品质量管理制度的具体内容有哪些？
2. 生产者、销售者的产品质量责任和义务有哪些具体规定？
3. 产品造成损害的责任承担有何具体条件及方式？

一、产品质量的管理与监督

1. 产品质量监督管理机构

根据《产品质量法》的规定，国务院产品质量监督部门主管全国产品质量监督工作。国务院有关部门在各自的职责范围内负责产品质量监督工作。县级以上地方产品质量监督部门主管本行政区域内的产品质量监督工作。县级以上地方人民政府有关部门在各自的职责范围内负责产品质量监督工作。

2. 产品质量管理制度

(1)标准化管理制度

标准化管理制度是指可能危及人体健康和人身、财产安全的工业产品，必须符合保障人体健康和人身、财产安全的国家标准、行业标准；未制定国家标准、行业标准的，必须符合保障人体健康和人身、财产安全的要求。我国现行标准体系分为四层次：国家、行业、地方和企业标准。

(2)企业质量体系认证制度

企业质量体系认证制度是指国务院产品质量监督管理部门或者由它授权的部门认可的认证机构，依据国际通用的“质量管理和质量保证”系列标准，对企业的质量体系和质量保证能力进行审核，颁发给合格企业质量体系认证证书，以兹证明的活动。

该制度通过对产品质量构成的各种因素，如产品设计、工艺准备、制造过程、质量检验、组织机构和人员素质等质量保证能力进行严格评定，使企业形成稳定生产符合标准产品的能力。目前国际上通用的“质量管理和质量保证”标准是ISO9000系列国际标准，我国GB/T19000－ISO9000质量管理和质量保证系列国家标准。企业根据自愿原则可以向认证机构申请企业质量体系的认证。经认证合格的，由认证机构颁发企业质量体系认证证书。

(3)产品质量认证制度

产品质量认证是依据产品标准和相应技术要求，经认证机构确认并通过颁发认证证书和认证标志来证明某一产品符合相应标准和相应技术要求的活动。根据《产品质量法》第14条第2款的规定，国家参照国际先进的产品标准和技术要求，推行产品质量认证制度，企业根据自愿原则可以向国务院产品质量监督部门认可的或者国务院产品质量监督部门授权的部门认可的认证机构申请产品质量认证。经认证合格的，由认证机构颁发产品质量认证证书，准许企业在产品或者其包装上使用产品质量认证标志。产品质量认证工作由国务院产品质量监督管理部门即国家技术监督局统一管理，组织全国产品质量认证工作。

企业质量体系认证与产品质量认证有显著区别：前者认证的对象是企业的质量体系，后者认证的对象是企业的产品；前者认证的依据是质量管理标准，后者认证的依据是产品标准。从认证结论上看，前者是要证明企业质量体系是否符合质量管理标准，后者是要证明产品是否符合产品标准。

3. 产品质量监督检查制度

根据《产品质量法》的规定，国家对产品质量实行以抽查为主要方式的监督检查制度。监督抽查制度的目的在于加强对生产、流通领域的产品质量实施监督，以督促企业提高产品质量，从而保护国家和广大消费者的利益，维护社会经济秩序。

监督检查的重点有三类产品:第一类是可能危及人体健康和人身财产安全的产品,如药物、食品等;第二类是重要的工农业原材料和影响国计民生的重要工业产品,如钢铁、石油制品等;第三类是消费者、有关组织反映有质量问题的产品。

对依法进行的产品质量监督检查,生产者、销售者不得拒绝。若抽查的产品质量不合格,由实施监督抽查的产品质量监督部门责令其生产者、销售者限期改正。逾期不改正的,由省级以上人民政府产品质量监督部门予以公告,公告后经复查仍不合格的,责令停业,限期整顿;整顿期满后经复查产品质量仍不合格的企业,将被吊销营业执照。

二、生产者、销售者的产品质量责任和义务

产品质量义务即产品质量瑕疵担保责任,是指产品的生产者、销售者应保证其生产、销售的产品符合适用、安全的要求,不得存在不合理的危险。产品质量义务是一种法定义务,《产品质量法》对生产者的产品质量义务和销售者的产品质量义务分别作了规定。

1. 生产者的产品质量责任和义务

(1)生产者应当保证产品的内在质量

根据《产品质量法》的规定,生产者保证的产品内在质量包括以下方面:①不存在危及人身、财产安全的不合理的危险,有保障人体健康和人身、财产安全的国家标准、行业标准的,应当符合该标准;②具备产品应当具备的使用性能,但是,对产品存在使用性能的瑕疵作出说明的除外;③符合在产品或者其包装上注明采用的产品标准,符合以产品说明、实物样品等方式表明的质量状况。

(2)生产者应当提供必要、真实、明确的产品标识

产品标识是载附于产品表面或者产品包装上用于揭示产品的名称、产地、质量状况等信息的表述和标示。根据《产品质量法》的规定,产品或其包装上的标识必须真实,并符合下列要求:①有产品质量检验合格证明。②有中文标明的产品名称、生产厂厂名和厂址。③根据产品的特点和使用要求,需要标明产品规格、等级、所含主要成分的名称和含量的,用中文相应予以标明;需要事先让消费者知晓的,应当在外包装上标明,或预先向消费者提供有关资料。④限期使用的产品,应当在显著位置清晰地标明生产日期和安全使用期或失效日期。⑤使用不当,容易造成产品本身损坏或可能危及人身、财产安全的产品,应当有警示标志或中文警示说明。⑥裸装的食品和其他根据产品的特点难以附加标识的裸装产品,可以不附加产品标识。⑦易碎、易燃、易爆、有毒、有腐蚀

性、有放射性等危险物品以及储运中不能倒置和其他有特殊要求的产品，其包装质量必须符合相应要求，依照国家有关规定做出警示标志或中文警示说明，标明储运注意事项。

(3)生产者的禁止性义务

根据《产品质量法》的规定，产品生产者的禁止性义务主要有：①不得生产国家明令淘汰的产品；②不得伪造产地，不得伪造或冒用他人的厂名、厂址；③不得伪造或冒用认证标志、名优标志等质量标志；④生产产品，不得掺杂、掺假，不得以假充真、以次充好，不得以不合格产品冒充合格产品等。

2. 销售者的产品质量责任和义务

根据《产品质量法》的规定，销售者的产品质量责任和义务具体包括如下方面：

(1)销售者应当建立并执行进货检查验收制度，验明产品合格证明和其他标识；

(2)销售者应当采取措施，保持销售产品的质量；

(3)销售者不得销售国家明令淘汰并停止销售的产品和失效、变质的产品；

(4)销售者销售的产品的标识应当符合《产品质量法》的有关规定；

(5)销售者不得伪造产地，不得伪造或冒用他人的厂名、厂址；

(6)销售者不得伪造或冒用认证标志、名优标志；

(7)销售者销售产品，不得掺杂、掺假，不得以假充真、以次充好，不得以不合格产品冒充合格产品。

三、产品造成损害的责任承担

根据《消费者权益保护法》与《产品质量法》的规定，产品造成损害的责任具体如下：

1. 产品瑕疵责任(产品合同责任)

(1)产品瑕疵责任的概念

产品瑕疵是指产品不具备良好的特征和特性，不符合规定或约定的质量状况。产品瑕疵责任是指在商品交易关系中，卖方违反其对产品质量所作的承诺、保证，提供的产品存在瑕疵，因而对买方应当承担的责任。从性质上讲，产品瑕疵责任属于合同违约责任。

(2)产品瑕疵责任的条件

售出的产品有下列情形之一的，承担产品瑕疵责任：①产品不具备应有的使用性能而事先未作说明的；②产品不符合在产品或者其包装上注明采用的产品标准的；③产品不符合以产品说明、实物样品等方式表明的质量状况的。

(3)产品瑕疵责任的承担方式

根据《产品质量法》的规定，售出的产品有上述情形之一的，销售者应当负责修理、更换、退货；给购买产品的消费者造成损失的，销售者应当赔偿损失。

销售者依照前款规定负责修理、更换、退货、赔偿损失后，属于生产者的责任或者属于向销售者提供产品的其他销售者的责任的，销售者有权向生产者、供货者追偿。销售者未按照第一款规定给予修理、更换、退货或者赔偿损失的，由产品质量监督部门或者工商行政管理部门责令改正。生产者之间、销售者之间、生产者与销售者之间订立的买卖合同、承揽合同有不同约定的，合同当事人按照合同约定执行。

议题十四

圆灵宾馆从江南空调机有限公司购买其生产的空调机150台，由专业公司进行安装。由于该空调的功率与产品说明上标明的功率不相符，达不到应有的制热效果。经该公司的质检部门检查，系质量问题。请分析，江南空调机有限公司应承担何种责任，为什么？

2. 产品缺陷责任(侵权责任)

(1)产品缺陷责任的概念

缺陷是指产品存在危及人身、他人财产安全的不合理的危险；产品有保障人体健康和人身、财产安全的国家标准、行业标准的，是指不符合该标准。产品缺陷责任，是指产品存在可能危及人身、财产安全的不合理危险，造成消费者人身或者除缺陷产品以外的其他财产损失后，缺陷产品的生产者、销售者应当承担的特殊的侵权法律责任。可见，产品缺陷责任的前提是因产品存在缺陷造成人身、缺陷产品以外的其他财产的损害。

(2)生产者的责任及免责事由

根据《产品质量法》的规定，因产品存在缺陷造成人身、缺陷产品以外的其他财产损害的，生产者应当承担赔偿责任。生产者能够证明有下列情形之一的，不承担赔偿责任：①未将产品投入流通的；②产品投入流通时，引起损害的缺陷尚不存在的；③将产品投入流通时的科学技术水平尚不能发现缺陷的存在的。

(3)销售者的责任

根据《产品质量法》的规定，由于销售者的过错使产品存在缺陷，造成人身、他人财产损害的，销售者应当承担赔偿责任。销售者不能指明缺陷产品的生产者也不能指明缺陷产品的供货者的，销售者应当承担赔偿责任。

(4)生产者与销售者的责任关系

根据《产品质量法》的规定，因产品存在缺陷造成人身、他人财产损害的，受害人可以向产品的生产者要求赔偿，也可以向产品的销售者要求赔偿。属于产品的生产者的责任，产品的销售者赔偿的，产品的销售者有权向产品的生产者追偿。属于产品的销售者的责任，产品的生产者赔偿的，产品的生产者有权向产品的销售者追偿。

(5)产品缺陷损害赔偿范围

因产品存在缺陷造成受害人人身伤害的，侵害人应当赔偿医疗费、治疗期间的护理费、因误工减少的收入等费用；造成残疾的，还应当支付残疾者生活补助费、残疾赔偿金以及由其扶养的人所必需的生活费等费用；造成受害人死亡的，应当支付丧葬费、死亡赔偿金以及由死者生前扶养的人所必需的生活费等费用。因产品存在缺陷造成受害人财产损失的，侵害人应当恢复原状或者折价赔偿。受害人因此遭受其他重大损失的，侵害人应当赔偿损失。

(6)产品缺陷责任的诉讼时效

根据《产品质量法》的规定，因产品存在缺陷造成损害要求赔偿的诉讼时效期间为二年，自当事人知道或者应当知道其权益受到损害时起计算。

因产品存在缺陷造成损害要求赔偿的请求权，在造成损害的缺陷产品交付最初消费者满十年丧失；但是，尚未超过明示的安全使用期的除外。

议题十五

圆灵宾馆从商力电器有限公司购买其生产的电热杯300只。由于质量问题发生漏电，致使客房着火，损失价值约10万元。请分析，圆灵宾馆是否可向商力电器有限公司提出赔偿，为什么？

思考与检测

一、单项选择题

1. 两个或两个以上的人分别就同样发明创造申请专利的，专利权授予(　　)。
   A. 最先申请人　　B. 最先发明人
   C. 最先使用人　　D. 以上都是
2. 发明人必须是直接参加发明创造活动、对发明创造的实质性特点作出创造性贡献的，不能是(　　)。

A. 法人　　B. 自然人

C. 单位　　D. 以上都是

3. 根据我国专利法的规定,对发明专利实行(　　)。

A. 备案制度　　B. 延迟审查制度

C. 公开审查制度　　D. 公开延迟审查制度

4. 根据我国专利法的规定,对于实用新型和外观设计专利实行(　　)。

A. 备案制度　　B. 审查制度

C. 登记制度　　D. 延迟审查制度

5. 专利机构授予发明人发明专利证书,发明专利权自(　　)之日起生效。

A. 公告　　B. 批准

C. 颁证　　D. 登记

6. 发明专利保护期为 20 年,实用新型和外观设计保护期为 10 年,均自(　　)起计算。

A. 专利公告日　　B. 专利批准日

C. 专利申请日　　D. 专利登记日

7.《巴黎公约》是保护工业产权最重要的国际公约,我国于(　　)成为该公约成员国。

A. 1985 年 3 月 19 日　　B. 1986 年 3 月 19 日

C. 1987 年 3 月 19 日　　D. 1988 年 3 月 19 日

8. 我国于(　　)加入《商标国际注册马德里协定议定书》。

A. 1995 年 12 月 1 日　　B. 1996 年 12 月 1 日

C. 1997 年 12 月 1 日　　D. 1998 年 12 月 1 日

9. 根据《产品质量法》的规定,(　　)主管全国产品质量监督工作。

A. 各省市产品质量监督部门　　B. 国务院

C. 国务院产品质量监督部门　　D. 以上都是

10. 国际上通用的"质量管理和质量保证"标准是(　　)系列国际标准。

A. ISO9000　　B. GB/T19000－ISO9000

C. ISO9400　　D. ISO9500

二、多项选择题

1. 工业产权是指发生在工业、商业、农业、林业和其他产业领域中的(　　)。

A. 专利权　　B. 商标权

C. 知识产权　　D. 发明权

2. 工业产权主要保护对象是(　　)等。

A. 专利与商标　　B. 实用新型与工业品外观设计

C. 服务标记与厂商名称　　D. 产地标记

3. 工业产权是有别于有形财产权的一种民事权利,其主要特征是(　　)。

A. 法定性　　B. 地域性

C. 时间性　　D. 专有性

4. 专利权的客体是发明创造，其类型包括(　　)。

A. 发明　　B. 实用新型

C. 外观设计　　D. 创意

5. 实用新型专利必须具备的基本特征是(　　)。

A. 一种产品　　B. 一定形状和构造的产品

C. 液态产品　　D. 具有实用性

6. 世界各国的专利审查制度主要是(　　)。

A. 备案制　　B. 登记制

C. 实质审查制　　D. 延期审查制

7. 我国专利法规定了专利权终止情形是(　　)。

A. 保护期届满　　B. 未按期缴纳专利年费

C. 发生争议　　D. 专利权人以书面方式放弃专利权

8. 违法使用导致撤销商标的主要情形是(　　)。

A. 连续三年停止使用的　　B. 自行改变注册商标或注册事项的

C. 自行转让注册商标的　　D. 使用注册商标的商品以次充好

9. 根据《产品质量法》的规定，产品生产者的禁止性义务主要包括(　　)。

A. 不得生产国家明令淘汰产品　　B. 不得伪造或冒用产地、他人的厂名

C. 不得伪造或冒用质量标志　　D. 不得以不合格产品冒充合格产品

10. 因产品存在缺陷造成人身、财产损害的，受害人可向该产品的(　　)要求赔偿。

A. 生产者　　B. 设计者

C. 销售者　　D. 以上都是

三、判断题

1. 地域性是指按照一国法律获得承认和保护的工业产权，也受其他国家法律的保护。(　　)

2. 工业产权可一直受到法律的保护。(　　)

3. 在同一种或者类似的商品上，一件相同的商标可能由两个企业申请注册，因此只有一个可被核准注册。(　　)

4. 根据我国专利法的规定，某项专利如在中国政府承认的国际展览会上首次展出过，其在申请专利时就丧失了新颖性。(　　)

5. 一份专利申请文件只能就一项发明创造提出专利申请，如果属于一个总的发明构思的两项以上发明或实用新型，必须作为两件申请提出。(　　)

6. 专利权不可以通过合同、继承等方式而依法转让给其他单位或个人。(　　)

7. 发明专利是指产品发明。(　　)

8. 根据我国专利法的规定，一项发明创造符合取得专利权的实质条件，就可以自动取得专利权。(　　)

9. 根据我国专利法的规定，对在宣告专利权无效前法院作出并已执行的专利侵权的判决、裁定，已经履行或强制执行的专利侵权纠纷处理决定，以及已经履行的专利实施许可合同和专利权转让合同，不具有追溯力。（ ）

10. 产品是指经过加工、制作的产品。（ ）

四、案例题

1. 原告农夫山泉公司诉称，其对“农夫”与“农夫山泉”商标享有注册商标专用权，而香山农夫公司的桶装水使用了“农夫”商标，并且包装和装潢与“农夫山泉”瓶装水近似，足以造成消费者对二者的生产者产生混淆和误认，故要求香山农夫公司立即停止侵犯原告注册商标专用权的行为，并要求赔偿原告经济损失 50 万元。被告香山农夫公司辩称，“农夫”系没有显著性的通用词汇，不应作为商标注册。香山农夫公司的“香山农夫”桶装水与“农夫山泉”瓶装水并不会产生混淆和误认。请分析香山农夫公司是否存在侵权行为，为什么？

2. 方放获得“玻璃门牢固拉手”实用新型专利权，从根本上解决了金属拉手与玻璃硬对硬相结合易碎，以及结合时虽加了多层胶垫片固定得很牢，但频繁推拉就会松动、脱丝、变形、损坏、增加开支的难题。今年，方放得知万立公司将其享有专利权的不锈钢拉手安装在该公司的玻璃门上。请分析万立公司是否存在侵权行为，为什么？

3. 河北省高阳县农民王龙以每瓶 7 元的价格，从河北省深州购进 40 瓶伪劣“克无踪”除草剂，并以每瓶 8 元的价格销售给安新县农民王奎。王奎将“克无踪”用于其所承包的 100 亩棉花田，使用后发现大面积棉花叶片茎脉发黑，棉桃、棉花脱落，造成棉花减产，经鉴定造成损失人民币42 485元。请分析王龙是否存在违法行为，为什么？

五、简答题

1. 简述我国专利法规定的授予专利权的基本条件。

2. 简述申请宣告专利权无效的主要依据。

3. 简述企业质量体系认证与产品质量认证的区别。

4. 简述销售者的产品质量责任和义务。

第三章　国际商务交易的规则

——国际货物买卖合同法

学习目标

- 要约与承诺应具备的法律条件
- 国际货物买卖合同的形式及内容
- 合同成立的法律要件
- 买卖方履行合同的义务
- 货物风险划分的有关规定
- 违约救济方法的具体内容

当今世界，不论社会制度、文化、法律体系、经济运作等有着怎样的千差万别，在维系交易的公正、公平方面，无不例外地使用合同。在国际商务活动中，国际货物买卖是由营业地处于不同国家的当事人之间所进行的货物买卖行为，为了调整这种跨越国界的货物贸易及其各种关系而制定的法律规范总称就是国际货物买卖合同法。有关国际货物买卖合同的法律与国际惯例主要有：国内立法，如各国的合同法；国际立法，如《联合国国际贸易销售合同公约》；国际商业惯例，如《2000年国际贸易术语解释通则》。

第一节　国际货物买卖合同的磋商

合同是平等主体的自然人、法人、其他组织之间设立、变更、终止民事权利义务关系的协议。合同的成立，必须是当事人意思表示一致，达成对双方都有约束力的协议。所谓意思表示一致，指的是要约方与承诺方合意的结果。

签订合同的过程，是双方当事人对合同的条款表示意见，互相协商，达成一致意见的过程，其中要约和承诺是这一过程必需的两个环节。

案例导入

上海进出口公司是一家专业进出口贸易公司，主要从事棉纺织品等的进出口业务，深受欧洲、北美和亚洲地区国家的客户欢迎。近日，上海进出口公司利用公司网站发布供货信息，得知英国 MANDARS IMPORTS CO. LTD 对弹力牛仔女裙产品感兴趣，于是公司业务员方达先生通过电子邮件于 2009 年 3 月 1 日向 MANDARS IMPORTS CO. LTD 公司发出要约。具体内容为：弹力牛仔女裙，99%棉，1%弹力牛仔；包装条件是平摊包装，不对折，6 条混码装入一个小胶袋，3 个小胶袋装入一个大胶袋，1 个大胶袋装入一只出口纸箱；单价为每件 7 美元 CIF 伦敦，采用即期信用证支付方式；2009 年 5 月 30 日前装运；按发票金额 110%投保一切险，要约 7 天有效。

英国 MANDARS IMPORTS CO. LTD. 收到要约后，根据市场的需求进行仔细分析，并决定接受要约的全部条件，于是在 3 月 5 日通过电子邮件向上海进出口公司发出承诺。

根据合同磋商的理论，请思考下列问题：

1. 合同磋商有哪些必要环节，其内容如何？
2. 一项有效的要约和承诺须具备哪些法律要件？
3. 合同成立的法律要件有哪些？
4. 国际货物买卖合同有哪些基本形式及主要内容？

一、要约

1. 要约的含义

要约是指一方当事人以缔结合同为目的，向对方当事人所作的意思表示，即订约提议。提出要约的一方称为要约人，对方称为受要约人。如受要约人不接受要约人提出的条件，向原要约人提出反条件，那么，双方的位置对换。

议题一

上海进出口公司与英国 MANDARS IMPORTS CO. LTD 就弹力牛仔女裙产品进行洽谈，从法理的视角分析，谁是要约人和受要约人，为什么？

2. 要约具备的法律条件

(1)要约是由特定人作出的

发出要约的目的在于订立合同,要约人必须使受要约人知道是谁发出的要约,因此,要约人必须是确定的,所以一定是特定人。

(2)要约必须是向受要约人作出的订立合同意思的表示

要约人向受要约人发出要约,必须表明愿意按照要约中所提出的条件与对方订立合同,如受要约人发出承诺,合同即告成立。

(3)要约的内容必须具体、肯定

要约不同于一般的订约通知或订约愿望,必须要有合同的主要条款(或条件),诸如商品的名称、数量、质量、价格,履行期限、地点、方式。但有些国家采取较为灵活的规定,即使对某项或某几项条款没有作出规定,只要当事人之间订立合同的意思表示是确定的,并且有合理的依据予以相应的补救,则要约仍然成立。

(4)要约必须送达受要约人时才具备法律效力

要约的生效时间一般采用"到达主义",因为受要约人只有知道要约的内容,才能决定是否承诺。

3. 要约的约束力

一般而言,要约对受要约人没有约束力。受要约人接到要约后,即在法律上取得了承诺的权利,而要约对受要约人是没有约束力的,受要约人不仅没有必须做出承诺的义务,也没有义务就承诺与否通知要约人。但是,在某些国家,存在例外的情况。例如,《德国商法典》与《日本商法典》均有规定,商人对于平日经常来往的客户,在其营业范围内,在其接到要约时,应立即发出承诺与否的通知,如果怠于通知,则视为承诺。

要约的约束力主要是指要约对要约人的约束力。其是指要约人发出要约之后在对方作出承诺之前是否能反悔,是否能把要约的内容予以变更,是否能把要约撤销等问题。

(1)大陆法系

①德国法律认为,要约原则上对要约人具有约束力。根据《德国民法典》的规定,除非要约人在要约中注明不受约束的词句,要约人须受其要约的约束。如果要约规定了有效期,则在有效期内不得撤回或更改其要约;如果在要约中没有规定有效期,则通常情况下可望得到答复以前,不得撤回或更改其要约。奥地利、瑞士、希腊等国民法也采取了类似德国的规定。

②法国法原则上认为,要约人在受要约人作出承诺之前可以撤销要约。《法国民法典》对此问题并没有作出具体的规定,但是,法国的法院判例认为,如果要约人在要约中规定了承诺期限,要约人也可以在期限届满之前将要约撤

销，但是必须承担损害赔偿责任。即使在要约中未规定承诺的期限，但是如果根据具体的情况或正常的交易习惯，要约视为应在一定的期限内等待承诺者，要约人如不适当地撤销了要约，也必须负损害赔偿责任。

（2）英美法系

英美法系认为，要约原则上对要约人没有约束力。要约人在受要约人对要约作出承诺之前，随时可以撤销要约或更改要约内容。即使要约人在要约中规定了要约的有效期限，在法律上要约人仍被允许在期限届满之前随时将要约撤销。英美法之所以这样认为，是因为英美法把要约视为要约人作出的一项允诺，认为除非要约人采用签字蜡封式的要约，或者该要约有对价的支持，否则要约人就不受要约的约束。应当说英美法系的上述规定，并不适应于现代的经济生活，因为其对要约人缺乏必要的约束，而对受要约人没有应有的保障。因此，英美等国都在考虑改变上述法律原则。例如《美国统一商法典》明确规定："在货物买卖中，在一定条件下可以承认无对价的确定的要约，即要约人在要约确定的期限内不得撤销的要约。"

议题二

上海进出口公司业务员方达先生用电子邮件向 MANDARS IMPORTS CO. LTD 公司发出要约，就其具体内容来看（见"案例导入"），符合法律规定的要约条件吗？为什么？

4. 要约的撤回

要约中规定对方承诺期限，在此期限内，要约人不得撤回或变更要约，如要撤回或变更，必须发出通知，撤回或变更的通知应先于或与要约同时到达受要约人。

议题三

上海进出口公司向英国 MANDARS IMPORTS CO. LTD 发出要约，由于业务员方达先生工作疏忽，要约中某项内容有误，于是翌日发出撤回要约的通知。请分析，上海进出口公司能撤回要约吗，为什么？

5. 要约的撤销

（1）要约撤销的条件

一项要约到达受要约人之后，要约人因各种原因在受要约人尚未发出承诺之前，可以撤销要约的通知，取消要约的效力。我国《合同法》规定，要约可以撤销，但撤销要约的通知应当在受要约人发出承诺通知之前到达受要约人。要约的撤销与撤回的区别在于时间的节点不同，要约的撤销是发生在要约生效之后，而要约的撤回则是发生在要约生效之前。

（2）要约不可撤销的条件

《合同法》也规定了两种要约不得撤销的情形：一是要约人确定了承诺期限或者以其他形式明示要约不可撤销；二是受要约人有理由认为要约是不可撤销的，并已经为履行合同作了准备工作。

当然，各国法律在这方面的规定有所不同。同是英美法系，英国法律规定，在受要约人发出承诺通知之前，任何时候都可以撤销要约，除非是签字蜡封式的合同。而美国商法典规定，要约人在要约确定的期限内不得撤回。同是大陆法系，德国法律规定，要约人对要约原则上没有撤销权，除非有不受要约约束的声明。而法国法律认为，尽管期限届满之前要约人可以撤销要约，但必须承担损害赔偿责任。

议题四

上海进出口公司向英国 MANDARS IMPORTS CO. LTD 发出要约，由于业务员方达先生工作疏忽，要约中某项内容有误，于是翌日发出撤销要约的通知。请分析，上海进出口公司能撤销要约吗，为什么？

6. 要约的失效

要约的失效，是指一项要约丧失了法律拘束力。其有四种情形：（1）拒绝要约的通知到达要约人；（2）要约人依法撤销要约；（3）要约期限届满，受要约人未作出承诺；（4）受要约人对要约的内容作出实质性变更。

二、承诺

1. 承诺的含义

承诺又称接受，是指要约的相对人完全同意要约的意思表示，接受提议的人即为承诺人。

议题五

上海进出口公司与英国 MANDARS IMPORTS CO. LTD 就弹力牛仔女裙产品进行洽谈，从法理的视角分析，谁是承诺人，为什么？

2. 承诺构成的有效条件

(1)承诺必须由受要约人作出

承诺必须由受要约人作出,非受要约人做出的答复不构成承诺。

(2)承诺的内容应当与要约的内容相一致

承诺必须对要约毫无保留地接受,不能附带任何条件,这是承诺的核心要件。受要约人对要约的内容作出实质性变更的,为新要约。

(3)承诺必须向要约人做出

承诺是对要约的同意,是受要约人同意与要约人订立合同的意思表示,因此,应当向要约人做出。

(4)承诺应当在要约规定的承诺期限内作出

要约以信件或者电报作出的,承诺期限自信件载明的日期或者电报交发之日开始计算。信件未载明日期的,自投寄该信件的邮戳日期开始计算。要约以电话、传真等快速通讯方式,承诺期限自要约到达受要约人时开始计算。要约没有确定承诺期限的,如以对话方式,承诺应当即时作出(当事人另有约定的除外),如以非对话方式,承诺应当在合理期限内到达。

(5)承诺应当以适当方式作出

承诺应当符合要约规定的承诺传递方式。要约没有规定承诺的传递方式,按商业习惯,即采用要约人传递要约的方式。

议题六

英国 MANDARS IMPORTS CO. LTD 就上海进出口公司 2009 年 3 月 1 日发出的要约进行仔细分析,决定接受该要约的全部条件,于是在 3 月 5 日通过电子邮件向上海进出口公司发出承诺。请分析,该承诺有效吗? 为什么?

3. 承诺的生效时间

承诺通知到达要约人时生效。如承诺不需要通知的,根据交易习惯或者要约的要求作出承诺的行为时生效。如采用数据电文形式订立合同,收件人指定特定系统接收数据电文的,该数据电文进入该特定系统的时间,视为到达时间;未指定特定系统的,该数据电文进入收件人的任何系统的首次时间,视为到达时间。承诺生效时将产生法律上的效力,即承诺生效时合同成立,这是"到达主义"原则。

4. 逾期承诺的有效性

逾期承诺分为下列两种形式:

(1)迟到承诺

迟到承诺是指承诺人超过要约规定的承诺期限作出承诺，原则上该承诺为新要约。但是，如要约人通知承诺人接受迟到承诺，则该承诺有效。

(2)承诺迟延

承诺迟延是指受要约人在承诺期限内发出承诺，按照通常情形能够及时到达要约人，但因其他原因承诺到达要约人时超过承诺期限，因此该承诺有效。

5. 承诺撤回的有效性

承诺的撤回，是指受要约人在其作出的承诺生效之前将其撤回的行为。承诺可以撤回，撤回承诺的通知应当在承诺通知到达要约人之前或者与承诺通知同时到达要约人。承诺一经撤回，即不发生承诺的效力。

知识连接 **承诺生效时间的相关规定**

在承诺的生效时间问题上，大陆法系与英美法系的立法规定，存在很大的不同。

1. 大陆法系

大陆法系国家在承诺生效问题上，一般采用“到达主义”。所谓“到达主义”，是指承诺到达要约人时生效，合同亦于此时成立。

过去，大陆法系国家采取的是“了解主义”。所谓“了解主义”，是指不仅要求收到对方的承诺，而且还要求要真正了解承诺的内容时，承诺才生效。但是，实际上要证明是否真正了解承诺的内容很难，所以，大陆法系国家法律规定，承诺的通知只要到达要约人的支配范围即告生效，而不管要约人是否已了解承诺的内容。所谓要约人的支配范围，一般指的是送达要约人的营业所或惯常居住地。大陆法系之所以这样规定，就是为了划分要约人与受要约人在承诺通知传递过程中的风险责任。

大陆法系以德国为代表，认为承诺应于到达要约人时生效。根据《德国民法典》第130条规定：“对于相对人以非对话方式所做出的意思表示，于意思表示到达相对人时发生效力。”

大陆法系中的法国较为特别，法国民法典对于承诺何时生效，并未作出具体的规定，但最高法院认为，关于承诺生效的时间，完全取决于当事人的意思，因此，这是一个事实问题，应根据具体情况来决定。实践中，法国法院往往推定为“投邮主义”，即根据事实情况推定承诺于发出承诺通知时起生效，合同亦于此时成立。

日本历史上属于大陆法系，不过第二次世界大战以后又大量地吸收了英美法系的一些法律制定，其在承诺生效的时间上也具有不同于大陆法系以及英美法的特性。《日本民法典》在总则中的第 97 条原则上规定，对隔地人之间的意思表示，自通知到达相对人时起生效，即采取“到达主义”；但是在契约一章中的第 526 条又规定，隔地人之间的契约，于发出承诺通知时起成立，即对契约成立又采用发出生效的原则。

2. 英美法系

英美法系国家在承诺生效问题上，一般采用“投邮主义”。所谓“投邮主义”，即在以书信或电报做出承诺时，承诺一经投邮，立即生效，合同即告成立。

英美法认为，要约人曾默示地指定邮局作为他接受承诺的代理人，所以，只要受要约人把承诺交到邮电局，就等于交到要约人一样，承诺即告生效，即使表示承诺的函件在传递过程中丢失，只要受要约人能证明确已对函件付了邮资，写妥地址交到邮局，承诺仍可生效，合同也告成立。

英美法系采取“投邮主义”是基于协调要约人与受要约人的利益冲突。要约在被承诺之前的任何时候均可被撤销，这对于受要约人而言是不利的；如果在承诺生效时间上也采用“到达主义”，也就意味着要约人从发出要约时起至收到承诺的任何时间内，随时都可以撤销要约，显然这将对受要约人更为不利。所以，英美法系为了平衡两者利益，而采用了“投邮主义”。

第二节 国际货物买卖合同的订立

国际货物买卖合同是指营业地位于不同国家的当事人之间就有关货物买卖的权利义务关系而达成的协议。订立合同是为了明确双方当事人的权利和义务，必须具备法律规定的条件。在国际货物买卖过程中，买卖双方为了明确各自的义务和权利，必须签订一份符合有关国际法律或公约规定的合同，从而获得法律保护。

案例导入

上海进出口公司与英国客商 MANDARS IMPORTS CO. LTD 就弹力牛仔女裙交易条件达成一致后，拟订销售合同一式两份，具体内容有：货名为弹力牛仔女裙，99%棉，1%弹力牛仔；数量为18 000件；包装条件是平摊包装，不能对折，6 条混码装入一个小胶袋，3 个小胶袋装入一个大胶袋，1 个大胶袋装入一只出口纸箱；单价为每件 7 美元 CIF 伦敦，采用即期信用证支付方式；装运港为上海，目的港为伦敦，允许分批装运与转船，2009 年 5 月 30 日前装运；按发票金额 110%投保一切险；如有争议，可提起仲裁或上诉。签章后寄给 MANDARS IMPORTS CO. LTD。英国客商 MANDARS IMPORTS CO. LTD 对合同内容进行审核，核准无误后会签，双方各持一份作为履行合同的依据。

根据国际货物买卖合同的理论，请思考下列问题：

1. 国际货物买卖合同书面形式有哪些，其有何区别？
2. 国际货物买卖合同由哪几部分构成？
3. 国际货物买卖合同有哪些主要条款？

一、国际货物买卖合同的形式

当事人订立合同，要符合法律所规定的形式。根据《合同法》的规定，当事人订立合同，可以采取书面形式、口头形式和其他形式。法律、行政法规规定采用书面形式的，应当采用书面形式；当事人约定采用书面形式的，应当采用书面形式。世界上大多数国家，只对少数合同要求按法律规定的特定形式订立，而对大多数合同形式一般不从法律上规定。《联合国国际货物销售合同公约》(以下简称《公约》)规定："买卖合同无须以书面订立或证明，在形式方面不受任何其他条件的限制，买卖合同可以包括人证在内的任何方法证明。"可见，《公约》对国际货物买卖合同的形式不加以限制，无论采用书面或口头方式，均不影响合同的效力。但是，在实际开展国际贸易业务活动中，买卖双方进行交易磋商，无论是通过口头磋商还是书面磋商，当交易达成后，买卖双方往往还需要签订一份正式的书面合同，将双方的权利、义务等明文规定下来。

书面形式是指合同当事人采用合同书、信件和数据电文(包括电报、电传、传真、电子数据交换和电子邮件)等可以有形地表现所载内容的形式。在我国进出口贸易业务中，书面合同主要采用下列两种形式：

1. 合同

合同的条款比较完备，除商品的名称、规格、包装、数量、单价、装运港和目的港、交货期、付款方式、运输标志、商品检验等条款外，还有异议索赔、仲裁、不可抗力等条款。由于合同的内容比较全面，对双方的权利和义务以及发生争议后如何处理，均有详细的规定，对于明确双方的责任、避免争议的发生都是有利的。因此，其主要适用于大宗商品或成交金额较大的进出口交易，如销售合同和购货合同。

2. 确认书

确认书属于一种简式合同，内容一般包括商品名称、规格、包装、数量、单价、交货期、装运港、目的港、付款方式、运输标志、商品检验等主要条款。对于异议索赔、仲裁、不可抗力等条款，一般不予列入。这种简式合同主要适用于成交金额不大、批数较多的小土特产品和轻工产品，或者已订有代理、包销等长期协议的进出口贸易，如销售确认书和购货确认书。

上述两种形式的合同，虽然在格式、条款项目和内容的繁简上有所不同，但在法律上具有同等效力，对买卖双方均有约束力。

议题一

上海进出口公司向英国客商 MANDARS IMPORTS CO. LTD 出口 18 000 件弹力牛仔女裙，双方签订了合同。就其内容看，该合同是销售合同，还是销售确认书，为什么？

知识连接 《联合国国际货物销售合同公约》适用的情形

由联合国国际贸易法委员会起草的，在维也纳外交会议上通过的《联合国国际货物销售合同公约》于 1981 年 1 月 1 日正式生效。我国于 1986 年批准加入该公约，适用该公约的情形如下：

1. 适用公约的货物销售合同

根据公约第 1 条的规定，本公约适用于营业地在不同国家的当事人之间所订立的货物销售合同。公约只适用于国际货物销售合同，国际因素以当事人的营业地位于不同国家为标准，而不考虑当事人的国籍。即货物买卖合同是否具有国际性，唯一的标准是当事人营业地必须在不同国家，也就是说两个营业地处于不同国家的当事人，即便其国籍相同，他们所订立的合同也属国际货物买卖合同。如果当事人有一个以上的营业地，根据公约第

10条规定，则以与合同及合同的履行关系最密切的营业地为其营业地。

2. 不适用公约的销售合同

公约在第2条对不适用公约的合同分别进行了规定，具体包括：①购买供私人或家庭使用的货物；②以拍卖方式进行的销售；③依法律执行令状或其他令状的销售；④公债、股票、投资证券、流通票据或货币的销售；⑤船舶、船只、气垫船或飞机的销售；⑥ 电力的销售。这六种买卖由于具有某些特殊性而被排除在公约适用之外。

公约第3条还排除了对提供货物与提供服务相结合的合同的适用，依公约的规定，对下列两种合同排除适用：①通过劳务合作方式进行的购买，如补偿贸易；②通过货物买卖方式进行的劳务合作，如技贸结合。这两项的不适用，反映了公约适用范围的一条原则，即公约适用于货物的国际销售，而不适用于劳务或服务合同。但是合同中提供劳务或服务没有构成供货方的绝大部分义务的，则仍被公约视为买卖合同而适用公约。再者，如果合同是由买卖和劳务两部分组成的，则公约只适用于买卖合同部分。

3. 公约未涉及的几个法律问题

公约并未对所有涉及国际货物销售的法律问题进行规定，而仅对合同的订立(要约、承诺)、买卖双方的权利与义务以及违约补救作了统一规定。由于各国法律的规定差异较大，目前难以在所有问题上达成统一，因此，公约对下列几个方面的问题未作规定：①公约不调整国际货物买卖合同及其条款有效性的问题；②公约不调整国际货物买卖合同所引起的有关货物所有权问题；③公约不调整卖方对所售货物所引起的人身伤亡责任的问题。

4. 公约适用的任意性

依公约第6条的规定：双方当事人可以不适用本公约，或在第12条的条件下，减损本公约的任何规定或改变其效力。本条规定表明公约的适用并不是强制性的，其任意性主要表现在下列两个方面：①当事人可以通过选择其他国家的法律来排除公约的适用；②当事人可以在买卖合同中约定部分地适用公约，或者对公约的内容进行改变。

5. 我国对公约的保留

我国不受该公约第一条第一款(b)、第二十一条以及与第十一条内容有关规定的约束。

二、国际货物买卖合同的内容

1.约首

约首是合同的首部，包括合同的名称、合同号数、订约的日期、行约地点、买卖双方的名称和地址及序言等内容。在规定这部分内容时一般应注意：对于双方的名称，应用全名，不能简称，地址也要详细列明。合同的序言是表示双方订立合同的意愿和执行合同的保证，对双方具有约束力，因此，在规定序言时也应慎重考虑。

2.正文

正文是合同的主体和核心，具体列明各项交易的条件。其主要内容如下：

(1)品质条款

商品品质条款是指在货物买卖合同中，双方对商品的具体品质、规格、等级、品牌、款式、颜色等项目约定的条款。商品品质有下列四种表示方法：

①凭样品品质买卖。这是指交易双方当事人约定，以样品的品质作为交易依据。样品既可以由卖方提供，也可以由买方提供。根据《公约》的规定，货物的品质应当与卖方向买方提供的货物的样品或式样相同，即卖方一般应当按"对等样品"(包括货物的规格、成分、质地、花样、形状及其他特征)成交，否则构成卖方违约。

②凭规格、等级或标准确定的货物品质买卖。在难以凭样品来确定商品品质的大宗商品交易中，一般按一定的规格、等级或标准来确定商品的品质，从而凭确定了的规格、等级和标准买卖。规格是指用来反映商品品质的一些主要指标，如重量、大小、成分、纯度、强度等；等级是指对同类商品进行的级别分类，如特级、一级、二级等；标准是指企业、行业、政府或者国际组织对某类货物的规格、等级标准化并以一定书面形式来标明，如公司标准、团体标准、国家标准和国际标准。凭规格、等级或标准来确定品质时，卖方交付的货物应与合同约定的规格、等级或标准相一致，否则卖方构成违约。

③凭商标或牌名确定的货物品质买卖。在国际货物买卖中，如果卖方出售的货物品质不但稳定，而且在国际市场上已经树立了良好的信誉，则买卖双方可以凭商标或牌名来确定货物的品质。一般来说，有着良好商誉的商标或牌名代表了一定规格的商品品质，因此，此种买卖可以不再订明具体标准或提供样品。

④凭说明书确定的货物品质买卖。商品说明书是关于商品的性质、构造以及使用方法等的文字材料。在买卖一些构造和性能复杂的设备时，须凭详细的说明书。在凭说明书的买卖中，有的合同除说明书外，还规定品质保证的条款，即卖方保证在一定期限内所出售的货物品质符合说明书上规定的技术指标。

否则,买方可以要求退货。

品质条款是买卖合同的重要条款,是双方交接货物的重要依据。英国"买卖法"当中,把品质条款视为要件,如违反要件,买方有权撤销合同,甚至可以要求赔偿损失。品质条款也是商品检验、仲裁机构和法院解决纠纷的依据。从条款中可以看出,在国际货物买卖合同中,不同种类的货物有不同的品质表示方法。由于双方当事人处于不同的国家,一般不会直接看到货物,因此,双方在合同中对货物品质的约定就显得尤为重要。

(2)数量条款

数量条款主要包括交货数量、计量单位与计量方法等内容。对于有些农产品或矿产品,如矿砂、化肥、粮食、食糖等大宗散装货物,由于受商品特性、货源变化、船舱容量、装载技术和包装等因素的影响,要求准确地按约定数量交货,存在一定困难。为了便于履行合同,因而允许在合同规定的数量与实际交货数量之间有一定的机动幅度。

(3)包装条款

包装是指在流通过程中为保护产品、方便储运、促进销售、按一定技术方法而采用的容器、材料及辅助物等总称,其主要包括包装的种类、性质、包装材料、包装尺度、包装费用和运输标志等内容。

(4)价格条款

价格包括单价和总价两个部分。单价是指每一个计量单位的商品以某种货币表示的价格,总价是指合同标的全部金额。一个完整的单价条款应具备计价货币、计价单位、单位价格金额和价格术语四个方面的内容。

(5)支付条款

支付条款包括支付方式、结算币种、付款金额、支付地点与时间等内容。例如,进口商应于 2008 年 8 月 31 日前将全部货款用电汇方式预付给出口方,买方应通过卖方所接受的银行于装运日期前 45 天开立不可撤销即期信用证并将其送达卖方。

支付货款是买方的主要义务,同时也是卖方履行交货义务的前提条件。根据《公约》的规定,支付货款的地点与时间首先是以当事人在合同中的约定为准。如果合同中未约定付款的地点,则买方应在以下地点支付货款:

①卖方的营业地,如有一个以上的营业地,应在卖方与合同及合同的履行关系最密切的营业地;

②移交货物或单据的地点。

知识连接 《2000 年国际贸易术语解释通则》的规定

组别特征	简称及含义	交货地点	风险转移	运输	运输保险	运输方式	海关清关手续
E组内陆交货	EXW 工厂交货	卖方工厂	交货时	买方	买方	各种运输	进口和出口由卖方办理
F组装运合同（运费未付）	FCA 货交承运人	交承运人（买方指定）	交货时	买方	买方	各种运输	由卖方和买方各自办理
	FAS 船边交货	指定装运港船边	交货时	买方	买方	海运、内河	（同上）
	FOB 船上交货	指定装运港船上	装运港船舷	买方	买方	海运、内河	（同上）
C组装运合同（运费已付）	CFR 成本加运费	装运港船上	装运港船舷	卖方	买方	海运、内河	（同上）
	CIF 成本保险费运费	装运港船上	装运港船舷	卖方	卖方	海运、内河	（同上）
	CPT 运费付至	货交第一承运人	交货	卖方	买方	各种运输	（同上）
	CIP 运费保险费付至	货交第一承运人	交货	卖方	卖方	各种运输	（同上）
D组到货合同	DAF 边境交货	边境指定地点（不卸货）	交货时	卖方	卖方	陆上运输	（同上）
	DES 目的港船上交货	目的港船上（不卸货）	交货时	卖方	卖方	海运、内河	（同上）
	DEQ 目的港码头交货	目的港码头（货从船上卸到码头）	交货时	卖方	卖方	海运、内河	（同上）
	DDU 未完税交货	指定目的地（不卸货）	交货时	卖方	卖方	各种运输	（同上）
	DDP 完税交货	指定目的地（不卸货）	交货时	卖方	卖方	各种运输	进出口全由卖方办理

如果付款的时间未在合同中约定，买方则在下列时间支付货款：

①在卖方将货物或单据置于买方控制下时付款；

②在买卖合同涉及运输时，在收到银行的付款通知时付款；

③先检验，后付款。

(6)装运条款

装运条款主要包括装运时间、装运港、目的港、分批装运、转运和装运通知等内容，并对其做出具体的规定。

装运时间又称装运期，是指卖方将合同规定的货物装上运输工具或交给承运人的期限。通常有两种规定方法：明确规定具体的装运时间，例如，5 月装运或装运期不迟于 5 月 31 日；规定收到信用证后若干天装运。卖方必须严格按规定时间交付货物，不得任意提前和延迟。否则，买方有权拒收货物，解除合同，并要求损害赔偿。

装运港是指货物起始装运的港口。目的港是指最终卸货的港口。在国际贸易中，装运港一般由卖方提出，经买方同意后确认。目的港一般由买方提出，经卖方同意后确认。

分批装运是指一个合同或信用证项下的货物，分若干批装于不同航次船只而进行的运输。一般有三种规定方法：只规定“允许分批装运”，其余不加任何限制；订明分若干批装运，而不规定每批装运的数量；订明每批装运的时间和数量。

为了互相配合，明确双方的责任，共同做好车、船、货的衔接工作，买卖双方都要承担互相通知的义务。因此，装运通知也是装运条款中的一项重要内容。按照国际贸易的惯例，在 FOB 条件成交时，卖方应在约定的装运期开始以前，向买方发出货物备妥通知，以便买方及时派船接货；买方接到卖方通知后，应按约定的时间，将船名、船舶到港日期等通知卖方，以便卖方及时安排货物出运和准备装船。如果按 CIF、CFR、FOB 条件成交时，卖方应于货物装船后，立即将合同号、货物名称、数量、重量、发票金额、船名及装载日期等项内容电告买方，以便买方办理好货运保险等手续。

(7)保险条款

保险条款所涉及的内容，一般有投保金额、投保险别、保险费、保险单证和保险适用的条款等。如果按 FOB、FCA、CFR、CPT 贸易条件签订买卖合同，只须明确保险责任，比如保险由买方负责办理；如果按 CIF 或 CIP 贸易条件签订买卖合同，保险条款应订得明确具体，一般包括投保责任、保险金额、投保险别和适用的条款等内容，比如保险由卖方按发票金额 110%投保一切险，按 1981 年 1 月 1 日中国人民保险公司海洋运输货物保险条款负责。

(8)商品检验检疫条款

商品检验检疫条款主要明确商品的检验检疫机构、检验检疫的时间、检验检疫的地点、商品检验证书的名称和索赔时效等内容。比如货物在装运港装运前7天内,由中国出入境检验机构对货物进行检验,该机构签发的质量检验检疫证书作为信用证项下议付所提交的单据的一部分,买方有权对货物的质量进行复验,复验费由买方负担。但若发现质量与合同规定不符时,买方有权向卖方索赔,并提供经卖方同意的公证机构出具的检验报告。索赔期限为货物到达目的港(地)后180天内。

(9)不可抗力条款

不可抗力条款是规定在合同订立后发生当事人在订立合同时不能预见、不能避免、不可控制的意外事故,以致不能履行合同或不能如期履行合同时,可以免除其责任的条款。主要包括不可抗力的范围以及引起的法律后果等内容。

根据《公约》的规定,不可抗力引起的法律后果是遭受不可抗力的一方可解除合同或延迟履行。

(10)仲裁条款

仲裁条款主要有仲裁地点、仲裁机构、仲裁裁决的效力和裁决费用承担等内容。例如,凡因执行本合同所发生的或与本合同有关的一切争议,双方应通过友好协商解决;如果协商不能解决,应提交中国国际经济贸易仲裁委员会上海分会,根据该会的仲裁规则进行仲裁。仲裁裁决是终局的,对双方都有约束力。仲裁费用除仲裁庭另有规定外,均由败诉方负担。

3. 约尾

约尾是合同的结尾部分,包括合同适用的法律、合同的有效期、合同的有效份数、合同使用的文字及其效力、双方代表的签字等内容。有时,缔约地点、缔约时间也出现在约尾。

议题八

上海进出口公司与英国客商 MANDARS IMPORTS CO. LTD 签订了弹力牛仔女裙销售合同,合同双方当事人未在合同上签章。请分析,该合同是否有效,为什么?

上海进出口公司售货确认书见样例3—1。

样例 3—1

上 海 进 出 口 公 司

SHANGHAI IMP. & EXP. CO.

21 WEST ZHONGSHAN ROAD SHANGHAI CHINA

售 货 确 认 书　　S/C No.：TXT201210

POST CODE：200031　　DATE：MAR.15，2014

FAX：(021) 64500002

TEL：(021) 64500003

To Messrs：

MANDARS IMPORTS CO. LTD
38 QUEENSWAY，2008 UK

谨启者：兹确认售予你方下列货品，其成交条款如下：

Dear Sirs，

We hereby confirm having sold to you the following goods on terms and conditions as specified below：

唛头 SHIPPING MARK	商品名称、规格及包装 NAME OF COMMODITY AND SPECIFICATIONS，PACKING	数量 QUANTITY	单价 UNIT PRICE	总值 TOTAL AMOUNT
MANDARS TXT200710 LONDON C/NO.：1—UP	LADIES DENIM SKIRT 牛仔女裙 FABRIC：99% COTTON 1% ELASTIC 99%棉 1%弹力牛仔 PACKING：FLAT PACK WITHOUT FOLDING，6 PIECES ASSORTED SIZES PER POLYBAG，3 POLYBAGS IN A MASTER POLYBAG AND THEN INTO AN EXPORT CARTON 平摊包装，不能对折，6 条混码装一个小胶袋，3 个小胶袋装一个大胶袋，1 个大胶袋装入一只出口纸箱。	18 000PCS	CIF LONDON USD 7.00	USD 126 000.00

装运港：SHANGHAI

LOADING PORT：

目的港：LONDON

DESTINATION：

装运期限：LATEST DATE OF SHIPMENT 140530

TIME OF SHIPMENT：

分批装运：ALLOWED

PARTIAL SHIPMENT：

转　船：ALLOWED

TRANSHIPMENT：

保　险：FOR 110 PERCENT OF THE INVOICE VALUE COVERING ALL RISKS

INSURANCE：

付款条件：BY L/C AT 60 DAYS SIGHT AFTER B/L

TERMS OF PAYMENT ：

唛头：☑由卖方指定。☐由买方指定，须在信用证开出前____天提出并经卖方同意，否则由卖方指定。

Shipping mark：☑ To be designated by the sellers. ☐ In case the buyers desire to designate their own shipping mark，the buyers shall advise the sellers ____ days before opening L/C，and the sellers' consent must be obtaineD. Otherwise the shipping mark will be designated by the sellers.

买方须于 2014 年 5 月 10 日前开出本批交易的信用证(或通知售方进口许可证号码)，否则，售方有权不经过通知取消本确认书，或向买方提出索赔。

The Buyer shall establish the covering Letter of Credit (or notify the Import License Number) before May.10，2014，falling which the Seller reserves the right to rescind without further notice，or to accept whole or any part of this Sales Confirmation non-fulfilled by the Buyer ，or ，to lodge claim for direct losses sustained，if any.

凡以 CIF 条件成交的业务，保额为发票价的 110%，投保险别以售货确认书中所开列的为限，买方如果要求增加保额或保险范围，应于装船前经卖方同意，因此而增加的保险费由买方负责。

For transactions concluded on C. I.F basis，it is understood that the insurance amount will be for 110% of the invoice value against the risks specified in Sales Confirmation. If additional insurance amount or coverage is required，the buyer must have consent of the Seller before Shipment，and the additional premium is to be borne by the Buyer.

品质/数量异议：如买方提出索赔，凡属品质异议，须于货到目的口岸之__60__日内提出，凡属数量异议，须于货到目的口岸之__30__日内提出，对所装货物所提任何异议属于保险公司、轮船公司等其他有关运输或邮递机构的责任范畴，卖方不负任何责任。

QUALITY /QUANTITY DISCREPANCY：In case of quality discrepancy，claim should be filed by the Buyer within __60__ days after the arrival of the goods at port of destination；while for quantity discrepancy，claim should be filed by the Buyer within __30__ days after the arrival of the goods at port of destination .It is understood that the seller shall not be liable for any discrepancy of the goods shipped due to causes for which the Insurance Company，Shipped Company other transportation organization/or Post Office are liable.

本确认书内所述全部或部分商品，如因人力不可抗拒的原因，以致不能履约或延迟交货，卖方概不负责。

The Seller shall not be held liable for failure of delay in delivery of the entire lot or a portion of the goods under this Sales Confirmation in consequence of any Force Majeure incidents.

买方收到本售货确认书后请立即签回一份，如买方对本确认书有异议，应于收到后五天内提出，否则认为买方已同意接受本确认书所规定的各项条款。

The buyer is requested to sign and return one copy of the Sales Confirmation immediately after the receipt of same，Objection，if any，should be raised by the Buyer within five days after the receipt of this Sales Confirmation，in the absence of which it is understood that the Buyer has accepted the terms and condition of the sales confirmation.

买方：
THE BUYER：PITER [MANDARS IMPORTS CO. LTD]

卖方：方达
THE SELLERS：[上海进出口公司 合同专用章]

三、合同成立的法律要件

1.合同主体必须具有相应的民事行为能力

合同当事人是平等的民事主体，同时又必须具有民事行为能力。例如，经济单位必须取得法人资格才能成为合同当事人。无民事行为能力人实施的民事行为无效；限制民事行为能力人只能行使部分民事行为。根据我国《民法通则》的规定：10 周岁以上的未成年人是限制民事行为能力人，可以进行与他的年龄、智力相适应的民事活动；其他民事活动由他的法定代理人代理，或者征得他的法定代理人的同意。不能完全辨认自己行为的精神病人是限制民事行为能力人，可以进行与他的精神健康状况相适应的民事活动；其他民事活动由他的法定代理人代理，或者征得他的法定代理人的同意。

议题九

日本高田樱花服装株式会社与上海艺校学生、17 周岁歌手陈茵，于 2014 年 4 月 20 日在日本高田（上海）樱花服装株式会社业务室签订了一份演出合同，为该公司的新产品发布会助兴。虽然陈茵已经是一位相当有名气的歌手，并有正式的演出合同。请分析，该合同有效吗，为什么？

知识连接 自然人缔约能力的有关法律规定

自然人是基于自然规律出生的人，其是与法人相对的法律概念。各国法律大多对自然人缔结合同的能力作了规定，且主要针对未成年人与精神病患者作了限制性规定。

1. 大陆法系

德国法分别对无行为能力与限制行为能力的两种情况作了规定。

(1)无行为能力的人所订立的合同不产生任何法律效力。根据《德国民法典》第 104 条规定，无行为能力的人有三类：未满七岁的儿童；处于精神错乱状态，不能自由决定意志，而且按其性质此种状态并非暂时者；因患精神病被宣告为禁治产者。“禁治产”是指因精神病或因有酒癖不能处理自己的事务，或因浪费成性有败家之虞者，经其亲属向法院提出请求，由法院宣告禁止其治理财产。

续

(2)限制行为能力人受法律一定的限制。根据《德国民法典》的规定，年满七岁的未成年人属于限制行为能力的人，他们在未征得其法定代理人同意的情况下订立的合同，必须经法定代理人追认后，才能生效。

法国法是以当事人的行为能力作为合同有效成立的必要条件，如果当事人没有缔约能力，其所签订的合同将不产生法律效力。

2. 英美法系

英美法中没有禁治产权与解除亲权的制度，而是直接对未成年人、精神病患者与酗酒者之中缺乏缔约能力的人所订立的合同作了规定。

(1)未成年人原则上没有订立合同的能力，未成年人对其订立的合同，在其成年之后可以予以追认，也可以要求撤销，但属于必需品的合同除外。

(2)精神病人在其被宣告精神错乱后所订立的合同，一律无效。对于在宣告精神错乱之前所签订的合同，则可要求予以撤销。如果是间歇性的精神病人，一旦精神恢复正常，可以追认或否认其以前订立的合同。

(3)酗酒者订立的合同，原则上应有强制执行力，但如果酗酒者在订立合同时由于醉酒而失去缔约能力，则可以要求撤销合同。

2.合同当事人的意思表示必须符合本人的真实意志

合同当事人的行为特点是自主、自愿、自由。在商务活动中，应当遵守公平交易、等价有偿、诚实守信的原则。意思表示瑕疵，甚至虚假，会严重影响合同的履行，从而严重侵害当事人的利益。不真实的意思表示主要有以下几种现象：

(1)错误

错误是指双方当事人对行为性质、对方当事人、标的品质等发生重大误解，从而造成行为后果与自己的意思相悖，而且带来不应有的损失。

(2)欺诈

欺诈是指当事人一方故意告知对方虚假信息，或故意隐瞒真实情况，诱骗对方作出错误意思表示，从而骗取不当得利的行为。

(3)胁迫

胁迫是指当事人一方用不正当手段要挟、威吓，甚至监禁对方，迫使对方按自己的意志签订合同，给对方生命健康、名誉、财产带来极大损害的行为。

对胁迫的法律后果，各国法律一致规定合同无效。因为胁迫违背自主、自愿、自由的契约原则，极大地破坏了商务活动的正常秩序，造成极为恶劣的后果。

(4)乘人之危

乘人之危，是指行为人利用他人的危难处境或紧迫需要，为牟取不正当利益，迫使对方违背自己的真实意愿而订立的合同。

(5)显失公平

显失公平是指当事人一方利用自己的优势，或利用对方没有经验，致使双方的权利义务明显不公平，而使对方遭受损失的行为。对显失公平的法律后果，各国法律一般规定遭受不利的一方可以要求变更或撤销合同。有的国家如美国规定受害方负有举证责任。

议题十

上海丁丁房产中介公司与卢姓客户在签订房屋买卖中介合同时，设定条款如下：(1)如买方未于约定日签订房屋买卖合同，则支付诚意金给中介公司；(2)为确保房屋买卖成交，买方需在签订合同前交付承购意向金人民币 1 万元；(3)买方在签订合同时，应支付总房款 30%的分期款(含定金)；(4)委托合同履行期间，买卖双方达成协议，签订合同后，卖方违约的，买方同意将卖方赔偿的定金的 50%支付给中介公司作为佣金。请分析，这些条款合法吗，为什么？

3.合同形式必须合法

合同的形式是当事人合意的表现形式，即合同内容的载体。从订立合同的形式的角度看，合同可以分为要式合同和不要式合同，前者是指必须按照法定的形式或手续订立的合同，后者是指法律上不要求按照特定的形式订立的合同。

要式合同最早来源于罗马法，这是基于当时社会环境的产物。现代社会，商品交换关系高度发达，如果无论订立什么合同，都要采用一套复杂的法律形式，无形中将增加交易成本，降低交易效率，从而阻碍社会经济的发展。因此，近代以来，各国的法律，在合同形式问题上，都采取“不要式原则”，只有对某些合同才要求必须按照法律规定的特定形式订立。

知识连接 要式合同形式的有关法律规定

1. 法国法的要式合同

其分为两种情况:(1)以法定形式作为合同有效的要件。如赠与合同、夫妻财产制合同、设立抵押权合同必须以法定形式作为合同有效成立的要件。(2)以法定形式作为证据要求。在这种情况下,某种法定形式作为证据,用以证明合同的存在及其内容,除了法律规定的形式以外,法院不接受其他形式的证据。

2. 德国法的要式合同

《德国民法典》在总则中明确规定,不依法律规定方式的法律行为无效。如法律规定须用书面方式时,必须由书面作成人亲自签名,或用指印而由法院或公证人认证;如法律规定意思表示须经公证者,其意思表示须以书面作成,而且表意人的签名须经主管机关、主管官员或公证人认证。

3. 英美法系的要式合同

如签字蜡封式的合同,其订立必须遵守特定的形式,主要是合同必须以书面作成,有当事人的签名,加盖印戳,并须把它交付给合同的对方当事人,其是要式合同。现在,缔结签字蜡封式的合同要在书面合同上加上一条标签,写上"seal"或"L. S."(即 Loco sigilli 简写)字样,然后由允诺人把合同文件交给对方即可。目前,美国大多数州已经废止了签字蜡封式的合同,英国签字蜡封式的合同也很有限。

4.合同必须合法

世界上绝大多数国家的法律都规定,当事人订立的合同必须合法,并规定凡是违反法律、违反善良风俗与公共秩序的合同一律无效。

知识连接 合同标的有关法律规定

1. 大陆法系

大陆法系各国通常在民法典中对合同的合法性作出明确的规定,但各国的处理方法有所不同。

(1)《法国民法典》在总则中原则性地规定,任何个人都不得以特别约定违反有关公共秩序和善良风俗的法律。然后,把违法、违反善良风俗与公共秩序的问题,与合同的原因(即约因)及标的联系在一起加以规定。按照法

续

国法，构成合同非法主要有两种情况：一种是交易的标的物是法律所不允许交易的物品，如毒品等；另一种是合同的约因不合法，即合同所追求的目的不合法，如雇凶杀人等，这在法律上是无效的。

(2)德国法着重于法律行为与整个合同的内容是否违法。《德国民法典》规定，法律行为违反法律上的禁止者，无效，违反善良风俗的法律行为亦无效。

2. 英美法系

英美法认为，一个有效的合同必须具有合法的目的，凡是没有合法目的的合同就是非法的，因而是无效的。英美法中的违法合同有下列三类：

(1)违反公共政策的合同。其是指损害公众利益，违背某些成文法所规定的政策或目标，或旨在妨碍公众健康、安全、道德以及一般社会福利的合同。

(2)不道德的合同。是指那些违反社会公认的道德标准，如法院予以承认将会引起正常人的愤慨的合同。如英国的判例认为，允诺以支付妻子的生活费用作为她同意离婚的交换条件的合同是不道德的合同。

(3)违法的合同。是指以实施违法行为为目的的合同。诸如，差使他人去做犯罪行为的合同、以诈骗为目的的合同等都是违法的合同，因而是无效的。

5.合同必须有对价或约因

约因属大陆法系的概念，是指缔约当事人产生该项债务所追求的最接近与最直接的目的，是合同有效成立的要素之一。如果约因为法律所禁止，或者约因违反善良风俗或公共秩序，此种约因即属不合法的约因，也不发生任何效力。

对价属英美法系的概念，就是互为有偿，相互给付。对价必须具备以下五个条件：

(1)对价必须是合法的

凡是以法律所禁止的东西作为对价的，都是无效的。例如，毒品买卖的合同。

(2)对价必须是待履行的或者是已履行的对价

待履行的对价是指双方当事人允诺在将来履行的对价。如买卖双方签订购货合同，约定卖方明年1月交货，买方在卖方交货时付款。卖方交货与买方付款均属于待履行的代价。

已履行的对价是指当事人中的一方以其作为要约或承诺的行动，已全部完成了他根据合同所承担的义务，只剩下对方尚未履行的义务。这种对价包括两种情况：一种是当事人一方的行为是作为要约作出的。如卖方主动向买方交货，当买方接受货物时，买卖合同即告成立，由于卖方已经履行了交货的义务，所以，买方必须支付合理的价金。另一种是当事人的行为是作为承诺作出的。如甲在报纸上刊登一则广告，允诺如果有人找到他丢失的物品，即付 1 万美金。如果乙见报后找到失物交还甲，合同即告成立，乙的行为就属于已履行的对价，甲有义务付给约定的报酬。

(3)对价必须具有某种价值，但不要求充分

对价必须是真实的，必须具有某种价值，完全没有经济价值的，不是法律认可的对价。对价可以是货币，也可是其他东西，如提供某种服务等。但是，对价不是等价，是否充分由双方当事人在订约时自行决定，法院不予过问。然而，如果对价很不充分，足以构成欺诈或错误，当事人可以要求撤销合同。

(4)已经存在的义务或法律上的义务不能作为对价

凡属已经存在的义务，不能作为一项新的允诺的对价。凡属履行法律上的义务的，也不能作为对价。

议题十一

山田先生在日本从事国际贸易业务，去年 12 月在中国某地洽谈业务，在购买礼物时，不慎护照与合同书被窃。为了能及早返日，并不给公司造成经济损失，于是登报启示，对归还护照与合同书者给予 2 000 元的酬金。当地警察局便衣警察小李在抓获小偷时，获得山田先生的护照与合同书，并及时将其归还。请分析，小李便衣警察是否可获取酬金？为什么？

(5)对价必须来自受允诺人

其是指只有对某项允诺付出了对价的人，才能要求强制执行此项允诺。

议题十二

包工头甲向雇工乙允诺，若乙完成其交付的某项工作，将向乙家属支付工款。乙完成了该项工作后，甲未承兑允诺，于是乙家属对甲起诉，要求法院强制执行。请分析，法院会如何判决？为什么？

知识连接 ➡ **约因与对价的有关法律规定**

1. 法国法中的约因

按照法国法的解释，债的约因是指缔约当事人产生该项债务所追求的最接近与最直接的目的，并把约因与当事人的动机区别开来。例如，在一份买卖合同中，甲向乙购买一辆轿车，甲购买轿车的动机可能是自用或赠送等，但直接目的就是为了取得该轿车这个标的物；乙出售轿车的动机可能也有很多，但直接目的就是为了取得一笔金钱。

2. 德国法中的不当得利

德国法不以约因作为合同成立的必要条件，但有“不当得利”制度。不当得利是指无法律上的原因取得他人的财产或其他利益，在这种情况下，由于缺乏法律上的原因，取得他人财产或其他利益的一方无权保留这种财产或利益，而必须把它归还给真正的所有人。例如，债务人甲欠债权人乙1万欧元并已经付清，但因未及时注销账目，误向债权人乙再度清偿，乙构成不当得利。

3. 英美法系的对价

英国高等法院法官路希认为：“有价值的对价，从法律意义上来说，或是一方当事人所得到的某种权利、利益、利润或好处，或是另一方当事人所作的某种克制、所遭受的某种损害、损失或所承担的某项义务。”这一定义常被英美合同法的著作所引用。

美国《布莱克法律辞典》(1979年版)则将对价定义为：“合同的诱因，诱使一方当事人缔结合同的原因、动机、代价或推动力。合同的理由或实质性原因。”

上述各种定义给了对价不同的解释，但都没有离开对价的本质，即“我给你是为了你给我”，这实际是一种“相互给付”的关系。

四、合同的效力

合同的效力是指依法成立的合同在当事人之间产生的法律上的拘束力，即人们通常所说的合同的法律效力。依据合同效力的不同，合同可分为生效合同、效力待定合同、无效合同与可变更、可撤销合同。

1. 生效合同

合同生效是指合同产生了法律上的拘束力。其有三层含义：

(1)在当事人之间产生法律拘束力

合同生效后，当事人应当依照合同的约定享有权利与承担义务，诚实信用地履行合同。

(2)对当事人以外的第三人产生一定的法律拘束力

合同生效后，合同以外的第三人不得侵犯当事人的合同权利，亦不得阻挠当事人履行其合同义务。

(3)当事人依法承担违约责任

合同生效后，如果当事人没有按照约定履行合同，应依法承担违约责任。

知识连接 **合同成立与合同生效的关系**

根据《合同法》的规定，依法成立的合同，自成立时生效。合同成立是指当事人通过缔约过程而达成意思一致。可见，合同成立是合同生效的前提条件，不成立自然无生效之问题。合同成立是事实问题，合同生效是法律上的评价问题。一般而言，合同成立时即生效，合同成立与生效在同一时间完成，诸如一般性的买卖合同，只要当事人依法达成合意，合同即可成立并生效。但是，法律、行政法规规定应当办理批准、登记等手续，只有当当事人履行完这些手续之后，合同才可以生效。所以在这类合同中，即使当事人达成了合意，合同只是成立了，尚未生效，还要履行法律规定的手续，合同才能生效。

2. 效力待定合同

效力待定合同是指合同成立后，因欠缺生效条件，其有效还是无效处于不确定状态，尚待享有追认或者拒绝权利的第三人意思表示来确定其效力的合同。根据《合同法》的规定，效力待定合同有以下三种类型：

(1)限制民事行为能力人订立的合同

限制民事行为能力人，在我国主要指年满10周岁但未满18周岁的人，或者不能完全辨认自己行为的精神病人。16－18周岁，以自己的劳动收入作为主要生活来源的，可视为完全民事行为能力人。此类合同须经限制民事行为能力人的法定代理人追认后才有效。作为合同的对方当事人可以催告法定代理人在一个月内予以追认，法定代理人未作表示的，视为拒绝追认。合同被追认之前，善意的对方当事人有撤销合同的权利，并且撤销应当以通知的方式作出。

(2)无权代理人订立的合同

无权代理人是指没有代理权、超越代理权或者代理权终止后以被代理人名义订立的合同的行为人。此类合同未经被代理人追认，对被代理人不发生效力，由行为人承担责任。合同的对方当事人可以催告被代理人在一个月内予以追认，被代理人未作表示的，视为拒绝追认。合同被追认之前，善意的对方当事人可以通知的方式撤销合同。

(3)无处分权的人处分他人财产订立的合同

无处分权人是指对于归属他人的财产没有权利进行处置或不能进行自由处分的人。无处分权人处分他人的财产，经权利人追认或者无处分权的人订立合同后取得处分权的，该合同有效。

议题十三

房东甲将某幢楼租赁给乙使用，乙却将该楼非法转让给丙，并签订了房屋买卖合同。房东甲得知即对乙提起诉讼，经法院调解后获取了房款。此时，房市走低，丙则以乙为无处分权人却处分他人的财产为由，向法院主张房屋买卖合同无效。请分析，法院会如何判决？为什么？

3. 无效合同

无效合同是指虽经当事人协商成立，但因不符合法律的规定，而自始至终不具有法律约束力的合同。根据《合同法》的规定，无效合同主要有五种情形：(1)一方以欺诈、胁迫的手段订立合同，损害国家利益；(2)恶意串通，损害国家、集体或第三人利益；(3)以合法形式掩盖非法目的；(4)损害社会公共利益；(5)违反法律、行政法规的强制性规定。

4. 可撤销合同

可撤销合同是指虽经当事人协商成立，但存在当事人的意思表示不真实，经向法院或者仲裁机构请求而可以取消其效力的合同。可撤销合同的效力取决于撤销权人，且可撤销的合同在未被撤销前有效，但是一旦撤销，则合同无效。根据《合同法》的规定，可撤销合同主要有三种情形：(1)因重大误解订立的合同；(2)在订立合同时显失公平；(3)一方以欺诈、胁迫的手段或者乘人之危，使对方在违背真实意思的情况下订立的合同。

议题十四

澳门制衣公司与扬州染织厂就染织布料进行磋商，并实地考察该厂的设备与技术后签订购货合同。合同约定：染织厂供应符合制衣公司规定的品种、规格、花色等技术要求的布料60万米，制衣公司支付20万元定金。染织厂在试制生产过程中发现技术无法满足合同要求，即电告澳商撤销合同。请分析，制衣公司的行为合理吗？为什么？

第三节　国际货物买卖合同的履行

当国际货物买卖合同签订后，合同双方当事人应按照诚实信用的原则全面履行各自的义务。按照合同规定的品质、数量、包装和时间地点交付货物是卖方的主要义务，也是卖方行使收取货款的权利的前提条件。按照合同规定的金额与时间支付货款是买方的主要义务，同时也是卖方履行交货义务的前提条件。

案例导入

中国浙江省义乌国际贸易公司与澳大利亚 WINSH 公司签订了一份圣诞用品销售合同。合同约定：圣诞老人 10 000 个，单价每个 20 美元，每 10 个装一只纸箱；圣诞树 10 000 棵，每棵 10 美元，每 5 棵装一只纸箱；CIF 悉尼，即期信用证付款；10 月 30 日前交货，装运港为上海，不得分批和转运。10 月 20 日，义乌国际贸易公司在浙江义乌火车站将货物装车运往上海港，然后转船运往悉尼。

根据国际货物买卖合同法的理论，请思考下列问题：

1.《公约》对卖方履行合同的义务有哪些主要规定？

2.《公约》对货物质量担保义务的规定如何？

3.《公约》对买方履行合同的义务有哪些主要规定？

一、卖方履行合同的义务

卖方履行合同的义务主要包括交付货物、交付单据、货物的质量担保、货物的权利担保等。

1. 交付货物的义务

交付货物是卖方的主要义务，也是卖方行使收取货款的权利的前提条件。依照《公约》的规定，卖方应依合同规定的地点、时间以及方式完成其交付义务。

(1)关于交付货物的地点

《公约》对交付货物的地点作了如下规定：

①合同如已明确约定了交付地点，则依约履行。

②如果合同没有规定具体的交付地点，按照《公约》第31条的规定，其交付地点为：如果国际货物销售合同涉及货物的运输，则交货地点是货交第一承运人的地点；如果卖方不需办理运输事宜，则卖方在货物的所在地完成交货。

③在其他情况下，卖方应在他订立合同时的营业地交货。

议题十五

义乌国际贸易公司与澳大利亚WINSH公司签订的圣诞用品销售合同规定：10月30日前交货，装运港为上海，不得分批和转船。10月20日，义乌国际贸易公司在浙江义乌火车站将货物装车运往上海港，然后转船运往悉尼。请分析，出口商按合同规定的装运港履行了交货义务吗？为什么？

(2)关于交付货物的时间

《公约》第33条对卖方交货时间作了如下规定：

①合同规定了交付货物的日期，或根据合同可以确定日期，应在指定的日期交货。

②如果合同规定某段时间交付货物，或从合同可以确定某段时间交付货物的，除非情况表明应由买方选定一个日期外，应在该段时间内任何时候交货。

③在其他情况下，应在订立合同后一段合理时间内交货。

议题十六

义乌国际贸易公司与澳大利亚WINSH公司签订的圣诞用品销售合同规定：10月30日前交货，装运港为上海。10月30日，义乌国际贸易公司在浙江义乌火车站将货物装车运往上海港，然后转船运往悉尼。请分析，出口商能按合同规定的交货时间履行交货义务吗？为什么？

2. 交付单据的义务

在国际贸易中，单据对于买方而言是十分重要的，尤其是在象征性交货的情况下，单据可能会影响到买方是否能及时提货和转卖货物。为此，《公约》第34条对卖方交付单据作了具体的规定：如果卖方有义务移交与货物有关的单据，其必须按照合同所规定的时间、地点和方式移交这些单据；如果卖方在这以前已移交这些单据，可在到达前纠正单据中任何不符合同规定的情形。但是，不得造成买方的不便或承担不合理的开支，否则买方可请求损害赔偿。

议题十七

义乌国际贸易公司与澳大利亚WINSH公司签订的圣诞用品销售合同约定采用即期信用证支付方式，在信用证单据条款中规定出口商提供普惠制原产地证书。由于义乌国际贸易公司业务员的工作疏忽，未能及时办理，在结汇时，遭到银行的拒付。请分析，银行拒付合理吗？为什么？

3. 货物的质量担保义务

货物质量担保义务，又称货物的品质担保义务，是指卖方必须保证其交付的货物与合同的规定相符。《公约》对货物质量担保义务作了如下规定：

(1)合同有明确规定的

合同对数量、质量、规格和包装作出明确规定的，卖方所交付的货物必须与合同规定的相符。

议题十八

义乌国际贸易公司与澳大利亚WINSH公司签订的圣诞用品销售合同规定：圣诞老人10 000个，每10个装一只纸箱；圣诞树10 000棵，每5棵装一只纸箱。在包装时，由于纸箱库存断货，且交货在即，于是将塑料箱代替纸箱。义乌国际贸易公司业务员认为塑料箱比纸箱结实，也就没有通报买方核准。请分析，出口商的做法违反合同包装条款的规定吗？为什么？

(2)合同未明确规定的

如果合同没有对数量、质量、规格和包装作出明确规定，可按如下规定处理：货物适用于同一规格货物通常使用的目的；货物适用于订立合同时曾明示或默示地通知卖方的任何特定目的；货物的质量与卖方向买方提供的货物样品或样式相同;货物按照同类货物通用的方式装箱或包装,如果没有此种通用方式,则按照足以保全和保护货物的方式装箱或包装。

议题十九

袁小姐于2015年1月购买了宝马BMW728IL型4门轿车,日后驾车时,底盘被一块水泥柱轻微碰撞,就有8个气囊弹开并爆裂。对此,袁小姐要求宝马公司予以赔偿。请分析,袁小姐的行为合法吗?为什么?

4.货物的权利担保义务

货物的权利担保义务,是指卖方保证对其出售的货物拥有完全的所有权,并保证不侵犯他人的权利。货物的权利担保的内容一般包括所有权担保和知识产权担保两个方面。货物的所有权担保是指卖方保证对其出售的货物享有完全的所有权,必须是第三方不能提出任何权利或要求的货物。货物的知识产权担保是指卖方保证其出售的货物没有侵犯任何第三人的工业产权和知识产权。

议题二十

印度瓦依德软件公司向加拿大AWT通信公司出口通信软件一套。合同签订后,即按合同规定的时间发货,并进行安装调试。此时,加拿大某软件商向当地的法院起诉,该套通信软件侵犯其知识产权。经法院调查认定通信软件部分有侵权现象。请分析,印度瓦依德软件公司违反了《公约》什么规定?

二、买方履行合同的义务

买方履行合同的义务有支付货款和接受货物两项。

1.支付货款的义务

按照《公约》的规定,买方应当依据合同约定的地点、时间履行支付货款的手续。

(1)关于支付货物价款的地点

《公约》对支付货款的地点作了如下规定:

①按照合同约定的支付货款的地点进行支付。

②如果合同没有约定支付货款的地点,应在下列地点支付货款:卖方的营业地,如果卖方有一个以上的营业地,则买方支付货款的地点为卖方与合同及

合同的履行关系最密切的营业地；如凭移交货物或单据支付价款，则为移交货物或单据的地点。

(2)关于支付货物价款的时间

《公约》对支付货款的时间作了如下规定：

①按照合同约定的支付货款的时间进行支付。

②如果合同没有约定支付货款的时间，应在下列时间支付货款：交货时付款，即在卖方将货物或单据置于买方控制下时付款；先检验，后付款。

议题二十一

苏州贸易公司向澳商出售山地自行车，采用即期信用证支付方式，在按信用证规定的时间装运后，持全套结汇单据通过开证行收取货款。由于即将到年底，澳商资金周转不畅，故在到货后 60 天后才付款赎单。请分析，澳商的付款时间违约吗？为什么？

2. 接受货物的义务

《公约》对买方接受货物的义务作了如下规定：

(1)买方配合卖方交付货物

买方应采取一切理应采取的行动，以期卖方能交付货物。在国际货物买卖中，一方当事人应当采取与另一方当事人相适应的步骤，即双方有相互合作的义务。

(2)买方提取货物

提取货物要求买方将货物置于自己的实际控制之下，买方提货虽然是自身利益的需要，但是也会对卖方产生一定的影响，因此，买方一定要按时提货。

议题二十二

江苏贸易公司向日商出售蔬菜 1 000 公吨，采用即期信用证支付方式。江苏贸易公司在按信用证规定的时间装运后，持全套结汇单据通过开证行收取货款。由于金融危机的影响，日商既不付款也不提货。请分析，日商的行为构成违约吗？为什么？

第四节　货物风险的划分

在国际货物买卖的过程中，有些货物的损坏或灭失很难归责于双方当事人的主观过错，这就需要事先明确当事人风险转移的界线，确定风险承担的责任。《公约》对风险转移作出了明确的规定。

案例导入

在今年的广交会上，马来西亚药品商 T.W 公司对南通医保进出口公司经营的“雪莲”牌专治牛皮癣的中成药很感兴趣，协商后签订了合同。合同规定：CIF 巴生港每盒 8 美元，数量 2 万盒，交货时间为 2014 年 9 月。南通医保进出口公司于 2014 年 9 月 23 日发运到南通港口指定仓库，在办理货物的报关时，由于仓库漏电引起火灾，致使部分货物受损。为了尽快交货，部分完好的货物仍旧按原定的时间装船，剩余的部分进行加班加点生产，于 10 月 10 日出运。

根据国际货物买卖合同法的理论，请思考下列问题：

1.《公约》对风险分担的原则有哪些主要规定?

2.《公约》对风险转移时间的规定如何?

一、风险分担的原则

《公约》对买卖双方风险的分担采用了下列原则：

1. 以交货时间确定风险的原则

《公约》规定，从买方接收货物时起，风险由买方承担。我国的合同法称之为“交付主义”原则。有些国家将所有权的转移时间作为风险转移的界线，

2. 国际惯例优先原则

《公约》规定，双方当事人业已同意的任何惯例和他们之间确立的任何习惯做法，对双方当事人均有约束力。对于货物风险的转移，国际惯例有明确的规定。例如，根据《2000 年国际贸易术语解释通则》，FOB、CIF、CFR 的合同，风险的划分是以装运港的船舷为界。合同如选择这些贸易术语，就优先适用。

3. 过失划分的原则

《公约》规定，货物在风险转移到买方后遗失或损坏，买方支付价款的义务并不因此解除，除非这种遗失或损坏是由于卖方的行为。意思是假若货物的损坏或灭失是由于卖方发生违约行为所致，则风险还是由卖方承担。

《公约》规定，货物在划拨到合同项下前，风险不发生转移。划拨也称特定化，是指将某一笔货物确定在某一个合同项下，使合同中的标的是确定的，该标的就是用来履行合同的，不能挪为他用。

议题二十二

南通医保进出口公司与马来西亚客商 T.W 公司签订的合同规定，以 CIF 价格条件成交。请分析，由于仓库漏电引起火灾，致使部分货物受损，其适用《公约》风险分担的什么原则，为什么？

二、风险转移的时间

《公约》将风险转移时间分为以下几种情况：

1. 对于合同中有运输条款的风险转移

对于此类风险转移，《公约》规定：

（1）卖方规定在特定地点以货交承运人为界

如果卖方有义务在某一特定地点把货物交付给承运人运输，在货物于该地点交付给承运人以前，风险不转移到买方。但当卖方履行义务之后，货物的风险就随之转移给了买方。

（2）卖方按照合同规定以交付给第一承运人为界

如果卖方没有义务在某一特定地点交付货物，自货物按照销售合同交付给第一承运人以转交给买方时起，风险就转移到买方。

议题二十四

珠江进出口贸易公司与印度客商签订了一份白布销售合同，采用 CIP 贸易术语成交。珠江进出口贸易公司按照合同规定的时间及时委托货代公司办理订舱手续，并根据指示将货物交付指定的航空运输公司。在装机前 10 小时由于雷电导致仓库失火，全部货物被毁。请分析，该损失应由谁承担，为什么？

2. 对于在运输途中销售货物的风险转移

《公约》规定，对于在运输途中销售的货物，从订立合同时起，风险就转移到买方。

3. 其他情况的风险转移

其主要指不由卖方负责运输的情况。《公约》规定，如在卖方营业地交货，或在卖方营业地以外的地点交货，此时，风险从买方接受货物时起或货物交由买方处置时起转移给买方。例如，EXW（工厂交货），当货物装上买方指定的运输工具时,货物风险就转移到买方。

知识连接 **国际货物风险的转移**

1. 货物涉及运输的风险转移

如果销售合同涉及货物的运输,但卖方没有义务在某一特定地点交付货物,自货物交付给第一承运人以转交买方时,风险就从卖方转移到买方。如果卖方有义务在某一特定地点把货物交付给承运人,在货物于该地点交付给承运人之前,风险不转移给买方。但卖方受权保留控制货物处置权的单据,并不影响风险的转移。货物交付第一承运人起风险从卖方转移到买方,这是一般规则。但是,如一批货物已交付承运人,但卖方并未将该批货物与某一特定买方联系起来,表明该批货物是为了履行某一合同,风险仍未转移给买方。

2. 在途货物的风险转移

对于在运输途中销售的货物,从订立合同时起,风险就转移到买方。如情况表明有需要时,则从货物交付给签发包含运输合同单据的承运人时起,风险就由买方承担。如卖方在订立合同时已知道或理应知道货物已经遗失或损坏,而他又不将这一事实告知买方,则这种遗失或损坏应由卖方负责。

3. 卖方违约时风险的转移

如果卖方根本违反合同,则有关风险转移的一切规定,以不损害买方而可以采取各种补救办法。

4. 货物特定化

在国际货物买卖合同的履行中,卖方所交付的货物必须是特定化或者已经特定化的货物,货物的特定化常常关系到货物的所有权和风险的转移。

第五节 违约与救济方法

违约是指合同当事人无正当理由未履行或未全部履行或未正确履行合同义务的行为。当一方当事人违反合同时,必须依法承担相应的民事责任,另一方当事人有权进行补救,可依法获得补偿,这被称为违约救济。《公约》就违约性质和造成的后果规定了具体的救济方法。

案例导入

无锡玻璃制品有限公司委托江苏进出口公司从法国 DLN 贸易公司进口玻璃生产设备一套，分三批交货，FOB 连云港，付款条件为循环信用证。DLN 贸易公司如期按合同规定的品质进行二批交货。由于近期发生金融危机，资金链断裂，第三批因故不能按期交货。为此，我方提出解除合同并要求给予一定的赔偿。请分析，我方的做法合理吗？为什么？

根据国际货物买卖合同法的理论，请思考下列问题：

1. 违约救济的原则有哪些具体内容？

2.《公约》对卖方违反合同时，给予买方的救济方法有哪些？

3.《公约》对买方违反合同时，给予卖方的救济方法有哪些？

一、违约

1. 责任原则

合同制的核心是通过明确订约双方的权利与义务来加强责任，而责任的落实必须有法律保证，其实行归责原则。各国对归责的规定有所不同：大陆法系主要采用过错责任原则，并有条件地适用严格责任原则（无过错责任原则）；英美法系不以有无过错为违约的必要条件，只要允诺人没有履行义务，就必须承担违约责任；我国以严格责任原则确定违约责任，不考虑违约人主观上有没有过错。

2. 违约认定

对违约的认定，各国存在较大的差异。法国法认定不履行债务和迟延履行债务两种形式；德国法认定给付不能和迟延两种形式；英国法认定违反条件、违反担保、违反中间性条款、预期违约、履行不可能等多种形式；美国法认定轻微违约和重大违约两种形式；《公约》认定根本违反合同和非根本违反合同两种情形。

3. 违约救济原则

违约救济的主要目的在于补偿受害人的损失，其普遍救济原则是：①以补偿受害人的损失为限，特别在英美法中，法庭原则上不支持惩罚性的赔偿。②违约救济补偿受害人的财产损失，在买卖合同中并不考虑受害人的精神损害。③受害人可自行选择违约救济方法。受害人可采取自助行为予以救济，也可通过诉讼或仲裁程序进行救济。

二、违约的救济方法

1. 卖方违反合同时适用于买方的补救办法

(1)要求实际履行

《公约》规定,在下列两种情况下买方可要求请求实际履行的权利:

①卖方不履行合同。《公约》规定:"买方可以要求卖方履行义务,除非买方已采取与此要求相抵触的某种补救方法。"可见,如果卖方不履行合同义务,买方就可要求实际履行。

②卖方延迟履行合同。《公约》规定:卖方延迟履行合同时,买方可规定合理宽限期让卖方继续履行义务,并享有要求损害赔偿的任何权利。

另外,《公约》规定,宣告合同无效与实际履行是两种对立的救济方法,不能同时行使。

议题二十五

无锡玻璃制品有限公司委托江苏进出口公司从法国DLN贸易公司进口玻璃生产设备一套,合同规定分三批交货。DLN贸易公司如期按合同规定的品质进行二批交货,由于近期发生金融危机,资金链断裂,第三批因故不能按期交货。为此,我方要求实际履约。请分析,我方的做法合理吗?为什么?

(2)交付替代物

《公约》规定,如果卖方交付的货物不符合合同的规定,并且此种不符合构成根本违反合同时,买方可以要求交付替代货物。买方关于替代货物的要求,必须与说明货物与合同不符的通知同时提出,或者在该项通知发出后一段合理时间内提出。

议题二十六

美国太平洋公司向上海粮油进出口公司进口特级核桃仁500千克,每千克26美元,预付款40%,余下60%在收货后30日内付清。上海粮油进出口公司收到美国太平洋公司40%的预付款后进行采购,由于特级核桃仁缺货,便立即电函致美国太平洋公司说明情况。为此,美国太平洋公司建议用一级核桃仁代替,但价格作适当减价。请分析,美国太平洋公司的要求有无法律依据,为什么?

(3)修理

《公约》规定，如果卖方交付的货物不符合合同规定，买方可以要求卖方通过修理对不符合之处做出补救。买方关于修理的要求，必须与说明货物与合同不符的通知同时提出，或者在该项通知发出后一段合理时间内提出。

(4)减价

《公约》规定，如果货物不符合合同规定，不论价款是否已付，买方都可以降低价格。减价按实际交付的货物在交货时的价值与符合合同的货物在当时的价值两者之间的比例计算。

议题二十七

常州纺织品贸易公司与德商签订了20万米印花织物销售合同。由于我方经办人疏忽，将客商要求的菊花印花图案误为兰花图，货到目的地后被德商拒收，宣告合同无效并要求我方赔偿。请分析，德商的要求合理吗？为什么？

(5)宣告合同无效

《公约》规定，在下列两种情况下买方可以宣告合同无效。

①卖方根本违反合同。具体表现是：卖方完全不交付货物或不依合同规定交付货物；货物不符合合同规定；不履行其在合同或该公约中的义务；分批交货中，不履行任何一批货物义务对以后各批货物或整个货物构成的根本违约。其实质是，一方当事人违反合同而使另一方当事人遭受重大损失，实际上剥夺了其依合同规定期待的利益。

②买方给予卖方宽限期。买方在卖方迟延交货或交货严重不符合同规定时，可根据情况给予一段合理时间继续履行合同，违约方未能履行或声明不履行的，买方可以宣告合同无效。

议题二十八

南通医保进出口公司与马来西亚T.W公司签订了"雪莲"牌专治牛皮癣的中成药合同。在办理货物的报关时，由于仓库漏电引起火灾，致使部分货物受损。为此，南通医保进出口公司向马来西亚T.W公司提出延迟履行合同。马来西亚T.W公司不同意，提出解除合同并要求我方赔偿。请分析，马来西亚T.W公司的要求合法吗？为什么？

2. 买方违反合同时适用于卖方的补救办法

(1)要求履行义务

《公约》的规定,如果买方不履行其在合同和《公约》中规定的任何义务,卖方可以要求其履行义务,如要求买方支付货款、收取货物以及其他应履行的义务。

(2)宣告合同无效

《公约》规定,卖方在两种情况下可以宣告合同无效:①当买方不履行其在合同或公约中的任何义务,等于根本违反合同时;②买方不在卖方规定的额外时间内履行支付价款的义务或收取货物,或买方声明他将不在所规定的时间内履行。

《公约》还规定了适用于买卖双方的一般规则,主要有中止合同、损害赔偿、支付利息、免责、货物保全等。

思考与检测

一、单项选择题

1. 根据《公约》的规定,合同允许分三批交货,其中第二批违约,可获的救济方法是(　　)。

A. 宣告合同无效

B. 宣告已交付货物无效

C. 宣告对该批货物无效

D. 如为根本违约,则该批和今后各批货物无效

2. 要约撤回与要约撤销的最根本的区别是(　　)。

A. 撤回与撤销的通知应同时到达对方

B. 撤回通知先于撤销通知到达对方

C. 撤销通知先于撤回通知到达对方

D. 要约先于或同时到达是撤回,反之是撤销

3. 在国际贸易中,合同书与确认书在条款项目和内容的繁简上有所不同,但法律效力是(　　)。

A. 不相同　　B. 相同

C. 需要双方确定　　D. 需要法院确定

4.《公约》规定,从买方接收货物时起,风险转移到买方,采用的是所有权与风险相分离的原则,其称之为(　　)。

A. 所有权原则　　B. 风险相分离原则

C. 交付主义原则　　D. 到付主义原则

5.《2000年国际贸易术语解释通则》规定FOB、CIF、CFR合同的风险是以装运港的船舷为界,合同如选择这些贸易术语,应比其他原则(　　)。

A. 优先适用　　B. 同时适用

C. 迟后适用　　D. 以上都是

6. 各国对归责的规定有所不同,我国以(　　)确定违约责任。

A. 过错责任原则　　B. 无过错责任原则

C. 严格责任原则　　D. 事实责任原则

7. 买方在卖方迟延交货时给予一段合理时间继续履约,卖方仍未能履行,买方可(　　)。

A. 宣告合同无效　　B. 宣告合同有效

C. 再给予一段合理时间继续履约　　D. 三者都不是

8. 迟到承诺是承诺人超过要约规定的承诺期限作出承诺,其应为(　　)。

A. 新承诺　　B. 有效承诺

C. 新要约　　D. 三者都不是

9. 货物的权利担保义务是卖方保证对其出售的货物拥有完全的(　　)。

A. 生产权　　B. 所有权

C. 销售权　　D. 三者都不是

10.《公约》规定如果合同没有约定支付货款的时间,应为(　　)。

A. 生产时付款　　B. 合同生效时付款

C. 检验时付款　　D. 交货时付款

二、多项选择题

1. 下列(　　)是无效的。

A. 以欺诈、胁迫的手段订立的合同　　B. 恶意串通、损害他人利益订立的合同

C. 以合法形式掩盖非法目的的合同　　D. 损害社会公共利益的合同

2. 承诺构成的有效条件是(　　)。

A. 由受要约人作出　　B. 向要约人做出

C. 内容应当与要约的内容相一致　　D. 在规定的承诺期限内并以适当方式作出

3. 要约具备的法律条件是(　　)。

A. 由特定人作出　　B. 向受要约人作出订立合同意思的表示

C. 要约的内容必须具体、肯定　　D. 送达受要约人时才具备法律效力

4. 根据我国合同法的规定,可撤销合同的情形主要有(　　)。

A. 因重大误解订立的合同　　B. 订立合同时显失公平

C. 签订合同的人有支付能力　　D. 违背真实意思的情况下订立的合同

5. 合同签订是当事人对合同条款达成意见一致的过程,其必要环节是(　　)。

A. 要约邀请　　B. 要约

C. 还价　　D. 承诺

6. 货物的权利担保的内容一般包括(　　)。

A. 货物的全部担保　　B. 多交货物的担保

C. 所有权担保　　D. 知识产权担保

7. 属于意思表示不真实的民事行为是(　　)。

A. 恶意串通损害他人利益的行为　　B. 以合法形式掩盖非法目的的行为

C. 误将赝品作为真品出卖的行为　　D. 与他人合伙开设赌场的行为

8. 买方履行合同的主要义务是(　　)。

A. 支付货款　　B. 交付了标的所有权证书

C. 交付有关单证　　D. 接受货物

9. 构成违约的主要情形是合同当事人无正当理由(　　)。

A. 未履行合同义务的行为　　B. 未全部履行合同义务的行为

C. 未正确履行合同义务的行为　　D. 三者都是

10.《公约》规定可宣告合同无效的情形是(　　)。

A. 根本违反合同　　B. 未全部履行合同义务

C. 给予宽限期,仍未履行合同义务　　D. 三者都是

三、判断题

1. 我国以严格责任原则确定违约责任,并考虑违约人主观上有没有过错。(　　)

2. 违约救济的主要目的在于补偿受害人的损失。(　　)

3. 要约是一方当事人以缔结合同为目的,向对方当事人所作的意思表示,其必须由要约人提出。(　　)

4. 根据《公约》的规定,承诺生效采取"投达主义"原则。(　　)

5. 承诺可以撤回,也可以撤销。(　　)

6. 凡是以法律所禁止的东西作为对价的,都是无效的。(　　)

7. 一方当事人违反合同时,另一方当事人可依法获得补偿。(　　)

8.《公约》规定卖方迟延履行合同时,买方可规定合理宽限期让卖方继续履行义务,不得要求损害赔偿。(　　)

四、案例题

1. 日本航空公司工作人员小林利用职务便利挪用公款5万余元,被公司发现并准备报案前,小林提出私了,公司表示同意,遂签署协议书。该协议规定林某退还全部挪用公款并赔偿损失,公司不向公安机关报案。协议签订后,小林退还了全部挪用公款,但未按约支付赔偿款。于是,公司以违反合同为由告小林,请求法院支持。请分析,法院将会如何判决,为什么?

2. 印度瓦依德软件公司向加拿大AWT通信公司出口通信软件一套,支付方式为预付款30%T,通信软件安装并正常运行后再支付70%货款。瓦依德软件公司在合同签订后,即按合同规定的时间发货,并进行安装调试。此时,加拿大某软件商向当地的法院起诉,该套

通信软件侵犯其知识产权。经法院调查认定通信软件部分有侵权现象。请分析，印度瓦依德软件公司履行了货物权利担保的义务吗，为什么？

3. 2008年6月1日，我国山东公司收到加拿大威廉公司来电，称："×××设备3 560台，每台270美元CIF青岛，7月蒙特利尔港装船，不可撤销即期信用证支付，6月22日前复到有效。"山东公司于6月17日复电："若单价为240美元CIF青岛，可接受，如有争议，须在中国国际经济贸易仲裁委员会仲裁。"加拿大威廉公司于6月18日回电称："仲裁条款可以接受，但价格不能减少"。此时，该机器价格上涨，山东公司又于6月21日复电："接受你6月1日发盘，信用证已经由中国银行青岛分行开出。"请分析，依据《联合国国际货物销售合同公约》的规定，该交易合同是否成立，为什么？

五、简答题

1. 要约具备的法律条件有哪些？
2. 国际货物买卖合同的主要内容是什么？
3. 简述风险分担的原则。
4. 履行合同应当注意哪些问题？

第四章　国际商务代理制度
——代理法

学习目标

- 代理制度的主要内容
- 代理权的行使
- 代理制度的作用
- 国际商务代理的主要类型
- 外贸代理委托人与受托人的权利和义务
- 国际货运代理企业作为委托人与第三人的代理权利和义务

在各类国际商事交易行为中，代理制度都得到了广泛运用，代理关系也成为最普遍的法律关系之一。尤其是在国际贸易中，许多事项都是通过代理人进行的，伴随着经济全球化的发展过程，代理业务的范围日趋扩大，代理制度的使用越来越广泛。为了规范代理事项，调整当事人的法律行为，先后出台了《商务代理合同起草指南》、《代理统一法公约》、《代理合同统一法公约》、《运输代理人公约》、《国际保付代理公约》、《国际货物销售代理公约》、《代理法律适用公约》等具有代表性的国际公约。

第一节　代理制度

代理是指代理人按照被代理人的授权，代表被代理人同第三人订立合同或为其他的法律行为，由此而产生的权利与义务直接对被代理人发生效力的行为。

案例导入

斯利物流公司是一家大型仓储公司，基于公司业务发展的需求欲扩建仓库总面积，于是委托威力物业代理公司以自己的名义与地产商谈判、购买地产商2 000亩土地。经过多次磋商，最终达成土地购买协议。协议签订后，斯利物流公司根据协议的规定如期支付款项，地产商按规定办理这块土地转让手续。与此同时，斯利物流公司根据代理合同的规定向威力物业代理公司支付佣金。

根据代理法的理论，请思考下列问题：

1. 代理制度的作用如何？

2. 代理权行使的原则、方式和终止主要有哪些规定？

3. 代理有哪些主要类型？

一、代理制度的产生

代理制度出现在近代资本主义社会，是商品经济高度发达的产物。在简单商品经济条件下，商品交易活动相对简单，范围也有限，当事人凭借个人能力已足以应付与其有关的各种事务，因而也没有必要建立代理制度。到了资本主义社会，由于商业交易频繁，规模不断扩大，各种企业组织形式的出现使社会关系更加错综复杂，事必躬亲地处理各项事务已不可能，通过他人代为办理各项事务，方能克服年龄、精神状态、健康、知识、时间、条件等所带给人的限制，才能适应商品经济高度发展，随之而产生了代理法律制度。

代理制度是基于下列原因成为公民、法人进行民事活动的不可缺少的选择：

1. 商品经济发展的需要

商品经济越来越发达，社会分工越来越细，越来越需要专门知识和能力，而人们不可能成为精通所有专业的"通才"，这样在诉讼、专利、海事、保险、结算等诸多领域，就需要有专门知识和技能的人代理进行业务活动，各种专业代理人应运而生。另外，随着世界经济贸易的发展，跨国公司的出现，代理关系也突破了地域的界限，公司须通过委托代理途径，把自己的业务扩展到世界的任何一个地方，以适应国际商事活动的需要。

2. 无民事行为能力或限制民事行为能力的人实现自己利益的需要

虽然法律赋予公民享有权利与义务，但并不是所有的公民都具有民事行为能力。民事行为能力是指公民在法律规定的权利与义务的范围内进行民事活动的能力。这种能力与公民的年龄和智力健康状况相关联,因而未成年人和精神病人都是无民事行为能力人或限制民事行为能力人,不能独立进行民事活动。这就产生出矛盾,未成年人和精神病人享有法律规定的与完全民事行为能力人相同的民事权利,但他们又没有民事行为能力或行为能力受限制,不能通过自己的行为,实际享有权利,承担义务。如某精神病人享有三间房屋的所有权,但他有房子却不能卖,其房屋所有权不能实现。为解决这一矛盾,弥补其行为能力之不足,必须要有完全民事行为能力的人代替他进行活动,这一任务需依赖代理制度去完成。无民事行为能力人、限制民事行为能力人,均可通过法定代理制度,借助法定代理人的民事行为能力实现自己的利益。

3. 有民事行为能力的人实现自己利益的需要

民事主体虽然具有完全民事行为能力,但并不一定在任何时候他都必须自己去进行民事活动。由于个人知识才能有限,以及时间、地点、健康等方面的原因,就有了委托他人代为民事活动的需要。代理制度给予完全民事行为能力人以分身之术,使得他们能够超越时间与空间的限制,突破知识与才能以及身体条件诸方面的限制,广泛深入地参与各种民事活动。

二、代理制度的主要内容

代理制度的主要内容是代理人与被代理人之间的法律关系,是由代理合同来明确双方的权利与义务。各国法律对其都作了原则性规定,基本内容如下:

1. 代理人义务

(1)代理人应该勤勉地履行其代理职责

设立代理制度的目的是为了利用代理人的知识、技能为被代理人服务,从而更好地维护被代理人的合法权益。因此,代理人在履行其代理职责时,应从被代理人的利益出发,勤勉地处理好被代理人的事务,以增进被代理人的利益。我国《民法通则》规定:代理人不履行勤勉义务,疏于处理被代理人事务,使被代理人设定代理的目的落空,并遭受损失的,由代理人予以赔偿。

(2)代理人应对被代理人诚信、忠实

代理人应对被代理人诚信、忠实,其具体表现如下:

①代理人应向被代理人进行如实汇报。在代理业务的过程中,忠实地报告处理代理事务的一切重要情况,以便被代理人及时了解代理事务处理的进程以及自己利益的损益情况。在代理事务处理结束后,代理人应及时向被代理人报告代理事务的处理经过及结果,并将处理结果提交给被代理人,包括相应的文件资料应一并提交。

②代理人不得受贿或者密谋私利,或与第三人串通损害被代理人的利益。我国《民法通则》规定:代理人与第三人恶意串通,损害被代理人利益,被代理人由此受到的损失由代理人和第三人负连带赔偿责任。

③代理人不得以被代理人的名义与自己签订合同,也不得在同一交易中担任双方当事人的代理,收取双边佣金。

议题一

杨某与中德教育培训中心签订委托协议书,为杨某赴德国留学提供德国大学名单,指导赴德留学事项,并取得申请大学的入学通知书。如培训中心不履约,应在5日内返还预付金。之后,该培训中心未按协议为她办理留学事宜,且宣告停办。杨某在注册机构查询得知该培训中心的主办单位是百恒商务代理公司,将其告上法庭,要求归还预付金和利息损失。请分析,杨某的要求合法吗?为什么?

(3)代理人应对被代理人的商业秘密予以保密

代理人在代理协议的有效期限内以及在代理协议终止的一段时期内,都不得把在代理过程中获知的商业秘密泄漏给第三人,也不得利用这些资料同被代理人进行不正当竞争。

议题二

虹响商务公司于2009年6月30日终止银辉玩具公司代理销售协议后,即日向当地工商行政部门注册设立虹响玩具有限公司,仿制银辉玩具公司的热销商品以争夺市场。于是,银辉玩具公司诉至法院,并提供自己的专利资料、样品和复制品为据,主张被告侵犯其商业秘密,要求给予赔偿。请分析,银辉玩具公司的要求合法吗?为什么?

2. 被代理人义务

(1)被代理人应向代理人支付佣金

被代理人必须按照代理合同的规定支付代理人佣金或者其他约定的报酬,这是被代理人最主要的一项义务。但是,被代理人不经代理人的介绍,直接从代理人代理的区域内收到订单,直接同第三人订立买卖合同,或代理人所介绍的买主日后连续订货时,是否仍应支付佣金,这都应该在代理合同中作出明确规定。因为有些国家在法律上对此并无详细规定,法院判决完全取决于代理合同的规定。

(2)被代理人应向代理人偿还因履行代理义务而产生的费用

一般情况下，代理人因执行代理事务而支出的费用不得要求被代理人偿还，因为该费用都在佣金范围之内支付了。但是，如果代理人因为执行被代理人指示的代理范围之外的事务而支出的费用或遭到损失的，则有权要求被代理人予以赔偿。

议题三

上海贸易公司出口至大阪两个20英尺货柜，委托中原货代公司出运，并签订了货运委托书。货运委托书规定由上海贸易公司自己装车送货至指定集装箱堆场。由于上海贸易公司的原因无法自送，于是委托中原货代公司派车装货。货物装船后，上海贸易公司只支付海洋运费，拒付车费，为此中原货代公司提起诉讼。请分析，该案应如何处理，为什么？

三、代理权的行使

1. 代理权行使的原则

代理是一种法律行为，通过代理人进行的行为必须能够产生法律上的权利和义务，所以“代理人未经许可无权委托他人代理”是代理的内部关系中一项基本原则。这一原则具体体现为以下三个方面：

(1)代理人在代理权限内作独立的意思表示

代理人在被代理人授权的权限范围内，根据实施代理行为时的客观情况，独立决定并按照自己的意志进行代理活动。一般而言，非独立进行意思表示的行为，如传递信息就不被认为是代理行为。

(2)代理是以被代理人的名义进行的行为

代理制度的出现就是为了在被代理人与第三人之间设立、变更和终止权利与义务关系，所以，代理行为一般以被代理人的名义进行。代理人应在被代理人的授权范围内，按照被代理人的合法指示完成代理任务，而被代理人有义务为代理人履行合同提供便利。

议题四

斯利物流公司基于公司业务发展的需求欲扩建仓库总面积，委托威力物业代理公司以自己的名义与地产商谈判、购买2 000亩土地。由于斯利物流公司在当地享有声誉，获取地价较低，威力物业代理公司见有利可图，最终达成土地购买协议为2 000亩与500亩两个地块，并分别交付。交付时500亩地价由威力物业代理公司支付。请分析，威力物业代理公司的做法是否合法，为什么？

(3)代理行为的法律后果直接归属于被代理人

代理人在被代理人的授权范围内所为的行为在法律上视为被代理人的行为，由此产生的权利义务关系直接由被代理人承担，代理人一般对此不承担责任。但是，代理人在完成代理任务过程中应诚实勤勉地履行其职责，如造成被代理人的损失，要承担赔偿责任。

议题五

上海国际货代公司是日本富士航海株式会社的代理，承运上海机械设备进出口公司一批机床，并代表承运人富士航海株式会社签发了提单。由于没有固定货物的支架，造成货损。收货人发现后向富士航海株式会社提出赔偿。请分析，该赔偿责任由谁承担，为什么？

知识连接 **法律禁止代理人在代理过程中的行为**

法律禁止代理人在代理过程中进行下列行为：

1. 禁止“己代理”

所谓“己代理”，是指代理人在代理权限范围内代理被代理人与自己进行民事行为。在这种情况下，代理人既是代理关系中的代理人，又是第三人，违背了代理必须是代理人以被代理人的名义与第三人进行民事行为的基本规定。

2. 禁止“双方代理”

所谓“双方代理”，是指一个代理人同时代理两个被代理人进行法律行为的情况。由于在民商事活动中，法律行为双方的利益往往是相冲突的，而代理人又同时代理双方为法律行为，不可能兼顾到双方当事人的利益，很有可能出现偏袒一方，而损害另一方利益的情形。故法律一般也禁止“双方代理”。

3. 禁止“恶意串通”

所谓“恶意串通”，是指代理人与第三人相勾结，实施损害被代理人利益的行为。这种行为显然违反了代理关系的诚信性质，是一种典型的滥用代理权的行为。

4. 代理人明知代理事项违法仍然进行代理行为

在代理关系中，被代理人授权的内容和目的应当合法，代理人在实施代理行为的过程中也应该合法。对于被代理人授权行为的内容或目的具有违法性，能够事先及时发现的，代理人应当拒绝接受。对于被代理人以合法的授权形式和内容，掩盖其非法目的，而代理人又不可能事先知道的，在受蒙蔽的情况下，实施了代理行为，给第三人造成了损害，对此，应该由被代理人承担全部责任，代理人并不负连带责任。

2. 代理权行使的方式

(1)直接代理和间接代理

直接代理是指代理人在代理授权的范围内，以被代理人的名义与第三人从事法律行为。在直接代理中，被代理人与第三人是法律行为的双方当事人，代理行为产生的法律后果直接归属于被代理人，被代理人直接对第三人负责。

间接代理是指代理人以自己的名义，但是为了被代理人的利益而与第三人从事法律行为。在间接代理中，代理人与第三人是法律行为的双方当事人，被代理人原则上与第三人之间没有直接的法律联系，代理行为产生的法律后果由代理人来承担。

在大陆法系国家，直接代理称为商业代理人，间接代理称为行纪人。行纪人虽受被代理人的委托并为被代理人的利益而与第三人为法律行为，但是其与第三人为法律行为时是以自己的名义进行的，所以代理人与第三人才是法律行为的双方当事人，被代理人不得据此对第三人主张权利。

议题六

上海鸿翔洁具有限公司为了从日本 TOTO 株式会社进口“TOTO”牌卫生洁具 2 000 套，委托上海进出口公司代理进口，并签订了代理合同。上海进出口公司与日本 TOTO 株式会社进行磋商，双方达成一致意见后签订了购货合同。请分析，就该代理事项来看，是直接代理还是间接代理，为什么？

(2)显名代理、隐名代理和未披露代理

显名代理是指公开被代理人姓名的代理，代理人在与第三人订立合同时不但公开被代理人的存在，而且公开被代理人的姓名。在显名代理中，被代理人与第三人是合同的双方当事人，被代理人对合同负责。代理人在签订合同后，即退居合同之外，与第三人不发生合同关系，但是，也存在两种除外情况：①如果代理人以自己的名义在签字蜡封式的合同上签字，此时代理人要对该合同承担责任；②如果代理人以自己的名字在汇票上签字，此时代理人要对该汇票承担责任。

隐名代理是指不公开被代理人姓名的代理，代理人在与第三人订立合同时，表明其是代理人，但没有指出被代理人的姓名。在隐名代理中，被代理人与第三人仍被认为是合同的双方当事人，被代理人对合同负责，代理人对合同不承担个人责任。

未披露代理是指代理人虽然得到被代理人的授权，但是其在与第三人签订合同时，既不公开被代理人存在的事实，也不表明自己的代理身份，直接以自己的名义与第三人签订合同。在未披露的代理中，代理人虽然事先得到了被代理人的授权，但是实际上代理人是以自己的名义与第三人订立合同，因此，代理人承担合同的权利与义务。

议题七

大庆公司是一家经济实力很强的物流公司，为扩建仓库面积欲购买地产商的 3 000 亩土地。但考虑到如自己亲自出面，地产商会乘机索要高价，还担心其他仓储公司介入竞争而抬高地价，于是委托 A 代理公司为代理人，并以其名义与地产商谈判、签订土地购买协议。于是 A 代理公司与地产商谈判时，也没有表明代理身份。请分析，这是何种代理关系，为什么？

(3)无权代理的代理

无权代理是指欠缺代理权的人所做的代理行为。无权代理的代理主要有四种情况:根本未经授权的代理,超越代理权的代理,代理权终止后的代理,授权行为无效的代理。

大陆法系认为,无权代理有广义与狭义之分。广义的无权代理也就是表见代理,狭义的无权代理是指行为人完全没有代理权而以他人名义实施法律行为。

狭义的无权代理未经被代理人的追认,被代理人就不承担责任,而由无权代理人承担相应的法律责任。而在被代理人追认以前,其效力处于不确定状态。其处理方法是:①被代理人对无权代理人的代理行为享有追认其效力的权利,追认可以明示作出,也可以默示作出,此时被代理人要对代理行为承担法律上的后果。②第三人可以通过行使催告权与撤回权使得无权代理的不确定状态得以确定。催告权是指第三人可以自行规定一个合理的期限,催告被代理人明确承认或者否认无权代理行为,如果逾期未表态,视为否认。撤回权是指在被代理人对无权代理行为进行追认之前,第三人有权撤回其与无权代理所为的行为。

英美法系国家将大陆法系国家的狭义无权代理称为违反代理权的默示担保。根据英美法的解释,当代理人与第三人订立合同时,代理人对第三人承担一项默示的担保,即保证其是有代理权的。因此,无权代理人如果伪称有代理权,或者超越代理权限行事,第三人可以对其提起诉讼,要求无权代理人承担损害赔偿责任。

议题八

浙江贸易公司业务员李先生未经公司授权将自己的私活5个40英尺货柜,以公司名义与宁波货代公司签订了货运委托书。于是,宁波货代公司按规定的时间派车装货,但因货未备妥,发生空车费。数日,货物装船后,李先生只支付运费,拒付空车费,为此宁波货代公司提起诉讼。请分析,该案如何处理,为什么?

(4)表见代理

表见代理是指行为人虽无代理权,但善意的第三人有充分理由相信行为人具有代理权,并与其发生法律行为,该法律行为的后果应当直接由被代理人承担的代理。表见代理本质上也是一种无权代理,但是为了保护善意第三人的利益以及维护交易秩序的安全与便捷,大陆法系国家法律一般赋予表见代理行为具有法律效力。

英美法系国家法律中与表见代理相类似的是“不容否认的代理”。表见代理的构成有两个要件:①客观上存在使第三人有理由相信行为人拥有代理权的事实依据。例如，无权代理人与被代理人之间有特殊的身份关系以及无权代理人借用的合同章、盖章的空白合同书、业务介绍信等。②第三人所为的行为善意且无过失。善意且无过失，是指第三人不知道与之交往的代理人实际上无代理权，而且对于这种不知情并非出于疏忽和懈怠所致。但是，第三人应当对善意且无过失承担举证责任。

表见代理的产生，往往都是被代理人存在过错而导致。例如，因公章或加盖有公章的空白合同、信函保管或使用不慎，被行为人借用、盗用，致使相对人相信行为人有代理权；对代理人的代理权限未作限制，或者授权不明，在代理人超越代理权以"被代理人"的名义与相对人实施交易行为时，难以让相对人识别；在终止了代理人的代理权后，没有或者没有及时通知有关业务单位和有关人员，致使他们认为其代理人仍有代理权。正因为表见代理大多与被代理人的过错有关，因此其法律后果由被代理人承担是公正、合理的。当然，如果被代理人由此蒙受损失，可以向实施"表见代理"的行为人追偿。

议题九

日本高田公司业务员大山被解雇后假冒该公司名义从老客户山木公司处骗得货物后逃之。山木公司认为在与大山订立合同时并不知其已被解雇，要求高田公司付款。高田公司则以大山已不是公司员工为由拒绝付款，于是将争议诉至法院。请分析，该案应如何处理，为什么？

3. 代理关系的终止

代理关系的终止是指当事人之间已经实现代理合同规定的代理事务或者还未实现，但根据当事人的意思表示提前终止代理合同的执行。当然，在代理关系存续期间，如果当事人死亡或者丧失行为能力，其后果也必然是终止代理权。

(1)代理关系终止的情形

①根据当事人的行为终止代理关系：(a)代理期限届满或代理事项完成。代理人与被代理人在代理合同中订有期限的，则代理关系于合同规定的期限届满时终止；代理合同中没有期限约定的，应在合理的期间内终止，如果代理事项在期限内完成，可以提前终止代理关系。(b)被代理人与代理人单方面终止代理关系。各国法律原则上都允许被代理人单方面撤回代理权，也允许代理人单方面辞去代理权。但是为了保护双方的利益，对单方面撤回代理有一定的限制。大陆法系国家的法律大多规定，如果被代理人或者代理人单方面终止合同，必须事先通知对方，否则应赔偿给对方造成的损失。根据英美法的判例，如

代理权的授予与代理人的佣金以外的利益结合在一起时，被代理人就不能单方面撤回代理。例如，房主甲向乙借款 1 万美元，并因此授权乙作为甲的代理人去收取房租以偿还借款，此时，甲就不能单方面终止他们之间的代理关系。

②根据相关法律的规定终止代理关系：(a)被代理人死亡、破产或丧失行为能力。根据大陆法系国家民商法的规定，被代理人发生上述情况的，只是适用于民法上的代理权，而商法上的代理关系并不因上述情况而终止。(b)代理人死亡、破产或丧失行为能力。根据各国的法律，当代理人发生死亡、破产或丧失行为能力的，无论是在民事上还是商事上，代理均因此而消灭。

(2)代理关系终止后的法律后果

代理关系终止后，将会在代理人与被代理人之间以及代理人、被代理人与第三人之间产生法律上的一定后果。一般有两个方面：①被代理人与代理人之间的法律后果。代理关系终止之后，代理人即不能再以被代理人的名义进行代理行为，否则，属于无权代理，按无权代理的法律规定处理。有些大陆法系国家为了保护商业代理人的利益，法律特别规定，在终止代理合同时，代理人对于他在代理期间为被代理人建立的商业信誉，有权要求被代理人予以补偿。这是因为代理合同终止后，这种商业信誉将为被代理人所享有，而代理人将因此失去一定的利益。②对第三人的法律后果。代理关系终止后，对于第三人是否产生法律上的后果，取决于第三人是否知情。如果代理关系终止时，被代理人及时通知第三人，才对第三人产生法律上的后果。如果代理关系终止时，被代理人没有及时通知第三人，则对第三人不产生法律上的后果，被代理人仍然应当对代理人与第三人所为的行为承担法律后果，此时适用表见代理规则。但是，被代理人有权要求代理人赔偿损失。

知识连接 《公约》关于代理关系终止的规定

1. 当本人与代理人之间达成协议终止时，即被代理人与代理人协议终止代理关系；

2. 当为之授权的一笔或数笔交易已经完成时，即代理事项完成时代理关系终止；

3. 无论是否符合其协议条款，当本人撤销代理权或代理人放弃代理权时，即被代理人撤销代理权或者代理人放弃代理权时代理关系终止；

4. 代理人之权利亦根据适用法律的规定而终止，即所适用的法律而使代理关系终止。

四、代理制度的作用

1. 补充和扩张了民事主体的民事行为能力

民事主体中的无民事行为能力人、限制民事行为能力人都不能独立实施民事法律行为或实施超出其行为能力范围的民事法律行为。有了代理制度，就使得无民事行为能力人或限制民事行为能力人的民事行为能力通过代理得到弥补。完全民事行为能力人，虽有民事行为能力，但受时间、专业知识、地域的限制，也不能凡事都亲自去处理，代理制度则给他们以分身之术，使其民事行为能力得以扩张。法人民事主体民事行为能力的实现要通过法定代表人实现，而法人业务的广泛性和复杂性，也决定了其行为能力的实现依赖法定代表人委托代理人代理的方式。因此，代理制度的主要功能就是补充和扩张了民事主体的行为能力。

2. 充实了民事自由，使当事人意思自治得以真正实现

民法以意思自治为原则，允许当事人依其自由意思表示，为其设定权利，承担义务。意思自治原则不仅允许当事人依其意思亲自为法律行为，而且包括当事人依其自由意思授权他人代为意思表示，从而充实了当事人进行民事活动的自由，使其意思自治得以充分实现。

代理制度的上述功能，大大拓展了民事主体的能力领域，从而扩展了民事法律行为和民事法律关系的范围，有力地促进了社会经济的发展。

知识连接

国际代理法简介

1.《商务代理合同起草指南》

1960 年，为使代理合同条款实现标准化，国际商会在《商务代理合同起草指南》中制定了标准代理合同。该指南已得到商业界的广泛应用，但由于使用范围有限，仅限于对本人与代理人的内部关系作调整。

2.《代理法律适用公约》

在经济全球化的潮流下，代理实体制度日臻完善，但涉外代理的法律冲突问题却日益显露，于是《代理法律适用公约》应运而生。《代理法律适用公约》是由海牙国际私法会议于 1978 年 3 月 14 日订立并已生效，是目前国际上仅有的一部对代理法律适用问题作出比较全面和合理规定的国际公约，在消除因各国代理制度的差异而日益突显的法律冲突、统一各国代理法律适用规则方面起到了重要作用。

续

3.《国际保付代理公约》

国际统一私法协会于 1988 年 5 月 28 日在加拿大渥太华通过《国际保付代理公约》，其有四章 23 条。第一章为适用范围和总则，第二章为当事人各方的权利与义务，第三章为再转让，第四章为最后条款。

4.《国际货物销售代理公约》(修订版)

2004 年在《国际商事合同通则》基础上进行修订，增加了代理权的内容。主要内容有：代理权的确定及其范围，披露的代理，未披露的代理，代理人无权代理或超越代理权限的代理，代理人无权代理或超越代理权限行为的责任，利益冲突，转委托，追认，代理权限的终止。

第二节　国际商务代理的主要类型

国际商务代理是指代理人按照被代理人的授权或者法律规定，代表被代理人从事与第三人签订国际商事合同或为其他有法律意义的国际商务行为，由此产生的权利与义务直接对被代理人发生法律效力的行为。

案例导入

韩国大宇洁具株式会社为了扩大中国的市场份额，与上海洁具有限公司签订了代理合同。合同规定：韩国大宇洁具株式会社授予上海洁具有限公司在中国上海、江苏、浙江三个地区独家销售“大宇”牌卫生洁具；韩国大宇洁具株式会社以出厂价提供货物，每季度结算货款并按 15%支付佣金，上海洁具有限公司销售额一年不得低于 500 万美元，否则减少佣金 3%，如当年销售额达到 500 万美元以上，将按销售额的 2%予以奖励；广告费和非商务性事务的费用由韩国大宇洁具株式会社承担；代理期限为 10 年。此后，上海洁具有限公司为了扩大销售规模，分别在江苏南京、浙江温州指定分代理商。

根据代理法的理论，请思考下列问题：

1. 国际商务代理的一般类型有哪些？

2. 国际商务代理有哪些主要类型？

一、国际商务总代理

国际商务总代理是委托人在指定地区的全权代表，由其代表委托人从事一般商务活动和某些非商务性的事务。总代理人根据总代理合同的约定取得在一定范围内的总代理权，总代理人有权代理从事国际销售活动，也有权委托其他代理人即分代理人进行相应的国际销售活动。总代理人和分代理人都是以自己的名义签订合同，进行国际销售活动，其都属于间接代理。

国际商务总代理协议书见样例4－1。

样例4－1

国际商务总代理协议书

委 托 方：　　　　　　　　总代理方：

地址：　　　　　　　　　　地址：

电话：　　　　　　　　　　电话：

第一条　总则

1.1. 委托方与总代理方(被委托方)在平等、互利、自愿的原则上，经充分协商，达成总代理协议，共同信守。

1.2. 委托人指定的总代理人系独家全权代表，委托人授权其代表可根据协议所列的条款和条件，与卖方洽谈欲引进的技术的价格及其他有关事项。

第二条　定义________本协议________术语的意义________如下：

2.1.“佣金”系按本协议所列的条款和条件由委托人按照6.1条款支付给总代理人的佣金。

2.2.“许可证协议”，指委托人与卖方所签订的技术转让或许可证协议，包括与技术有关的于任何时候所作的补充、修改和增补的技术，由卖方出售、转让该技术并向委托方予以报价。

2.3.“价格”系指委托人为引进该项技术而支付给卖方的款额。

第三条　总代理

3.1. 委托人指定总代理人，系为独家全权总代理，代表委托人与卖方洽谈引进该项技术应付的价款及有关许可证协议的条款和条件，并代表委托人联系有关事项。总代理人愿意接受此委托。

3.2. 在协议有效期内，委托人不得指定其他任何人为其代理人洽谈引进该项技术的价格及有关许可证协议的条款和条件，或代表委托人联系有关任何事项。

3.3. 根据协议，总代理人作为独家全权代理，代表委托人洽谈，一旦成交，予以承认并生效。委托人与卖方洽谈该项技术的价格及其他条款和条件，谈妥后，各方当事人正式签署许可证协议，总代理取得佣金，其总代理终止。

3.4. 本协议的委托人与总代理人不因委托代理成合股关系，亦不因此获得本协议指定范围外的代理权。

第四条　总代理人的职责

4.1. 必须努力与卖方洽谈，向卖方取得最好的价格及最优惠的条款和条件，便于委托人获得该项技术的转让并尽速签订许可证协议。

4.2. 在洽谈转让及引进该项技术的过程中，总代理人与卖方洽谈中若出现任何争议、分歧或僵局，应立刻向委托人提供有关详情，并就此事与委托人磋商。

4.3. 应采取确实有效的办法为委托人取得该项技术并签订许可证协议。

4.4. 在本协议有效期内，未经委托人书面同意，总代理人不得：

4.4.1 除委托人指定的全权代理有关事项外，不得自命为委托人代理任何事项；

4.4.2 以委托人的名义允诺或解决事宜，以委托人的信用作担保，代表委托人作出任何保证或陈述，或使委托人承担任何责任或业务；

4.4.3 与卖方议定转让或获得该项技术的价格及有关条款和条件；

4.4.4 不论以任何方式从委托人处获得的信息资料，皆属秘密，仅能为引进技术用，不得泄露。

第五条　委托人的职责

5.1. 代理人当代表其委托人与卖方商定价格、条款和条件时，或将转让技术的价格条款和条件书就许可证协议，或就有关问题提出要求时，委托人须立即向总代理人给予指示。

5.2.委托人应及时满足代理人的要求，向总代理人提供有关业务所需的信息，便于总代理人与卖方洽商转让和获得该项技术。

第六条　佣　金

6.1.委托人同意支付给总代理人价格总金额的百分之________(________%)的佣金。佣金于许可证签署之日以________支付。届时不得以任何借口延迟，应即时支付。

第七条　终止协议

7.1. 如遇有下列任何条件或情况时，委托人须以书面方式通知总代理人：按协议规定总代理人不履行或不遵守其职责或义务时，或当收到委托人就总代理人不履行或不遵守其职责的通知后的30天内，仍置之不理，则立刻终止本协议。

7.2. 按照本协议规定期满或终止对总代理人的委托，不论出于何种原因，均不妨碍协议各方面的权利和义务。

7.3. 当届满和终止对总代理人的委托时，按下述条款办理：

7.3.1 总代理人应立即将持有与委托人业务有关的票据、备忘录、记录稿件或其他文件交还给委托人。

7.3.2 按照本协议规定，于终止对总代理人委托的5天内，委托人将佣金（按6.1条规定应支付尚未付清部分的佣金）支付给代理人。

7.4. 按本协议规定，不论出于何种原因届满或终止对总代理人的委托，对本协议仍然予以履行或遵守其条款，对各方均有约束力并付诸实施。

第八条　分代理或转让

8.1. 非经委托人书面同意，总代理人不得将协议之任何义务或责任转让给非经委托人指定的分代理，不论经委托人如何同意的由总代理人委托的分代理，根据协议的规定不得免除代理人的任何权利、义务或责任。

8.2. 非经总代理人书面授权，委托人不得将本协议规定的任何权利、义务或责任予以转让或转移给他人。

8.3. 本协议对委托人、总代理人及各方指定的继承人均具有同等的约束力，并确保实施。

第九条　修改委托人与总代理人签订的引进技术协议书，包括整个协议书和备忘录，立即取代委托人与总代理人对该项技术以往的全部协议和安排，后者自本协议签署之日起，即告终止。除非经本协议当事人签署的书面通知，否则本协议不得作任何修改和变更。

第十条　法律适用本协议根据签字时________国现行的有关法律、法令和条例制订。然而，在协议生效后，由于________国颁布了新的法律、法令、条例，或对原有的法律、法令和条例进行了修改，致使委托人和总代理人中任何一方的经济利益发生重大的变化，应及时协商，并对本协议的有关条款作必要的修正和调整，以维护委托人和总代理人在协议中的正常的经济权益。

第十一条　争议的解决

11.1. 在执行本协议中所发生的或与本协议有关的一切争执，首先应由委托人和总代理人友好协商解决。

11.2. 若协商不能解决，在________国仲裁委员会根据该委员会仲裁程序仲裁。

11.3. 仲裁裁决是终局的，对委托人和总代理人都有约束力，仲裁费由败诉方负担。

第十二条　语言

本协议以英文和中文书写，两种文字均为正式文本，具有同等法律效力。

第十三条　通知

凡有关本协议的通知、请求或其他通讯往来，须以文字为准，可采用书信、电传、电报方式按对方地址寄发对方。

本协议于________年________月________日在________签署。

委 托 人：　　　　　　　　总代理人：

代表签字：　　　　　　　　代表签字：

职 务：　　　　　　　　　职 务：

二、国际商务独家代理

独家代理是在指定地区和期限内单独代表委托人行事，从事代理协议中规定的有关业务的代理人。委托人在该地区内，不得委托其他代理人。在出口业务中采用独家代理的方式，委托人须给予代理人在特定地区和一定期限内代销指定商品的独家专营权。

独家销售代理协议见样例 4－2。

议题十

韩国大宇洁具株式会社与上海洁具有限公司签订的代理合同规定：韩国大宇洁具株式会社授予上海洁具有限公司在中国上海、江苏、浙江三个地区销售"大宇"牌卫生洁具。上海洁具有限公司为了扩大销售规模，分别在江苏南京、浙江温州指定分代理人。请分析，就该合同内容看，上海洁具有限公司是总代理还是独家代理，为什么？

样例 4－2

独家销售代理协议

供货人(简称甲方)：　　　　代理人(简称乙方)：

地址：　　　　地址：

电话：　　　　电话：

甲乙双方在平等互利、共同发展的基础上签订本协议，并达成条款如下：

1.商品及数量：

甲方委任乙方为________商品的独家销售代理人。乙方保证在协议期间销售上述商品不少于________________(数量或金额)。

2.销售地区：以________________地区为限。

3.订单的确认：协议商品的有关数量、价格和运输期，应在逐笔交易中确认，其细节详见甲方销货确认书。

4.付款：(选择下列方式)

(1)在订单确认后，乙方应于有关销货确认书规定的时间内，安排开立以甲方为受益人的、百分之百金额的、不可撤销的即期信用证，并于开证后立即通知甲方以便由甲方准备装运。

(2)____；

(3)____。

5.佣金：甲方于收妥货款后，按每批货物发票价值的百分之________向乙方汇付佣金。

6.市场情况报告：乙方有义务每三个月向甲方寄送一次详细的报告，反映当地的市场情况和消费者意见。乙方还应随时将其他供货人所报同样商品的样品，连同其价格、销售情况、广告资料等寄给甲方参考。

7.广告宣传费用：乙方应负担协议期间在上述地区的一切广告宣传费用。所有用作广告宣传的必须送交甲方，取得其事前同意。

8.协议有效期：本协议经有关双方签字后保持有效________年，从________年________月________日起至________年________月________日止，如果一方需要延长协议，必须在期满前一个月书面通知另一方。如果一方未能履行协议条款，另一方有权终止本协议。

9.仲 裁：凡因本合同或与本合同有关的一切争议，应通过双方协商解决。如协商不成，应提交中国国际经济贸易仲裁委员会，按其仲裁规则在深圳进行仲裁。仲裁裁决是终局的，对双方均有约束力。

10.其他条款：

(1)甲方不应向上述地区的其他客户供应协议商品，如有任何直接询盘，均要转给乙方。但是，如有任何客户坚持要与甲方直接交易，甲方有权直接成交。在后一情况下，甲方应送乙方销货确认书副本一份，并以该笔交易标的净值的百分之____为乙方保留佣金。

(2)乙方未能在________月之内向甲方寄送至少________(数量或金额)的订单，则甲方不再受本协议的约束。

(3)对于双方政府间的交易，甲方有权按其政府授权直接成交而不受本协议的约束。乙方不应干涉这种直接交易，也不应对此提出索赔或佣金的要求。

(4)其他条款应以双方签订的正式销售确认书为准。本协议一式四份，双方各执两份。

本协议于________年________月________日在________签署。

甲方：　　　　　　　　　　乙方：

代表(签字)：　　　　　　　代表(签字)：

三、国际商务一般代理

一般代理又称佣金代理，是指在同一地区和期限内委托人可同时委派几个代理人代表委托人行为，代理人不享有独家专营权。代理合同不限制被代理人在同一时间、区域内委托其他代理人从事同样的商业活动。一般代理人完成授权范围内的事务后按协议规定的办法向委托人计收佣金。

议题十一

新加坡国际教育中心为了扩大中国的市场份额，与上海环球教育咨询公司等三家单位签订了留学代理合同。与上海环球教育咨询公司签订的合同规定：新加坡国际教育中心授予上海环球教育咨询公司在中国上海以新加坡国际教育中心的名义招收各类赴新留学生，每季度结算款项并按其15%支付佣金；广告费和非商务性事务的费用由新加坡国际教育中心承担；代理期限为3年。请分析，就该案例来看，是总代理还是一般代理呢，为什么？

四、销售代理

销售代理是指代表出口商或制造商为其商品在国际市场上的销售提供服务的代理人。代理人是指定地区市场的全权代理，其应收集信息，尽力促进产品的销售，签订销售确认书。

销售代理协议见样例4—3。

样例4—3

销售代理协议

编号：

日期：

供货人：

销售代理人：

在平等互利的基础上，甲方委托乙方为销售代理人，按下列条件签订本协议。

1.商品及数量或金额

双方约定，乙方在协议有效期内，承销不少于________的上述商品。

2.经销地区

只限在________销售。

3.订单的确认

关于协议所规定的上述商品的每笔交易，其数量、价格及装运条件等须经甲方确认，并签订销售确认书，对交易做具体规定。

4.付款

订单确认后，乙方须按照有关确认书所规定的时间开立以甲方为受益人的、保兑的、不可撤销的即期信用证。乙方开出信用证后，应立即通知甲方，以便甲方准备交货。

5.佣金

在本协议期满时，乙方完成了第二款所规定的数额，甲方应当按装运货物所收到的全部发票金额付给乙方________%的佣金。

6.市场情况报告

乙方每三个月向甲方提供一次有关当时市场情况和用户意见的详细报告。同时，乙方应随时向甲方提供其他供应商所给的类似商品的样品及其价格、销售情况和广告资料。

7.宣传广告费用

在本协议有效期内，乙方在上述经销地区内所作广告宣传的一切费用，由乙方自理。乙方须事先向甲方提供宣传广告的图案及文字说明，由甲方审阅并同意。

8.协议有效期

本协议由双方签字后生效，有效期________年，自________至________。若一方希望延长本协议，则须在本协议期满前一个月书面通知另一方，经双方协商决定。

若协议一方未履行协议条款，另一方有权终止协议。

9.仲裁

在履行协议的过程中，如产生争议，双方应友好协商解决。若通过友好协商未能达成协议，则提交中国国际贸易促进委员会对外贸易仲裁委员会，根据该会仲裁程序进行仲裁。该委员会的决定是终局的，对双方均有约束力。仲裁费用，除另有规定外，由败诉一方负担。

10.其他条款

10.1 甲方不得向经销地区其他买主供应本协议所规定的商品，如有询价，当转给乙方洽办。若有买主希望从甲方直接订购，甲方可以供货，但甲方须将有关销售确认书副本寄给乙方，并按所达成交易的发票金额给乙方________%的佣金。

10.2 若乙方在________月内未能向甲方提供至少________的订货，则甲方不承担本协议的义务。

10.3 对双方政府间的贸易，甲方有权按其政府的授权进行有关的直接贸易，而不受本协议的约束。乙方不得干涉此种直接贸易，也无权向甲方提出任何补偿或佣金要求。

10.4 本协议受签约双方所签订的销售确认条款的制约。

本协议于________年________月________日在________签订，正本两份，甲乙双方各执一份。

甲方：　　　　　　　　　　　　　乙方：

签字：　　　　　　　　　　　　　签字：

五、外贸代理

1. 外贸代理的形式

外贸代理主要有以下两种情况：

(1)拥有外贸经营权企业之间的代理

代理人以被代理人(委托人)的名义对外签订进出口合同，或代理人以自己的名义对外签订进出口合同。

(2)拥有外贸经营权与无外贸经营权企业之间的代理

拥有外贸经营权的企业受不具有外贸经营权企业的委托，以自己的名义对外签订进出口合同。

议题十二

上海进出口公司受南通建筑工程队的委托，从日本进口“TOTO”牌卫生洁具200套，于是与日本TOTO株式会社签订了购货合同。次日受日本独资TOTO(上海)有限公司的委托出口该公司的产品至印度，并签订了代理出口合同。数日后，接到太平洋瓷器公司外贸部经理的请求，代理该公司的产品出口到南非，为此双方签订了代理出口合同。请分析，就上述事项来看，各属于哪种外贸代理形式，为什么？

2. 外贸代理委托人的权利与义务

根据我国有关法律法规的规定，外贸代理委托人的权利与义务如下：

(1)委托人应依国家有关法律、法规之规定，办理委托进口或出口商品的有关报批手续。委托人应及时向受托人详细说明委托进口或出口商品的有关情况。例如，出口纺织品需要申请配额，当获得配额后才可以对外洽谈，签订销售合同。

(2)经受托人同意，委托人可参加对外谈判，但不得自行对外询价或进行商务谈判，不得自行就合同条款对外作任何形式的承诺。凡委托人同意的进口或出口合同条款，委托人不得由于条款本身的缺陷引起的损失向受托人要求补偿。如规定的交货时间较紧，受托人因原材料短缺，只好购买当地的比原有供应商价格较高的原材料，防止生产中断。

(3)委托人不得自行与外商变更或修改进出口合同。如委托人与外商擅自达成补充或修改进出口合同的协议，则无效。

(4)委托人须按委托协议和进出口合同的规定履行义务，包括及时向受托人提供进口所需要的资金或委托出口的商品。如在委托协议与合同规定的交货期前，完成出口货物的生产与包装，以便及时装运，避免违约现象产生。

(5)因委托人不按委托协议履行其义务导致进出口合同不能履行、不能完全履行、迟延履行或履行不符合约定条件的，委托人应偿付受托人为其垫付的费用、税金及利息，支付约定的手续费和违约金，并承担受托人因此对外承担的一切责任。

(6)委托人因不可抗力事件不能履行全部或部分委托协议的，免除其对受托人的全部或部分责任，但委托人应及时通知受托人并在合理期间内提供有关机构出具的证明，以便受托人与外商交涉，免除受托人对外商的责任。如果受托人不能因此免除对外商的责任，受托人对外承担的责任由委托人承担。

(7)委托人有义务按照委托协议的规定，向受托人支付约定的手续费，并偿付受托人为其垫付的费用、税金及利息。委托人支付的进出口手续费以合同总价为计算基数，乘以约定的手续费率。

(8)对于出口商品的销售货款，委托人收取人民币还是外汇，由委托人与受托人在委托协议中协商确定。

议题十三

上海进出口公司受南通制鞋公司的委托，出口该公司的产品至日本，并签订了代理出口合同，代理费为1%。数日后，上海进出口公司接到日本大山商社的询盘，并告知下周直接来公司洽谈。上海进出口公司决定与委托人共同参与对日商的谈判。由于在价格方面争议较大，未达成协议。近日，国家为减少金融危机的影响，增加了出口退税比例。于是，南通制鞋公司单方面同意了日商的价格要求，上海进出口公司出于无奈与日商签订了出口合同。在履行合同的过程中，由于规定的交货时间较紧，南通制鞋公司来不及生产，导致日商索赔。请分析，就上述内容来看，委托人与受委托人各有什么不当之处，应承担何种责任，为什么？

3. 外贸代理受托人的权利与义务

根据我国有关法律法规的规定，外贸代理受托人的权利与义务如下：

(1)受托人根据委托协议以自己的名义与外商签订进出口合同，并应及时将合同的副本送交委托人。受委托人与外商修改或变更进出口合同时，不得违背委托协议。受托人对外承担合同义务，享有合同权利。

(2)受托人在遵照委托人的指示办理委托事宜时，必须服从国家法律、法规和其他外贸管理制度的规定。

(3)受托人应向委托人提供受托商品的国际市场行情，并应及时报告对外开展业务的进度及履行其义务的情况。

(4)受托人有义务办理履行进出口合同所需的各种手续，如托运、报检报关和投保等。

(5)因受托人不按委托协议履行其义务导致进出口合同不能履行、不能完全履行、延迟履行或履行不符合约定条件的，受托人应赔偿委托人因此受到的损失，并自行承担一切对外责任。

(6)受托人因不可抗力事件不能履行全部或部分委托协议的，免除其全部或部分受托责任，但应及时通知委托人和外商，并应在合理期限内提供有关机构出具的证明。

(7)如外商因不可抗力事件不能履行、不能完全履行或履行不符合进口合同的规定，受托人应免除对委托人的责任，但应取得有关机构证明并及时通知委托人。

议题十四

成都进出口公司受汶川农产品公司的委托出口该公司的山核桃一批，并签订了代理出口协议。于是成都进出口公司与澳洲A商洽谈，并签订了销售确认书。在履行合同的过程中，由于成都进出口公司业务员的疏忽，未能及时办理托运手续，导致不能按合同规定的时间交货，遭到外商索赔。请分析，就上述案例来看，委托人与受委托人各有什么不当之处，应承担何种责任，为什么？

4. 委托代理合同

在代理合同中，主要涉及三方面的当事人：委托人、受托人和第三人。委托人又称本人或被代理人；受托人又称代理人，是指在代理权限内，以受托人或委托人名义并为委托人利益实施法律行为的人；第三人也称相对人，是指与受托人发生法律行为的人。

代理合同是用以明确委托人和代理人之间权利与义务的法律文件，其内容由双方当事人按照契约自由的原则，根据双方的合意加以规定。国际商事活动中的代理种类繁多，所以代理合同的具体内容也不尽相同，但就其一般共性而言，主要有以下五个方面。

(1)代理的商品和区域条款。要明确具体地规定代理商品的名称、品种、花色、规格等，代理的区域要表明代理权行使的地区范围。

(2)代理人的权利与义务条款。代理人的权利与义务主要包括：(a)明确代理人的权利范围，以及是否享有专营权；(b)代理人应在代理权行使的范围内，保护委托人的合法权益，如向外商催交货款或对外索赔；(c)代理人应承担对市场调研和广告宣传的义务。

(3)被代理人的权利与义务条款。委托人的权利主要体现在对客户的订单有权接受,也有权拒绝。其义务是为代理人提供必要的符合合同规定的商品,提供完整、准确的必备单据,按合同规定的条件向代理人支付佣金或报酬,如果代理合同没有约定佣金条款,按交易惯例或习惯支付。

(4)不可抗力条款。主要规定不可抗力事件发生后通知当事人的时间,送交有关机构出具的不可抗力的书面证明。

(5)仲裁条款。主要规定双方发生争议后解决争议的方法,如协商、仲裁或起诉。如果采用仲裁方式,必须规定仲裁机构的名称。

除上述基本内容外,还可根据需要在合同中规定与国际商务有关的其他的必要条款。

委托代理出口协议书见样例 4—4。

样例 4—4

委托代理出口协议书

编号:20140612

甲方:上海进出口公司	乙方:上海工具制造有限公司
上海市中山路 1321 号	上海市木行路 302 号
TEL:(021) 65788877	TEL:(021) 65781234
Fax:(021) 65788876	Fax:(021) 65781235

经双方友好协商,就乙方委托甲方代理出口的有关事项达成如下协议:

一、乙方委托甲方向 乙 方选定的客户 FUJIYAMA TRADING CORPORATION 代理出口,具体内容如下:

1.1 品名规格:手工工具活络扳手 8×10MM(MTM)、10×12MM(MTM)

1.2 品质标准:参照样品 NG07—321

1.3 数量:8×10MM(MTM)60 000 件、10×12MM(MTM)80 000 件

1.4 单价:8×10MM(MTM)每件 0.50 美元、10×12MM(MTM)每件 0.60 美元 CPT OSAKA

1.5 总金额 :78 000.00 美元

1.6 支付方式:T/T

1.7 包装:每 100 件装入一只出口纸箱

1.8 装运地:上海

1.9 目的地:大阪

1.10 装运期限:2014 年 9 月 20 日前

1.11 装运方式:航空运输

以上条款如有变动,以售货确认书及经双方认可的修改文件为准。

二、甲方接受乙方委托,以自己的名义代理以下事项:

2.1 对外签约

2.2 托运订舱

2.3 办理出口商检、报关

2.4 制单、结汇

2.5 涉外索赔、理赔

三、交货要求:

3.1 乙方交货期限:2014 年 9 月 10 日前(或凭甲方书面通知)

3.2 交货地点:甲方指定地点

3.3 交货方式:乙方送货并承担货物到达上述地点前的各项费用

四、费用及结算:

4.1 甲方向乙方收取出口发票金额的 1 %作为代理手续费。

4.2 甲方在出口过程中垫付的费用(如报关费、商检费、运费、办证费等)均由乙方承担,在收汇后从结汇人民币金额中扣除。

五、甲方权利和义务:

5.1 甲方根据本协议书的约定,与外商签订售货确认书。

5.2 甲方在签订售货确认书前应将售货确认书副本送交乙方,经乙方签字认可。乙方如有异议,应于收到售货确认书副本后次日起三个工作日内书面向甲方提出,逾期视为无异议。

凡经乙方认可的售货确认书条款,乙方不得由于条款本身的缺陷引起的损失向甲方要求补偿。

5.3 甲方如对售货确认书作重大的实质性修改或变更,事先需经乙方书面确认。

5.4 甲方根据乙方提供的资料,按照合同规定编制托运单据,办理托运手续。事先商定凭甲方通知交货的,甲方应及时将交货时间、地点通知乙方。

5.5 甲方应按双方商定的方式及期限与乙方结算货款、代理手续费及代垫费用。部分代垫费用一时无法结算的,甲方可先按估计金额向乙方收取,事后按实际金额结算,多退少补。

5.6 甲方收汇后应根据乙方提供的增值税发票书等有关单据办理出口退税手续,退税所得金额由甲方划交乙方。

5.7 外商无故不履行部分或全部合同,或拖欠货款长期不付清,甲方应负责向外商催促履约付款,或与乙方商讨采取必要措施,为此发生的一切费用及后果由乙方承担;如客户由乙方指定,乙方已与客户商定解决办法,则依乙方与客户商定的办法处理。

5.8 本协议书签订后,由于非甲方的原因而未能签订售货确认书,甲方免除责任。售货确认书签订后,甲方应认真履行本协议书规定由其承担的义务,否则须赔偿乙方因此而造成的损失。

5.9 因外商违约导致本协议书不能部分或全部履行，甲方免除责任，但须及时代乙方对外索赔，并将索赔所得转给乙方。索赔所发生的费用由乙方承担。若因甲方过错未及时对外索赔，损失由甲方承担，若因乙方过错未及时对外索赔，损失由乙方自负。

六、乙方权利和义务：

6.1 乙方必须在本协议书规定的交货期前备妥委托甲方代理出口的商品，以书面形式通知甲方，并按甲方的要求将商品运到指定地点，送入指定仓库，承担相关的费用。

6.2 乙方提供的商品必须符合本协议书规定出口商品的品质标准，同时必须符合我国知识产权法有关规定，相应承担法律责任。如果由于乙方逾期交货或所交货物产生质量问题，或因知识产权纠纷而引起外商索赔，则由乙方负全部责任，乙方必须无条件接受索赔结果并支付赔偿金。

6.3 乙方在交货的同时必须提供完整、准确的交货单、装箱单、厂检证或换证凭单、出口包装证明等必备单据，并给予甲方合理的时间制作出口单证，安排托运。乙方需承担由于资料错误引起的后果。

6.4 乙方同意以<u>　T/T　</u>方式由甲方向外商收汇，在售货确认书中订明，如非甲方的过错，甲方不承担收汇的风险。

6.5 乙方应在交货后<u>　10　</u>天内向甲方提供增值税发票、税收专用缴款书等必备单据，供甲方办理退税手续，退税所得金额由甲方划交乙方。

6.6 当外商提出索赔时，甲方应及时向乙方转交外商提出的索赔函电复印件及有关证件，乙方收到后应及时弄清情况，通过甲方对外理赔，甲方应及时向乙方通报对外理赔情况。由于乙方的责任，未能及时对外理赔，乙方除承担对外商的一切经济、法律责任外，还应负责赔偿甲方所受到的一切损失。

6.7 发生对外理赔或索赔时，乙方应及时书面委托甲方处理，向甲方提供有效证据及预支有关费用(包括出国费用、律师费、仲裁或诉讼费等)，并承担理赔、索赔后果及因乙方不作为(包括不委托、不付款等)导致的一切后果。

6.8 乙方违反本协议书时，应偿付甲方代垫的费用及利息，支付代理手续费及售货确认书总价<u>　10%　</u>的违约金，并承担甲方因此对外承担的责任。

七、因不可抗力事件导致本协议书不能部分或全部履行，当事方必须在事发一周内通知对方，并在<u>　30　</u>天内向对方送交有关机构的书面证明，及时协商处理未尽事宜，逾期视作违约。

八、双方在执行本协议书过程中如遇争议，应协商解决，如协商无效，任何一方都可向中国国际经济贸易仲裁委员会上海分会仲裁，或甲方所在地人民法院起诉。

九、本协议书正本一式两份，经双方签字盖章后生效。

上海进出公司 合同专用章	上海工具制造有限公司 合同专用章
甲方(盖章)：卢珍	乙方(盖章)：李 江
日期：2014 年 6 月 8 日	日期：2014 年 6 月 8 日
地点：上海	地点：上海

知识连接 **委托合同与代理合同的区别**

委托合同是指委托人和受托人约定，由受托人处理委托人事务的合同。其与代理合同的主要区别是：

1. 代理行为不包括事实行为，而作为受托人受托处理或管理的行为，则包括法律行为和事实行为，如保管合同中，受托人保管他人货物。

2. 代理的法律效果存在于被代理人和第三人之间，而委托合同关系则存在于受托人和委托人之间。

3. 代理基于授予代理权的单方行为，而委托则是基于委托合同。

六、国际货物运输代理

国际货运代理企业作为代理人从事国际货运代理业务，是接受进出口货物收货人、发货人、承运人或其代理人的委托，以委托人的名义或以自己名义办理有关业务，收取代理费或佣金的行为。在国际货物运输中，委托方通常全权委托国际货运代理企业选择承运人、运输方式和路线，争取优惠运价，代货主办理进出口货物的订舱、交接、监装、转运、报检、报关、仓储和投保等服务。在这种情况下，国际货运代理公司对于委托方所委托的事宜，有的利用自身拥有仓库、堆场、运输工具的便利条件，直接完成受托事务；有的以委托方的名义与第三人(实际承运人)订立合同来完成；有的则是以自己的名义与第三人(实际承运人)订立合同来完成。因此，国际货运代理公司是具有代理人、独立经营人(仓储保管人、实际承运人或场站经营人)多重身份的混合经营人，其法律地位也会相应变动。

1. 国际货运代理企业作为委托人的代理人

国际货运代理业务中的委托人可以是出口货物的发货人，也可是进口货物的收货人。国际货运代理企业在代理权限内，以委托人的名义与第三人实施民事法律行为时，在履行代理业务的过程中对第三人产生的责任应由委托人负责。

在国际货物运输实践中，有些国际货运代理企业在接受货运委托后，通常会以自己的名义选定其他货运公司实施本应由其自己完成的全部或部分代理事宜。我国《合同法》规定：受托人以自己的名义，在委托人的授权范围内与第三人订立合同，第三人在订立合同时知道受托人与委托人的代理关系的，该合同直接约束委托人和第三人。如实际承运人在订立合同时知道货主和国际货运代理企业之间代理关系的，国际货运代理企业将不承担合同项下的责任；如实际承运人不知道货主和国际货运代理企业之间代理关系的，国际货运代理企业因承运人的原因对货主不履行义务，国际货运代理企业应当向货主披露承运人，货主因此可行使国际货运代理企业对承运人的权利。

议题十五

香港船务公司委托广州外轮代理公司全权代理该公司在广州地区接受托运、签发提单、计收运费等业务。广州进出口公司委托广州外轮代理公司出运两个货柜至东京。由于香港船务公司安排货船工作有误，不能按时装运，广州进出口公司获知承运人后要求其履行义务。请分析，广州进出口公司的要求合理吗？为什么？

2. 国际货运代理企业作为第三人的代理人

国际货运代理业务中的第三人是出口货物和进口货物的实际承运人。国际货物运输代理企业作为出口货物承运人的代理人，其业务内容通常包括：承揽货物、组织货载，接受托运人的订舱要求，签订运输合同；协助承运人装船、中转及报关事项；向托运人签发提单，收取运费；向目的地港口承运人代理传递运输信息。国际货物运输代理企业作为进口货物承运人的代理人，其业务内容通常有：审核进口货物运输单据，通知收货人提货；办理货物进口申报手续；协助港口安排卸货作业、货物的转运、交接；收取运费、杂费及其他相关费用。

议题十六

香港船务公司委托广州外轮代理公司全权代理该公司在广州地区的货运业务，双方为此签订了代理业务合同。根据合同的规定：广州外轮代理公司接受托运、签发提单、计收运费、代办报关并收取手续费和代理费等业务。香港船务公司安排货船，负责一切装船现场业务，提供出口货箱资料，并支付代理费。请分析，就该合同内容看，广州外轮代理公司是以何名义对外从事代理业务，为什么？

3. 国际货运代理企业作为代理人的权利和义务

国际货运代理企业应根据我国《民法通则》、《合同法》有关委托代理的规定和《中华人民共和国国际货物运输代理业管理规定》、《国际货物运输代理业管理规定实施细则》及其他法规、规章行使权利，履行义务。

(1)国际货运代理作为代理人的权利

具体内容包括:以委托人名义处理委托事务的权利,在委托人授权范围内自主处理委托事务的权利,要求委托人提交待运货物和相关运输单证、文件资料的权利,要求委托人预付、偿还处理委托事务费用的权利,要求委托人支付服务报酬的权利,要求委托人承担代理行为后果的权利,要求委托人赔偿损失的权利,解除委托代理合同的权利。

(2)国际货运代理作为代理人的义务

具体内容包括:按照委托人的指示处理委托事务的义务,亲自处理委托人委托事务的义务,按照诚实信用原则办理委托事务的义务,向委托人报告委托事务处理情况的义务,披露委托人、第三人的义务,向委托人转交财产的义务,继续处理委托事务的义务,协助、保密义务。

议题十七

宁波贸易公司委托伟士国际货运公司出运 5 000 套两轮铝滑板,为此双方签订了一份协议书。其约定:收货人为威廉公司,凭威廉背书的航空货运单提货;若以其他方式将货物提走,由伟士国际货运公司承担赔偿责任。然后,货物到达阿姆斯特丹后,未交付给收货人威廉公司。为此,宁波贸易公司向海事法院起诉,要求伟士国际货运公司赔偿。请分析,宁波贸易公司的要求合理吗,为什么?

4. 货运订舱委托书

货运订舱委托书是货主委托国际货运代理企业办理订舱的委托协议书,也是向承运人办理订舱的依据。货运订舱委托书无统一格式,各国际货运代理企业制作的内容大致相同,主要有经营单位、发货人、收货人、通知人、运费、毛重和尺码等内容。

货运订舱委托书见样例 4—5。

样例 4—5

货运订舱委托书

<table>
<tr><td colspan="2">经营单位
(托运人)</td><td colspan="4">方正进出口贸易公司</td><td>编　号</td><td colspan="2">JF0388811</td></tr>
<tr><td rowspan="3">提单项目要求</td><td colspan="8">发 货 人：方正进出口贸易公司
Shipper：</td></tr>
<tr><td colspan="8">收 货 人：TO ORDER OF SHIPPER
Consignee：</td></tr>
<tr><td colspan="8">通 知 人：TKAMLA CORPORATION
Notify Party：6—7,KAWARA MACH OSAKA JAPAN</td></tr>
<tr><td colspan="2">海洋运费(√)
Sea freight</td><td colspan="2">预付(√)或(　)到付
Prepaid or Collect</td><td>提单份数</td><td>3</td><td>提单寄送地　址</td><td colspan="2">上海中山路 1321 号</td></tr>
<tr><td>起运港</td><td>SHANGHAI</td><td>目的港</td><td>OSAKA</td><td>可否转船</td><td>不允许</td><td>可否分批</td><td colspan="2">不允许</td></tr>
<tr><td colspan="3">集装箱预配数</td><td colspan="2">20’×40’×1</td><td>装运期限</td><td>2014.6.25</td><td>有效期限</td><td>14.6.30</td></tr>
<tr><td colspan="2">标记唛码</td><td>包装件数</td><td colspan="2">中英文货号
Description of goods</td><td>毛重
(千克)</td><td>尺码
(立方米)</td><td colspan="2">成交条件
(总价)</td></tr>
<tr><td colspan="2">T.C
TXT264
OSAKA
C/NO. 1—300</td><td>300 箱</td><td colspan="2">100% COTTON
COLOUR WEAVE
T-SHIRT
全棉色织 T 恤衫</td><td>3 300</td><td>66</td><td colspan="2">USD 60 000.00</td></tr>
<tr><td colspan="2" rowspan="2">内装箱(CFS)
地址</td><td colspan="3" rowspan="2">上海逸仙路 2960 号三号门
电话：6820682×215</td><td rowspan="2">特种货物
□冷藏货
□危险品</td><td colspan="3">重件：每件重量</td></tr>
<tr><td colspan="2">大　　件
(长×宽×高)</td><td></td></tr>
<tr><td colspan="3" rowspan="2">门对门装箱地址</td><td colspan="2" rowspan="2">上海市中山路 1321 号</td><td colspan="4">特种集装箱：(　　　　　　)</td></tr>
<tr><td colspan="2">物资备妥日期</td><td colspan="2">2014 年 6 月 16 日</td></tr>
<tr><td colspan="3">外币结算账号</td><td colspan="2">THY6684321337</td><td colspan="4">物资进栈：自送(　　)或派送(√)</td></tr>
<tr><td colspan="5" rowspan="7">声明事项</td><td colspan="2">人民币结算单位账号</td><td colspan="2">SZR80066686</td></tr>
<tr><td colspan="2">托运人签章</td><td colspan="2" rowspan="3">FANGZHENG IMPORT & EXPORT TRADE CORPORATION
方正进出口贸易公司
65788877
65788876</td></tr>
<tr><td colspan="2">电话</td></tr>
<tr><td colspan="2">传真</td></tr>
<tr><td colspan="2">联系人</td><td colspan="2">方正</td></tr>
<tr><td colspan="2">地址</td><td colspan="2">上海市中山路 1321 号</td></tr>
<tr><td colspan="4">制单日期：2014 年 6 月 11 日</td></tr>
</table>

国际航空出口货运代理协议见样例4—6。

样例4—6

国际航空出口货运代理协议

合同编号：

签订日期：

甲方：

乙方：

双方就国际航空出口货运代理运输事宜，在上海签订如下协议：

一、乙方接受甲方的委托，代为办理国际航空货物出口运输事务。乙方将作为甲方的代理人向航空公司订舱，并将承运人的"航空货运"单递交给甲方，或作为承运人的代理人签发"航空货运单"。

根据甲方要求，乙方将作为其代理人（无论乙方届时以何方名义），代为安排上门提货、办理相关的海关报关及进出口商品检验检疫等事务。

二、甲方将就每票货物的出运以书面形式（含电报、电传、电子邮件及其他电子方式等）向乙方提交"国际航空货物出口运输代理委托书"（简称"委托书"），并加盖有效印鉴。甲方未提交有效委托书的，不影响委托的成立。

三、甲方保证所提供文件的真实性、完整性、有效性和合法性。

四、甲方将货物交付乙方及其代理人或实际承运人，或接受乙方签发或递交的相应"航空货运单"的，认为甲方已向乙方发出相应委托，双方已按"航空货运单"的内容（运杂费用除外）确立了货运代理合同关系。

五、甲方要求变更或撤销委托事项的，应采用书面形式并得到乙方认可，甲方应承担相应的费用及因此对乙方造成的损失。

六、甲方将根据乙方的要求将货物送至乙方仓库或指定的地点，或通知乙方安排上门提货。甲方提交的货物表面状况不良的，乙方可以不予接收和付运。甲方将承担因货物不能付运对乙方造成的损失。

七、甲方对于单证操作方面的任何更正和特殊要求，应以书面形式通知乙方，并得到乙方认可。

八、甲方不应在托运货物中夹带易燃、易爆等物品及禁止出口的物品，乙方不受理危险品（包括不明化学性质的化学物品）、贵重物品、尸体、骨灰、活动物等的运输，对于其他有特殊要求货物的运输，按照航空公司的规定办理。

九、对于乙方签发或递交的"航空货运单"中载明的托运人并非甲方而实际由甲方委托的运输，甲方保证其具有代理上述托运人委托该项运输的合法有效的代理权。

对于甲方委托的运输，无论乙方签发或递交的"航空货运单"中载明的托运人是否是甲方，甲方都将承担托运人的责任。

十、除双方另有确认外,双方对有关事项(运杂费用除外)的最终确认结果以“航空货运单”中载明的内容为准。

十一、运杂费用的标准,除另有约定外,以附件为准。

十二、双方可以通过传真等形式就单票运输对运杂费用等另作约定。甲方已将货物交付乙方或实际承运人,或接受乙方签发或递交的“航空货运单”的,认为甲方接受了乙方此前的报价。

十三、甲方认可乙方有权按双方约定的费用标准向其收取运费和其他相关费用,而无论乙方是否已就该票运输向承运人支付运费及相关费用。

其他实际发生的费用,乙方将向甲方按实收取。

每票运输中,双方确认的费用标准与乙方实际向外支付的款项间的差额部分,作为乙方办理该票运输的利润或代理费。

十四、对于“运费到付”的运输,如收货人届时不付运费的,甲方将承担该批货物的运杂费用和处置费用。

十五、如以外汇结算,应以乙方开具发票日当月第壹个工作日国家公布外汇牌价的该币种与人民币汇率的中间价作为结算汇率。

十六、甲方将在相关“航空货运单”签发之日起 30 天内将相应款项支付给乙方。甲方逾期付款的,将按每天仟分之叁的比例向乙方支付逾期付款违约金。

十七、发生索赔的,甲方应及时通知乙方,由乙方代理或协助甲方向实际承运人提起。与本协议有关的所有索赔应按《民用航空法》的规定处理。

任何索赔应单独处理,任何一方不应采取拒付、拖欠或抵扣运杂费等方式解决。

十八、由于航空公司、机场原因造成货物的不正常运输,包括航班延误、航班取消、临时拉下、中转站拉卸、错卸、漏装、有单无货或有货无单,乙方不予负责,但应敦促航空公司采取相应补救措施 。

十九、甲方已完全理解乙方提供的“航空货运单”及所附说明、声明等全部内容。

二十、与本协议有关的诉讼,应向空运出口始发机场所在地的法院提起。

二十一、本协议一式两份,具有同等法律效力,自双方盖章之日起生效,有效期至　　年　　月　　日止,到期双方如无异议,则本协议自动延续一年,如任何一方对协议有异议,则需提前通知对方,届时变更或修改协议。

甲方付款美金账号：　　　　　　　　乙方收款美金账号：

甲方付款人民币账号：　　　　　　　乙方收款人民币账号：

甲方授权使用的订舱章(样章)业务章

甲方公章　　　　　　　　　　　　　乙方公章

甲方法人代表签字：　　　　　　　　乙方法人代表签字：

年　　月　　日　　　　　　　　　　年　　月　　日

国际铁路联运出口代理委托书见样例 4－7。

样例 4－7

上海市洪翔国际货代有限公司

SHANGHAI HONGXIANG CARGO EXPRESS INC.

TEL：021－66761009 FAX：021－66761008 Http：/www.hx.com.cn

国际铁路联运出口代理委托书

委托日期：　　年　　月　　日　　　　　　　　　　　　　　　　合同号：

<table>
<tr><td colspan="5">发货人：</td><td colspan="2">需在运单发货栏显示
（请在方框内选择打勾）
□发货人　□委托人</td></tr>
<tr><td>收货人：</td><td colspan="6"></td></tr>
<tr><td colspan="2">始发站：</td><td colspan="2">通过的国境站：</td><td colspan="3">到站及代码：</td></tr>
<tr><td>唛头标记</td><td>货名</td><td>包装</td><td>件数</td><td>体积</td><td>毛重</td><td>净重</td></tr>
<tr><td colspan="7"></td></tr>
<tr><td colspan="3">商品编码：</td><td colspan="2">柜型柜量：</td><td colspan="2">装柜时间：</td></tr>
<tr><td colspan="3">报关方式：口岸报关　□
起运地报关　□</td><td colspan="2">报关单证：客户提供　□
HONG 提供　□</td><td colspan="2">商检：是□
否　□</td></tr>
<tr><td colspan="2">可否分批装运：</td><td colspan="2">结汇方式：</td><td>信用证号：</td><td colspan="2">装运期限：</td></tr>
<tr><td>装柜地址及联系方式</td><td colspan="4"></td><td colspan="2">费用清单
1. 全程运费：
2. 拖车费：
3. 报关费：
4. 保价费：
5. 其他费用：</td></tr>
<tr><td>备注</td><td colspan="4">1. 发货人保证本委托书的内容属实，保证单证货物相符。
2. 发货人保证遵守国家法律法规和行政规章。如果由于发货人的行为造成被委托人被处罚，则一切责任均由发货人承担。
3. 变更本委托书的任何有关内容，必须由发货人书面通知被委托人，否则被委托人仍按原委托书履行。
4. 对危险物品，超大、超重货物，发货人应向被委托人特别说明。
5. 装柜要求：货物重量不能超过 21.5 吨/20’，24.5 吨/40’，重心务必居中，绝对不能偏载。
6. 始发站报关需要提供铁路运单正本、装箱清单、购销合同、相关商检及熏蒸资料，故提前准备。
7. 发车前发货人必须付清所有费用，发车后三天内发货人提供随车清关文件扫描件给我司操作。</td><td colspan="2">委托人签名及盖章</td></tr>
</table>

七、国际货物运输保险代理

1. 国际货物运输保险代理的类型

国际货物运输保险代理通常有以下三种形式：

(1)保险人的代理

保险代理人是指根据保险人的委托、在保险人授权的范围内办理保险业务的单位和个人。保险代理人主要是代表保险人的利益，以保险人的名义开展保险业务活动，为保险人进行保险宣传，办理投保及理赔手续。保险代理人与保险人之间是代理和被代理的关系，其在授权范围内的行为法律后果，均由保险人承担。

(2)被保险人的代理

被保险代理人是指代为被保险人办理投保业务手续、向被保险人收取手续费的单位和个人。

(3)保险公估人

保险公估人是专门提供保险业务的咨询、风险管理、价值评估、损失鉴定等专业性服务，以帮助达成保险业务、辅助保险合同的履行，是保险市场的重要组成部分。

保险代理人、保险经纪人、保险公估人是保险中介的三大主要形式，已成为世界各国保险企业开发保险业务的主要形式和途径之一，并在保险市场上发挥着巨大的作用。根据我国《保险法》和《保险代理人管理规定(试行)》，从事保险代理业务必须持有国家保险监管机关颁发的“保险代理人资格证书”，并与保险公司签订代理合同，获得保险代理人展业证书后，方可从事保险代理活动。国家对上述三类不同的保险代理人都分别规定了其各自应具备的条件。

议题十八

江苏贸易公司向东京出运一批食品，委托江苏大凡货运代理公司全权代理订舱、出口报检、报关和保险，由其签发提单，计收运费、保险费和代理费。请分析，这是保险代理，还是货运代理呢，为什么？

2. 国际货物运输保险代理人的行为规范

保险代理人只能为经保险监管机关批准设立的保险公司代理保险业务，不得有下列行为：(1)擅自变更保险条款，提高或降低保险费率；(2)串通投保人、被保险人欺骗保险公司；(3)代理再保险业务；(4)以代理人名义签发保险单；

(5)挪用或侵占保险费;(6)向投保人收取保险费以外的额外费用,如咨询费等;(7)兼做保险经纪业务。

思考与检测

一、单项选择题

1. 各国法律对代理人的义务都作了原则性规定,以下不属于此种规定的是(　　)。

A. 勤勉地履行其代理职责　　B. 对被代理人诚信、忠实

C. 对被代理人的商业秘密予以保密　　D. 向被代理人予以赔偿

2. 如果代理人因为执行被代理人指示的代理范围之外的事务而支出的费用,其由(　　),则有权要求予以赔偿。

A. 被代理人偿付　　B. 代理人负责

C. 相关人负责　　D. 法院认定

3. 代理的内部关系中的一项基本原则是(　　)。

A. 代理人经许可无权委托他人代理

B. 代理人未经许可无权委托他人代理

C. 被代理人未经许可无权代理

D. 被代理人经许可委托他人代理

4. 代理人在代理授权的范围内以被代理人的名义与第三人从事法律行为的是(　　)。

A. 商务代理　　B. 总代理

C. 间接代理　　D. 直接代理

5. 代理人在与第三人订立合同时公开被代理人的姓名,是(　　)

A. 商务代理　　B. 显名代理

C. 间接代理　　D. 直接代理

6. 以本人名义作意思表示或接受意思表示的代理称为(　　)。

A. 一般代理　　B. 特殊代理

C. 显名代理　　D. 隐名代理

7. 在代理合同中的受托人又称(　　)。

A. 代理人　　B. 第三人

C. 委托人　　D. 相对人

8. 在被代理人身份不公开的代理中,被代理人享有(　　)重要权利。

A. 选择权　　B. 代理权

C. 抵消权　　D. 介入权

9. 委托人经受托人同意可参加对外谈判,如自行就合同条款对外作任何形式的承诺则(　　)。

A. 无效　　B. 有效
C. 抵消权　　D. 介入权

10. 一般代理是在同一地区和期限内委托人可同时委派几个代理人代表委托人行为，其又称(　　)。

A. 显名代理　　B. 隐名代理
C. 佣金代理　　D. 间接代理

二、多项选择题

1. 我国《民法通则》规定，以下不属于代理人予以赔偿的情形是(　　)。
A. 不履行勤勉义务使被代理人受损
B. 代理人疏于代理事务致使被代理人受损
C. 履行勤勉义务使被代理人受损
D. 以上都不是

2. 无权代理的主要情形是(　　)。
A. 未经授权的代理　　B. 超越代理权的代理
C. 代理权终止后的代理　　D. 授权行为无效的代理

3. 表见代理本质上是一种无权代理，其构成的要件是(　　)。
A. 第三人所为的行为善意且无过失
B. 第三人有理由相信代理权存在的客观事实
C. 代理权终止后履行勤勉义务代理
D. 超越代理权的代理

4. 根据相关法律规定的终止代理关系情形是(　　)。
A. 被代理人死亡　　B. 被代理人破产或丧失行为能力
C. 代理人死亡　　D. 代理人破产或丧失行为能力

5. 下列属于外贸代理形式的是(　　)。
A. 生产企业间代理
B. 有外贸经营权企业间代理
C. 有限公司间代理
D. 有外贸经营权与无外贸经营权企业间代理

6. 国际货运代理公司是具有(　　)多重身份的混合经营人。
A. 代理人　　B. 仓储保管人
C. 实际承运人　　D. 场站经营人

7. 保险代理人是根据保险人的委托，在保险人授权的范围内办理保险业务的(　　)。
A. 单位　　B. 个人
C. 无限公司　　D. 以上都是

8. 开发保险中介业务的主要形式是(　　)。
A. 保险代理人　　B. 保险公估人

C. 保险经纪人 D. 被保险人

9. 在代理合同中，主要涉及的当事人有( )。

A. 第三人 B. 委托人

C. 实际承运人 D. 受托人

10. 在代理合同中的委托人又称( )。

A. 本人 B. 被代理人

C. 代理人 D. 第三人

三、判断题

1. 代理人以自己的名义为被代理人的利益而与第三人所产生的法律行为，其称为直接代理。 ( )

2. 代理人在与第三人签订合同时，不表明自己的代理身份并以自己的名义与其签约，其称为未披露代理。 ( )

3. 代理制度的主要作用是补充和扩张了民事主体的行为能力，使当事人意思自治得以充分实现。 ( )

4. 国际货运代理业务中的委托人必须是出口货物的发货人。 ( )

5. 国际货运代理企业在接受货运委托后，通常会以自己的名义选定其他货运公司实施本应由其自己完成的全部或部分代理事宜。 ( )

6. 代理合同中第三人也称受托人。 ( )。

7. 对于出口商品的销售货款，委托人收取人民币还是外汇，由委托人与受托人在委托协议中协商确定。 ( )

8. 委托人因不可抗力事件不能履行委托协议时，应及时通知受托人并在合理期间内提供有关机构出具的证明，以便受托人与外商交涉，免除受托人对外商的责任。 ( )

四、案例题

1. 上海贸易公司接受江苏电力公司的委托进口电缆200吨，总价款300万美元。约定代理协议签订后7天内支付货款的30%，其余在收到货物后付清，并收取合同总价款的1%作为代理费。货到目的港，上海贸易公司委托货代公司报关。海关经查验后发现，进口货物为废铁，非合同货物，不予放行。对此，上海贸易公司以外商失踪为由，同意将相关费用全额退给江苏电力公司，不收取代理费。江苏电力公司不予以接受，即向人民法院提起诉讼，请求退还已经支付的货款，中止代理费的收取，并承担由此造成的损失。请分析，应如何处理?

2. 上海进出口贸易公司是一家专业进出口贸易公司，上海工具制造有限公司未拥有出口贸易权，便委托上海进出口贸易公司代理手工工具系列产品的出口业务。为此，双方签订了委托代理出口协议书，作为双方各自履行合同义务的依据。请分析，这是代理人以自己的名义，还是以被代理人名义对外签订出口合同呢，为什么?

3. 彼得公司原是浙江玩具集体公司在俄国的独家代理商，去年终止代理协议。由于该玩具在该地热销，彼得公司从中国其他玩具公司进口这种玩具，并以浙江玩具集体公司独家代理商名义对一些不知详情的老客户进行批发。由于玩具质量有瑕疵，遭之投诉。请分析，彼得公司对代理关系终止后的行为应承担哪些法律责任，为什么？

五、简答题

1. 代理合同一般有哪些主要内容？
2. 简述国际货运代理企业作为第三人代理的业务。
3. 简述外贸代理委托人的权利与义务。

第五章 国际商务中的货物运输法律关系

——国际货物运输法

学习目标

- 国际海上货物运输合同托运人与承运人的权利与义务
- 提单中承运人与托运人的权利与义务
- 租船合同的形式及主要内容
- 国际海上货物运输的索赔与诉讼时效
- 国际航空货物运输合同的内容
- 国际铁路货物联运合同及主要内容

国际货物买卖必然涉及到货物的运输，国际货物运输是国际商务活动中的一个重要环节，其主要有国际海上运输、国际航空运输、国际铁路运输和国际多式联运等形式，其中以海上货物运输为主。国际货物运输法是调整国际货物运输的法律规范的总称，包括国内法和国际公约，主要有《海牙规则》、《中华人民共和国海商法》、《中华人民共和国民用航空法》、《统一国际航空运输某些规则的公约》和《国际铁路货物联合运输的国际公约》等。

第一节 国际海上货物运输的法律关系

国际海上货物运输是指由承运人将货物从一国港口运至另一国港口并由货方支付运费的运输。在实际业务中，国际海上货物运输有班轮运输和租船运输两种形式，调整国际海上货物运输的法律，主要是《海牙规则》、《维比斯规则》、《汉堡规则》、《海商法》等国际公约和各国海商法。

案例导入

江苏食品贸易公司与美国卡尔公司签订了小麦购货合同，采用 FOB 旧金山，由香港东昌船运有限公司经营的“宏大”轮承运。美商按合同规定的时间将小麦交付指定地点，并装上“宏大”轮。该轮在驶向中国目的港的航线上遇到了大风浪，在目的港经船检与商检部门查验，查实该轮货舱舱盖严重锈蚀并有裂缝，舱盖板水密橡胶衬垫老化脱开及通风筒损坏，导致舱盖边缘、舱盖板接缝下以及通风筒下的小麦发霉变质。

根据国际海上货物运输法的规定，请思考下列问题：

1. 国际海上货物运输合同中承运人的权利与义务如何？
2. 国际海上货物运输合同中托运人的权利与义务何在？
3. 航次租船合同、定期租船合同和光船租船合同有哪些主要内容？
4. 国际海上货物运输的索赔时效与诉讼时效有哪些具体规定？
5. 调整国际海上货物运输的法律有哪些，其各自的特点如何？
6. 我国《海商法》对承运人的责任和免责事项有哪些具体规定？

一、国际海上货物运输合同

1. 国际海上货物运输合同的签订

在班轮运输中，国际海上货物运输合同的签订程序是，先由托运人向船公司或其代理人提出货运要求，填写托运单（要约），经船公司或其代理人核定并接受该票货物的运输，即在托运单上给出提单号，再予以签章确认（承诺），国际海上货物运输合同即告成立。由于班轮运输是通过签发提单来确定承运人与托运人之间的法律关系，因此提单是国际海上货物运输合同的证明。应当注意的是，提单是确定承运人与托运人权利与义务的依据，只是国际海上运输合同的证明，而非合同本身。而对于提单的受让人而言，因其没有参加运输合同的缔结，也就不知托运人与承运人之间在订舱时的约定，对运输合同的内容只能依据提单上的记载。因此，在承运人与提单的受让人之间，提单不仅是运输合同的证明，本身还是一份运输合同。

议题一

江苏食品贸易公司与美国卡尔公司签订了小麦购货合同，采用FOB旧金山。美国卡尔公司按合同规定的时间将小麦交付指定地并由“宏大”轮装船，装船后由香港东昌船运有限公司签发提单。请分析，该笔货物的运输合同成立了吗？为什么？

2. 国际海上货物运输合同中承运人的权利与义务

承运人的权利与义务主要内容如下：

(1)享有批注权

承运人或代理人可在提单上批注，如注明提单的记载与实际不符等内容。

(2)享有运费收取、货物留置和拍卖请求权

承运人可向托运人收取运费和垫付的其他费用。如果托运人未在规定的时间内支付，承运人可在合理的限度内留置该货物；如果该货至目的地港起满60日无人提取，承运人可向法院申请拍卖。

(3)享有危险货物销毁权

托运人没有告知危险货物的预防措施或通知有误时，承运人可根据实际情况在任何时间与地点将危险货物卸下并予以销毁，防止其产生危害。由此而产生的费用或损失，须由托运人承担。

(4)享有邻近港口卸载权

因不可抗力或其他不能归责于承运人和托运人的原因，致使船舶不能在合同约定的目的港卸货的，除合同另有约定外，船长有权将货物在目的港邻近的安全港口或地点卸载，并及时通知当事人，则视为已经履行合同。

(5)提供适航的船舶

承运人应恪尽职守使船舶处于适航状态，装备船舶，妥善配备船员和其他必需的供应品，保证船舶按照指定的航线运载货物。

(6)管理和安全运载货物

承运人应在整个航行中妥善谨慎地装载、搬移、积载、运输、保管、照料和卸载所运货物，否则对其造成的损失承担赔偿责任。

(7)签发提单和交付货物

承运人在货物装船后应签发提单，并在约定的时间交付货物。如延迟交货致使收货人遭受损失，应承担赔偿责任。

(8)行驶合理的航线

承运人应按照约定的航线行驶，因救助人命或财产而绕航则除外。

议题二

江苏食品贸易公司从美国卡尔公司进口的小麦由香港东昌船运有限公司经营的“宏大”轮承运。该轮在驶向中国目的港的航线上遇到了大风浪，在目的港经船检与商检部门对“宏大”轮的货舱及货物进行检验，查实该轮货舱舱盖严重锈蚀并有裂缝，舱盖板水密橡胶衬垫老化脱开及通风筒损坏，导致舱盖边缘、舱盖板接缝下以及通风筒下的小麦发霉变质。请分析，承运人是否按规定履行了义务，为什么？

3. 国际海上货物运输合同中托运人的权利与义务

托运人的权利与义务主要内容如下：

(1)及时交付完好的货物

如果托运人不能按约定的时间交付货物，由此产生的空舱费由托运人承担。

(2)提供必要的单证

托运人必须及时向承运人提供完整正确的有关单证，如果不能及时提供或单证不全或内容有误，致使承运人的利益受到损害，由托运人承担赔偿责任。

(3)按照约定支付运费

在 CFR 和 CIF 条件下，托运人(出口商)应按照约定支付运费；在 FOB 条件下，由约定的收货人(进口商)支付。

(4)获取提单权

托运人将出运货物交付承运人后，有权要求承运人或其代理人签发提单，以证明货物已经在承运人的控制下。

(5)享有索赔权

托运人或收货人在货物到达目的港时，发现货物遭到损坏或灭失，有权要求承运人进行赔偿。

议题三

江苏食品贸易公司从美国卡尔公司进口的小麦由“宏大”轮承运，该轮在驶向中国目的港的航线上遇到了大风浪，在目的港经船检与商检部门对“宏大”轮的货舱及货物进行检验，查实该轮货舱舱盖严重锈蚀并有裂缝，舱盖板水密橡胶衬垫老化脱开及通风筒损坏，导致舱盖边缘、舱盖板接缝下以及通风筒下的小麦发霉变质。请分析，托运人按规定可享有哪种权利，为什么？

4. 提单中承运人和托运人的权利与义务

提单分正反两面，提单正面是提单记载的事项及一些声明性的条款，提单的背面为承运人和托运人的权利与义务。其主要条款及内容如下：

(1)承运人责任条款

本条款规定了承运人在货物运送中应负的责任和免责事项。

(2)责任期间条款

本条款列明了承运人对货物运输承担责任的起止时间，一般为从货物装上船舶之时起到卸离船舶之时为止。承运人对于货物在装船之前和卸离船舶之后发生的灭失或损坏，不负赔偿责任。

(3)装货、卸货与交货条款

本条款是指对托运人在装货港提供货物以及收货人在卸货港提取货物的义务所作的规定。

(4)赔偿责任限额条款

本条款规定了在货物灭失或损失时，承运人对其进行赔偿的最高金额。

(5)留置权条款

本条款规定了承运人当未收到托运人、收货人应支付的运费和其他款项，以及应分摊的共同海损时，可对该货物及其单证行使留置权，并有权出卖或者以其他方式处置货物。

(6)危险货物条款

本条款规定了托运人对危险品的性质必须正确申报并标明危险品标志和标签。托运人如事先未将危险货物的性质以书面形式告知承运人，并未在货物包装外表按有关法规予以标明，则不得装运。

(7)转运、换船、联运与转船条款

本条款规定了如有需要，承运人为了完成货物运输可以任意采取一切合理措施，任意改变航线，改变港口或将货物交由承运人自有的或属于他人的船舶，或经铁路或以其他运输工具直接或间接地运往目的港，或运到目的港以转船、收运、卸岸、在岸上或水面上储存以及重新装船运送，以上费用均由承运人负担，但风险则由货方承担。

(8)共同海损条款

本条款规定了当船舶因船长、船员或引航员的过失发生事故而采取救助措施时，即使救助船与被救助船同属一个船舶公司的，被救助船仍需支付救助报酬。该救助报酬作为共同海损费用，由受益各方分摊。同时，还规定了共同海损理算地点与理算依据的规则。

二、租船运输合同

1. 租船合同的签订

租船合同是指船舶出租人按一定的条件将船舶的全部或部分出租给承运人进行货物运输的合同。为了加快租船合同的签约进程和节省相关费用，在国际航运市场上，一些航运垄断集团、大船公司或货主垄断组织，先后编制了供租船双方选用、作为洽商合同条款基础的租船合同。租船合同的种类很多，主要有航次租船合同、定期租船合同和光船租船合同。

2. 租船合同的形式

(1)航次租船合同

航次租船合同又称航程租船合同，是指航次出租人向承租人提供船舶或者船舶的部分舱位以装运约定的货物，由承租人支付约定的运费的合同。其具有的特征是：出租人保留船舶的所有权和占有权；出租人负责船舶经营管理；出租人雇用船长和船员，并承担船员工资、港口使用费、船用燃料、港口代理费等费用；承租人除依合同规定负担装卸费等费用外，不直接参与船舶的经营。

议题四

韩国新晟会社与中国有色公司签订一份航次租船合同。合同约定：新晟会社为出租人，有色公司为承租人；运输货物重量约5 000公吨，货物为散装硫铁矿；装运港为中国黄埔港，卸货港为韩国蔚山港，船名“永安”(韩籍)，其载重量为5 519吨，2 个货舱。该轮抵黄埔港后装货完毕，共装载硫铁矿4 498公吨。新晟会社的船务代理人广东船务公司向有色公司签发了提单。请分析，该航次租船合同条款是否完备，为什么？

(2)定期租船合同

定期租船合同是指船舶出租人向承租人提供约定的、由出租人配备船员的船舶，承租人在约定的期限内，按照约定用途使用并支付租金的合同。

定期租船合同与航次租合同的区别主要表现为：①运营成本方面。定期租船合同中有关于燃油消耗量、航速的规定，其由租船人负责；航次租船合同中由船方负担航次成本，故无此规定。②装卸时间方面。定期租船合同是以约定时间为单位，故合同中无“速遣”与“滞期”的约定，只有“停租”的规定；航次租船合同中的装卸时间是由船方负责，因此航次租船合同中有关于速遣费和滞期费的规定。③经营权方面。在定期租船合同中，船舶的经营权由承租人负责；在航次租船合同中，船舶的经营权由船东负责。

议题五

广东船公司与香港船务公司签订了一份定期租船合同。合同规定：香港船务公司租用广东船公司所属“东运705”轮，租期为6个月，从船舶交付之日起计算；租方负责劳务费、燃油费、船舶港口费等；租金每月185 000港币。由于“东运705”轮来不及办理有关证书，使用“东运816”轮替代，并开往中国香港装货。香港船务公司得知后，即刻书面通知广东船公司解除租船合同。而广东船公司多次去函向香港船务公司催付租金及有关费用。请分析，香港船务公司是否必须支付租金及有关费用，为什么？

(3)光船租赁合同

光船租赁合同是指由船舶所有人提供不配备船员的光船，由租船人雇用船员在约定期限内使用船舶并支付租金的租船合同。

光船租赁合同的内容，主要包括出租人和承租人的名称、船名、船籍、船级、吨位、容积、航区、用途、租船期间、交船和还船的时间和地点以及条件、船舶检验、船舶的保养维修、租金及其支付、船舶保险、合同解除的时间和条件，以及其他有关事项。

议题六

巴拿马兴鹏船公司与深圳华新船务公司签订了一份光船租赁协议。合同规定：巴拿马兴鹏船公司的“兴业”轮出租给深圳华新船务公司，租期为从交付船舶之日起4年；每年租金均为500万美元；违约金为租金的3%。本协议签订后，深圳华新船务公司将该轮再出租给宁波船公司，巴拿马兴鹏船公司对此认为深圳华新船务公司违约，要求其支付违约金并解除租赁协议。请分析，巴拿马兴鹏船公司的要求合理吗，为什么？

三、确认违约责任

在国际货物运输的整个过程中，有着托运人、承运人、实际承运人、代理人、出租人、承租人、港口码头经营人、仓储管理人、发货人、收货人等众多关系人，其各有自己的法律责任，一旦发生违约现象，就必须在客观事实的基础上，按法律要求分清各自的责任，以维护合法利益，保证货物运输的正常进行。

1. 确认违约事实

违约事实是分清当事人各自责任的客观依据，也是索赔的必要依据。在国际货物运输中，由于当事人关系不但复杂，而且具有变动性，并且一些违约事实不易查清，故应当特别重视取得和保护客观事实证据，确定违约的责任。否则就得不到法律上的支持，无法实现自身的利益。

议题七

山东船公司接受青岛土畜产公司的订舱，装船后签发了已装船正本提单。该提单注明货物名为二氧化硫脲，船名为“鳄鱼坚强”号，起运港为青岛，卸货港为神户港，托运人为青岛土畜产公司。当“鳄鱼坚强”轮到达神户港后，日本官方检验检疫机构上船进行检查，发现25个集装箱的表面有化学污染痕迹，经鉴定，认为是由于货物装载不当引起的。请分析，货物装载不当的责任该由谁承担，为什么？

2. 保护合法权益

在确认违约责任的前提下，遭受损失的一方当事人应善于选择对自己最有利的法律法规、国际公约和惯例来保护自己的合法权益。因此，当事人必须了解有关法律法规、国际公约和惯例的适用性，并通过协商、仲裁和诉讼等途径来确保自己应有的权益。

议题八

天津制衣公司 委托马士基航运公司出运一个40英尺集装箱的服装，在天津新港装船后，由马士基公司签发提单。货物运抵目的港后，无人提取。制衣公司即电话通知马士基公司妥善保管货物，马士基公司向天津制衣公司开票，收取仓储与管理费2 330美元。数周后，天津制衣公司接到马士基公司电话，称货物被不明身份的人盗走，双方就赔偿金发生了争议。请分析，天津制衣公司应通过何种途径来确保自己的权益，为什么？

四、国际海上货物运输的索赔与诉讼时效

1. 国际海上货物运输的索赔时效

(1)《海牙规则》索赔时效的规定

收货人在提货时如发现货损，应立即向承运人提出书面索赔通知；如果灭失或损坏不明显，则在3天内提出索赔；在联合检验的情况下，无须出具索赔通知。

(2)《汉堡规则》索赔时效的规定

索赔通知应在收货后第一个工作日内提交，如延迟提出，必须承担举证责任。

(3)我国《海商法》索赔时效的规定

货物灭失或损坏的情况如不明显，可在货物交付的次日起连续7日内提出索赔；对于集装箱货物，应在交付的次日起连续15日内，应提交书面通知提出索赔。

2. 国际海上货物运输的诉讼时效

(1)《海牙规则》诉讼时效的规定

如货物遭受损失，自货物交付之日起1年内向有关法院提起诉讼；如货物灭失，自货物应交付之日起1年内向有关法院提起诉讼。

(2)《维斯比规则》诉讼时效的规定

诉讼时效为1年，经双方协商可延长时效；对第三者的追偿诉讼，可在1年的诉讼时效期满后再有3个月的宽限期。

(3)《汉堡规则》诉讼时效的规定

自承运人交付货物之日起，诉讼时效为2年；如果未交付货物，则从应交付货物的最后一日起算为2年。

(4)我国《海商法》诉讼时效的规定

自承运人交付或应交付货物之日起，诉讼时效为1年。

五、调整国际海上货物运输的法律

1.《海牙规则》)

1924年由欧美各主要航运国家在布鲁塞尔签订了《统一提单和若干法律规则的国际公约》(以下简称《海牙规则》)，于1931年6月生效。《海牙规则》是在承运人势力强大的历史背景下产生的，所以比较偏袒承运人一方，主要表现在两个方面：一是给承运人规定了最低限度的义务，二是规定承运人可以享受过失免责。该公约共有16个条款，其主要内容如下：

(1)提单的签发、内容与证据效力

根据《海牙规则》第3条第3款的规定，承运人或船长或承运人的代理人在收受货物归其照管后，经托运人的请求，应向托运人签发提单，其上载明唛头、包数或件数、货物的表面状况等各项内容。该条第4款确定，这种提单应作为承运人收到该提单中所载货物的初步证据。

(2)承运人的义务

①适航义务。根据《海牙规则》第3条第1款的规定，承运人的适航义务包含三层内容：(a)使船舶适于航行；(b)适当地配备船员、装备船舶和供应船舶；(c)使货舱、冷藏舱和该船其他载货处所能适宜和安全地收受、运送和保管货物。《海牙规则》并不要求船舶在任何时间都必须处于适航状态，仅要求在"开航前和开航时"。因为海上风险太大，船舶在航行中可能由于各种原因而变得不适航，如要求承运人在整个航程中均应适航，则使承运人所负的责任与其享受的利益产生不平衡。

②管货义务。根据《海牙规则》第3条第2款的规定，管货义务是指承运人应适当和谨慎地装卸、搬运、配载、运送、保管、照料和卸载所运货物。承运人在上述七个阶段均应做到"适当和谨慎"。"适当"是指带有技术性及业务水平，"谨慎"就是要认真。

③承运人的责任期间。根据《海牙规则》第1条第5款的理解，承运人的货物运输责任期间为从货物装上船起至卸完船为止的期间。在实践中，多将其理解为钩至钩责任。在使用岸吊的情况下，以船舷为责任期间的起止点。

④承运人的免责。根据《海牙规则》第4条第2款的规定，承运人的免责范围有：(a)船长、船员、领航员或承运人的雇用人员，在航行或管理船舶中的行为、疏忽或不履行义务；(b)火灾，但由于承运人实际过失或私谋所引起的除外；(c)海上或其他能航水域的风险、危险或意外事故；(d)天灾；(e)战争行为；(f)公敌行为；(g)君主、当权者或人民的扣留或拘禁或依法扣押；(h)检疫限制；(i)货物托运人或货主、其代理人或代表的行为或不行为；(j)不论由于何种原因引起的局部或全面的罢工、关厂、停工或限制工作；(k)暴动和骚乱；(l)救助或企图救助海上人命或财产；(m)由于货物的固有瑕疵、性质或缺陷所引起的体积或重量的损失，或任何其他灭失或损坏；(n)包装不当；(o)唛头不清或不当；(p)虽克尽适当的谨慎亦不能发现的潜在缺陷；(q)非由于承运人的实际过失或私谋，或者承运人的代理人，或雇用人员的过失或疏忽所引起的其他任何原因，但是要求引用这条免责利益的人应负责举证，证明有关的灭失或损坏既非由于承运人的实际过失或私谋，亦非承运人的代理人或雇用人员的过失或疏忽所造成。

⑤赔偿责任限额。根据《海牙规则》第4条第5款的规定，承运人或船舶在任何情况下，对货物或与货物有关的灭失或损害，每件或每计费单位超过一百英镑或与其等值的其他货币的部分，都不负责；但托运人于装货前已就该项货物的性质和价值提出声明，并已在提单中注明的，不在此限。

⑥运输合同无效条款。根据《海牙规则》第3条第8款的规定，运输合同中的任何条款、约定或协议，凡是解除承运人或船舶对由于疏忽、过失或未履行本条规定的责任和义务，因而引起货物或关于货物的灭失或损害的责任的，或以

下同于本公约的规定减轻这种责任的，则一律无效。有利于承运人的保险利益或类似的条款，应视为属于免除承运人责任的条款。这一规定表明，承运人根据《海牙规则》承担的责任和义务是最低的，享有的免责和权利是最大限度的。

⑦托运人的义务与责任。根据《海牙规则》的规定，托运人应负有的义务与责任有：(a)托运人应保证其在货物装船前，向承运人书面提供的货物标志、件数、数量和重量的正确性；(b)托运人未经承运人同意而装运属于易燃、易爆或者其他具有危险性质的货物，应对其直接或间接引起的一切损害和费用负责。

⑧索赔通知。根据《海牙规则》第 3 条第 6 款的规定，收货人在提货时应检查货物，如发现短卸或残损，应立即向承运人提出索赔。如残损不明显，则在 3 日内提出索赔通知。如在提货时或提货后 3 日内没有提出索赔通知，就是交货时货物的表面状况良好的初步证据。在联合检查的情况下，不需出具索赔通知。

⑨诉讼时效。根据《海牙规则》第 3 条第 6 款的规定，收货方对承运人或船舶提起货物灭失或损害索赔的诉讼时效为 1 年，自货物交付之日起算，在货物灭失的情况下，自货物应交付之日起算。

⑩公约的适用范围。根据《海牙规则》第 10 条的规定，本公约各项规定，适用于在任何缔约国所签发的一切提单。第 5 条规定，本规则中的各项规定不适用于租船合同，但如果提单是在船舶出租的情况下签发，便应符合本规则中的各项规定。

2.《维斯比规则》

由于《海牙规则》主要反映了航运大国的承运人利益，遭到了国际社会的质疑，要求修改该规则，于是 1968 年 2 月诞生了《关于修改统一提单和若干法律规则的公约的议定书》(简称《维斯比规则》)，并于 1977 年 6 月生效。《维斯比规则》共有 17 个条款，其主要内容如下：

(1)承运人的责任限制

《维斯比规则》在《海牙规则》的基础上，就承运人的责任限制内容作了较大的扩充和修改。其主要有两个方面：

①关于赔偿金额的计算。《维斯比规则》采用了双重责任限额制，即承运人对货物的灭失或损害责任以每件或每单元 1 万金法郎或每千克 30 金法郎为限，两者以高者计。在采用货币币种的问题上，《维斯比规则》吸收了《海牙规则》因采用了某国货币而引起贬值问题的教训，未使用某国的货币单位，而是采用了金法郎。金法郎并非法国货币单位，而是一种含金量的计算单位，其为含纯度为 900/1 000 的黄金 65.5 毫克的计算单位。

②关于拼装货的计算。根据《维斯比规则》第 2 条的规定，如果货物是用集装箱、托盘或类似的装运器具拼装时，提单中所载明的、装在这种装运器具中的

件数或单位数，应视为就本款所指的件数或单位数；除上述情况外，应视为此种装运器具即是件或单位。也就是说，如果货物是以集装箱、托盘或类似的运输工具集装的，则提单中载明的内装件数就是计算赔偿限额的件数；如提单上未注明内装件数，则以成组运输工具的件数为计算赔偿限额的件数。

(2)提单的证据效力

根据《海牙规则》第 3 条第 4 款的规定，载有货物主要标志、数量或者重量以及货物外表状态的提单，作为承运人已收到其上所载货物的初步证据。《维斯比规则》第 1 条进一步明确规定，提单对于托运人来说是初步证据，而对于善意的提单受让人来说则是最终的证据。初步证据是相对于最终证据而言的，提单的记载事项如仅仅是初步证据，承运人就可提出反证，否定提单记载的真实性。

(3)承运人的雇用人或代理人的责任限制

《海牙规则》未明确规定承运人的雇用人或代理人是否也能享受责任限制的保护。对此《维斯比规则》进行了明确的规定：①对承运人提起的货损索赔诉讼，无论是以合同为依据，还是以侵权行为为依据，均可以适用责任限制的规定；②承运人的雇用人或代理人也可以享受责任限制的保护。

(4)诉讼时效

《维斯比规则》在《海牙规则》1 年诉讼时效的基础上规定，经双方协商，可延长时效，并对第三者的追偿诉讼，在 1 年的诉讼时效期满后，再有 3 个月的宽限期。

(5)公约的适用范围

《海牙规则》仅适用于在缔约国签发的提单，《维斯比规则》将其适用范围扩大为：①提单在缔约国签发；②从一个缔约国的港口起运；③提单中列有首要条款，其为法律选择条款，即合同双方当事人合意选择适用该公约。

3.《汉堡规则》

第二次世界大战以后，发展中国家在国际事务中的作用逐渐提高，要求扩大承运人的责任，对《海牙规则》进行实质性的修改。1978 年 3 月，在联合国海上货物运输公约外交会议上通过了《联合国 1978 年海上货物运输公约》(简称《汉堡规则》)，并于 1992 年 11 月生效。《汉堡规则》共有 34 个条款，其主要内容如下：

(1)承运人的责任基础

《海牙规则》规定承运人的责任基础是不完全过失责任制，它一方面规定承运人必须对自己的过失负责，另一方面又规定了承运人对航行过失及管船过失的免责条款，因此是一种不完全的过失责任制。《汉堡规则》取消了承运人对航行过失的免责，采用了推定过失责任制，即在货损发生后，先推定承运人有过失，如承运人主张自己无过失，则必须承担举证的责任。

(2)承运人延迟交货的责任

延迟交货是指未在约定的时间内交货，或在无约定的情况下，未在合理的时间内交货。对此《海牙规则》没有规定承运人的延迟交货责任，而《汉堡规则》规定了承运人对延迟交付的赔偿责任，即以相当于该项延迟交付货物应付运费的 2.5 倍金额为限，但不超过应付运费总额。

(3)承运人的责任期间

《海牙规则》对承运人的责任期间不包括装船前和卸货后，而《汉堡规则》明确规定承运人对货物的责任期限，包括货物在装货港、运输途中和卸货港处于承运人掌握管理之下的期间。这一责任期间一般理解为"钩对钩"期间，因为承运人常常是在陆上收到货物，并在陆上仓库向收货人交货，在收受货物至装船及卸下货物至交付这两个期间中，货物都是在承运人的掌管之下。

(4)承运人的责任限额

《汉堡规则》提高了承运人的最高赔偿限额。其规定承运人对于货物的灭失或损坏的赔偿责任，以每件或每一其他装运单位的灭失或损坏货物赔偿相当于 835 结算单位或毛重每千克相当于 2.5 结算单位的金额为限，二者之中以较高者为准。如果货损是由于承运人、其雇用人或代理人故意造成的，则将丧失责任限额的权利。

(5)关于保函的效力

保函是托运人为了换取清洁提单而向承运人出具保证赔偿承运人因此而造成的损失的书面文书。《汉堡规则》第一次在一定范围里承认了保函的效力，其规定托运人为了换取清洁提单可向承运人出具保函，但保函只在托运人与承运人之间有效。这主要是考虑到出具保函可以免去许多麻烦，也是商业上的一种习惯的变通做法。

(6)货物的适用范围

《汉堡规则》将《海牙规则》排除在适用范围之外的舱面货和活牲畜列入其中。其规定：承运人依协议、惯例、法律的要求，有权在舱面装货，否则承运人应对货物装在舱面上造成的损失负赔偿责任；活牲畜的受损如是因其固有的特殊风险造成的，承运人可以免责，但承运人须证明已按托运人的特别指示办理了与货物有关的事宜。

(7)索赔通知

根据《汉堡规则》的规定，货物的灭失、损坏或延迟交付的索赔通知应在收货后的第一个工作日内提交。在损害不明显时，在收货后 15 日内提交。延迟交付的索赔通知应在收到货后连续 60 天内提交。

(8)诉讼时效

《汉堡规则》将《海牙规则》与《维斯比规则》的诉讼时效由1年修改为2年。

(9)管辖权

《海牙规则》没有关于管辖权的规定，一般依各航运公司在提单中订明的有关条款确定。这实际上是将管辖法院的选择权单方面授予了承运人，对托运人来说是不公平的。《汉堡规则》第21条对管辖作了规定，下列地点所在国法院对有关货物运输的争议有管辖权：①被告的主要营业所所在地，无主要营业所则为经常居住地；②合同订立地；③装货港或卸货港所在地；④海上运输合同中规定的其他地点。

(10)仲裁

《汉堡规则》规定，争议双方可以达成书面仲裁协议，由申请人选择在下列地点之一的所在国提请仲裁：①被告的主要营业所所在地，无主要营业所则为经常居住地；②合同订立地；③装货港或卸货港所在地；④仲裁条款或协议中规定的任何地点。

(11)公约的适用范围

《汉堡规则》规定的适用范围是：两个不同国家之间的海上运输合同；在提单或海上运输合同证明的单证中，载有适用《汉堡规则》的；在任何国内法的首要条款中，采纳该规则的；装货港或卸货港或备选卸货港属于缔约国的。《汉堡规则》不适用于租船合同，但适用于租船合同项下的提单。

4.《中华人民共和国海商法》

中国未参加《海牙规则》、《维斯比规则》和《汉堡规则》，但我国的《海商法》在有关班轮运输的法律规定上是以其体系为基础的，并吸收了有关合理的内容和国际航运界普遍采用的民间规则。其主要内容如下：

(1)承运人的责任

①适航义务。承运人在开航前和开航时，应当谨慎处理，使船舶处于适航状态，妥善配备船员、装备船舶和配备供应品，并使货舱、冷藏舱、冷气舱和其他载货处所能适宜和安全地收受、载送和保管货物。

②管货义务。承运人应当妥善地、谨慎地装卸、搬运、积载、运输、保管、照料和卸载所运货物。

③不得绕航义务。承运人应按照约定的或习惯的或地理上的航线行驶。

承运人违反上述义务而导致货物的灭失或损坏，应承担赔偿责任。

(2)承运人的免责事项

①承运人的过失免责，其包括船长、船员、领航员或承运人的其他雇用人员在船舶驾驶或管理船舶中的过失、火灾，但由于承运人本人过失除外。

②承运人的无过失免责，其包括天灾、海上危险、战争、政府或主管部门的

行为、检疫限制、司法扣押，罢工、停工，海上救助或企图救助人命或财产，托运人或货主及其代理人的行为，货物的自然属性或固有缺陷，货物的包装不良或标签欠缺、不清，经谨慎处理仍然不能发现的潜在缺陷，非由于承运人或承运人的雇员、代理人的过失造成的其他原因。

第二节 国际航空货物运输法律关系的调整

国际航空货物运输是指由航空公司或其代理人接受托运人的委托，将其货物由航空公司从一国的航空站运至另一国的航空站，并由托运人支付约定运费的运输。航空货物运输合同是指航空公司以民用航空器将货物从起运地运输到约定地点，由托运人或收货人支付约定运费的合同。航空货物运输法是调整航空货物运输关系的法律规范的总称，主要有《华沙公约》、《海牙议定书》、《蒙特利尔第四号议定书》、我国的《民航法》等国际公约与国内法。

案例导入

上海水产进出口公司向日本大川商社出口鲜活海蟹8 000千克，采用CIF大阪，并委托上海国际货运代理公司向日本航空公司办理航空运输手续。上海水产进出口公司填写了国际货物托运书，按指定的时间将鲜活海蟹送到指定的机场仓库，支付运费后获取了日本航空公司签发的航空货运单。由于大阪机场工人未及时卸货，提货时鲜活海蟹已经死去大半。为此，上海水产进出口公司向杭州国际货运代理公司与日本航空公司提出赔偿。根据国际航空货物运输公约的规定，请思考下列问题：

1. 国际航空货物运输合同中承运人的主要权利与义务有哪些？
2. 国际航空货物运输合同中托运人的主要权利与义务有哪些？
3. 国际航空货物运输合同中收货人的主要权利与义务有哪些？
4. 国际航空货物运输公约有哪些？

一、签订国际航空货物运输合同

航空货物运输合同实质是承揽运输合同，在班机运输中的签订程序是：(1)先由托运人向航空公司或其代理人提出货物的空运要求，填写国际货物托运书并加盖公章(要约)；(2)航空公司或其代理人对国际货物托运书进行评审，经核定接受该票货物的运输，并给出运单号进行订舱(承诺)，国际航空货物运输合同即告成立。

国际货物托运书见样例5－1：

样例5－1

国际货物托运书 IATA

SHIPPER'S LETTER OF INSTRUCTION REF. NO.：

<table>
<tr><td colspan="2">始发站
AIRPORT DEPARTURE</td><td colspan="5">到达站
AIRPORT OF DESTINATION</td><td colspan="3">供承运人用
FOR CARRIER ONLY</td></tr>
<tr><td colspan="7">路线及到达站 ROUTING AND DESTINATION</td><td colspan="2">航班/日期
FRIGHT/DAY</td><td>航班/日期
FRIGHT/DAY</td></tr>
<tr><td>至
TO</td><td>第一承运人
BY FIRST CARRIER</td><td>至
TO</td><td>承运人
BY</td><td>至
TO</td><td>承运人
BY</td><td>至
TO</td><td>承运人
BY</td><td colspan="2">已预留吨位
DOOKED</td></tr>
<tr><td colspan="8">收货人姓名及地址
CONSIGNEE'S NAME AND ADDRESS</td><td colspan="2" rowspan="2">运费：
CHARGES：</td></tr>
<tr><td colspan="8">另行通知
ALSO NOTIFY</td></tr>
<tr><td colspan="5">托运人账号
SHIPPER'S ACCOUNT NUMBER</td><td colspan="5">托运人姓名及地址
SHIPPER'S NAME & ADDRESS</td></tr>
<tr><td colspan="3">托运人声明的价值
SHIPPER'S DECLARED VALUE NVD</td><td colspan="2" rowspan="2">保险金额
AMOUNT OF INSURANCE</td><td colspan="5" rowspan="2">所附文件
DOCUMENTS TO ACCOMPANY AIR WAYBILL</td></tr>
<tr><td>供运输用
FOR CARRIAGE</td><td colspan="2">供海关用
FOR CUSTOMS</td></tr>
<tr><td>件数
NO. OF PACKAGES</td><td>实际毛重
ACTUAL GROSS WEIGHT(kg)</td><td colspan="2">运价类别
RATE CLASS</td><td colspan="2">收费重量
CHARGEABLE WEIGHT</td><td colspan="2">离岸
RATE CHARGE</td><td colspan="2">货物名称及重量(包括体积或尺寸)
NATURE AND QUANTITY OF GOODS (INCL. DIMENSIONS OF VOLUME)</td></tr>
<tr><td></td><td></td><td colspan="2"></td><td colspan="2"></td><td colspan="2"></td><td colspan="2"></td></tr>
<tr><td colspan="10">在货物不能交于收货人时，托运人指示的处理方法
SHIPPER'S INSTRUCTIONS IN CASE OF INABILITY TO DELIVER SHIPMENT AS CONSIGNED</td></tr>
<tr><td colspan="10">处理情况(包括包装方式、货物标志及号码等)
HANDLING INFORMATION (INCL. METHOD OF PACKING DENTIFYING MARKS AND NUMBERS, ETC.)</td></tr>
</table>

托运人证实以上所填全部属实并愿遵守托运人的一切载运章程

THE SHIPPER CERTIFIES THAT PARTICULARS ON THE FACE HEREOF ARE CORRECT AND AGREES TO THE CONDITIONS OF CARRIAGE OF THE CARRIER.

托运人签字 日期 经手人 日期

SIGNATURE OF SHIPPER DATE AGENT DATE

二、国际航空货物运输合同的内容

1. 国际航空货物运输合同中承运人的权利与义务

根据《华沙公约》、《海牙议定书》、《蒙特利尔第四号议定书》和《中华人民共和国民用航空法》的规定，国际航空货物运输合同中的承运人具有的权利与义务如下：

(1)承运人的权利

国际航空货物运输合同中的承运人权利的主要内容有：①承运人向托运人或收货人收取运费的权利；②承运人如果证明其或代理人为了避免损失，已经采取了一切必要措施或者不可能采取这种措施时，可免除其责任；③承运人如果证明全部货损是由受损人的过失所造成的，可免除其责任；④货物的属性或本身的缺陷所引发的损失，可免除其责任；⑤承运人或其受雇人以外的人因包装不善所引起的损失，可免除其责任；⑥因战争行为或武装冲突所引起的损失，可免除其责任。

(2)承运人的义务

国际航空货物运输合同中的承运人义务的主要内容有：①承运人应按国际航空货物运输合同规定的时间与地点送达货物，错运或逾期则承担违约责任和有关损失的赔偿；②承运人应在货物到达指定地点后 24 小时内向收货人发出到货通知，并从其次日起免费保管三天；③承运人应在货物到达指定地点后，对货物的毁灭、遗失和损坏填写货运记录；④在航空运输期间，承运人对货物的毁灭、遗失和损坏承担赔偿责任。

议题九

杭州水产进出口公司向日本大川商社出口鲜活海蟹 500 千克，委托杭州国际货运代理公司向日本航空公司办理航空运输，且按指定的时间将鲜活海蟹送到指定的机场仓库等待装机，并获取了日本航空公司签发的航空货运单。由于日本机场工人罢工，承运该货的 JR310 航班飞机无法起飞。两天后，当 JR310 航班飞机到达杭州机场时，鲜活海蟹已经死去大半。请分析，这部分损失由谁承担，为什么？

2. 国际航空货物运输合同中托运人的权利与义务

根据《华沙公约》、《海牙议定书》、《蒙特利尔第四号议定书》和《中华人民共和国民用航空法》的规定，国际航空货物运输合同中的托运人具有的权利与义务如下：

(1)托运人的权利

国际航空货物运输合同中的托运人具有的权利主要有:①托运人在履行合同所规定的一切义务条件下,有权在始发地航空站或目的地航空站将货物退回,或在途中经停时中止运输,或在目的地或运输中交给非航空货运单上所指定的收货人,或要求将货物退回始发地航空站,但不得损害他人利益;②托运人当货物价值不超过每千克 250 法郎时,有权要求在航空货运单上申明货物价值。

(2)托运人的义务

国际航空货物运输合同中的托运人具有的义务主要有:①托运人对其在航空货运单上填写内容的正确性负责,并承担由此而引起的损失赔偿;②托运人应提供必需的单证,并附在航空货运单后面,以便承运人办理海关等手续;③托运人应按照约定,支付运费和有关费用。

议题十

杭州水产进出口公司向日本大川商社出口鲜活海蟹,委托杭州国际货运代理公司向日本航空公司办理航空运输手续。当鲜活海蟹装上飞机后,准备起航。请分析,如果因收货人变故,杭州水产进出口公司是否可将鲜活海蟹退回,为什么?

3. 国际航空货物运输合同中收货人的权利与义务

根据《华沙公约》、《海牙议定书》、《蒙特利尔第四号议定书》和《中华人民共和国民用航空法》的规定,收货人具有的权利与义务如下:

(1)收货人的权利

收货人具有的权利主要有:①在货物到达目的地并支付应付款项后,有权要求承运人交付货物;②在航空货运单约定的到达时间届满 7 日内货物仍未到达(货物遗失不受其限),收货人有权向承运人主张权利。

(2)收货人的义务

收货人具有的义务主要有:①收货人在收到到货通知后,有义务提取货物;②收货人在收到到货通知后,应按规定向承运人支付运费和各项费用;③收货人逾期提取货物的,应按规定向承运人支付保管费。

三、国际航空货物运输的索赔

1. 索赔时效

根据《海牙议定书》和《中华人民共和国民用航空法》的规定,收货人最迟在收到货物后 14 天内提出异议；如发生延误，应在 21 天内提出异议；如货物毁灭或遗失，应在货运单填制之日起 120 天之内提出；收货人最迟在货物到达目的地机场后二年内提出诉讼请求。

2. 索赔形式

任何异议，均在上述规定时效内以书面形式向承运人提出。

3. 索赔程序

(1)托运人或收货人提交索赔文件

托运人或收货人向承运人提出索赔应提供索赔的文件，主要有：索赔原因，索赔金额的依据及计算方法，实际损失金额的证据，空运单或分运单。

(2)承运人接受索赔文件

承运人在收到托运人或收货人提交的索赔文件后，应在该文件上加盖收件的日期。

(3)承运人实施调查

承运人或有关商检部门对事故进行查验，明确事故的责任。调查的内容主要有：收集运输记录，如运输事故报告、遗失货物报告、交付收据、货物舱单等，并编制国际货物损失及事故调查报告单。

(4)确定赔偿金额

确定赔偿金额的具体方法是：对于整件货物的丢失或破损，应按 CIF 发票价值计算实际受损的价值；对部分破损的货物，一般按修理发票决定实际损失价值；对于受潮货物(如衣物、布匹等)，一般只赔偿清洗费用；对延误的赔偿应按直接损失计算，但最高不超过货物丢失或破损的赔偿金额。如果货物没有办理声明价值，赔偿的最高限额为毛重每千克 20 美金，如有声明价值，则按其赔偿。

(5)承运人实施赔偿

承运人填写"国际货物索赔单"办理索赔，并按比例分担，向其他承运人收回承担的赔偿部分。

四、调整国际航空货物运输的法律

调整国际航空货物运输法律关系的国际公约与国内法律主要有：《华沙公约》、《海牙议定书》、《蒙特利尔第四号议定书》、《瓜达拉哈拉公约》和《中华人民共和国民用航空法》。这些国际公约与国内法律的内容简要如下：

1.《华沙公约》

《统一国际航空运输某些规则的公约》(简称《华沙公约》)于 1929 年签订并于 1933 年 2 月 13 日起生效。《华沙公约》共 41 条和一项附加议定书，明确规定了以航空运输承运人为一方和以旅客、货物托运人、收货人为另一方的权利与义务关系。该公约适用于为了营利或非营利目的而进行的人员、行李、货物的国际航空运输。世界上大多数国家和地区都已加入，我国正式加入的时间为1958年。

2.《海牙议定书》

1955年的海牙会议对《华沙公约》进行了修改，称为《修改1929年统一国际航空运输某些规则的公约的议定书》（简称《海牙议定书》），于1963年8月1日起生效。《海牙议定书》对《华沙公约》的主要修改是提高了承运人的责任限制，简化了运输单证的项目，删去了航行过失负责条款以及放宽了索赔诉讼时效等。《海牙议定书》目前已有131个成员国，1975年10月15日该公约对中国生效。

3.《瓜达拉哈拉公约》

《瓜达拉哈拉公约》全称是《统一非缔约承运人所办国际航空运输某些规则以补充华沙公约的公约》，于1961年签订并于1964年5月1日起生效，目的是使《华沙公约》中有关承运人的各项规定适用于非运输合同承运人即实际承运人。根据该公约的解释，实际承运人是指订约承运人以外，根据订约承运人授权办理全部或部分运输的人。该公约目前已有50多个成员国，我国尚未加入。

上述三个公约中，《华沙公约》是基础，其他两个是对《华沙公约》的修订和补充，但都没有改变《华沙公约》的基本原则。三个公约使国际航空运输的法律在某种程度上达到了一致，但它们在法律上是相互独立的。

4.《中华人民共和国民用航空法》

1995年10月30日第八届全国人民代表大会常务委员会第16次会议通过的《中华人民共和国民用航空法》，共有16章，就民用航空器适航管理、航空人员、民用机场、公共航空运输企业、实际承运人履行航空运输的特别规定、对地面第三人损害的赔偿责任和涉外关系的法律适用等作出了具体的规定。

第三节　国际铁路货物联运法律关系的调整

国际铁路货物运输是指使用统一的国际铁路联运单据，由铁路部门经过两个或两个以上国家的铁路进行的运输。

案例导入

2014 年 6 月 17 日，宁波进出口贸易公司委托中铁上海公司将价值 9 万美元的 750 箱人造革皮夹克以铁路运输方式由上海运往俄罗斯莫斯科的帕维列兹卡娅站，委托人要求出 2 份运单送到指定地点，运费预付，其中上海至满洲里的运费为人民币 7 951.20 元，满洲里到莫斯科的运费为 2 250 美元。

同年 7 月 3 日，中铁上海公司接收了所托运的货物，并收取了约定的全部运费后，向宁波进出口贸易公司签发了俄罗斯西伯利亚大陆桥运输线(SVB)国际铁路货物联运单据。运单记明：发货人为宁波进出口贸易公司；承运人为 SVB 公司；收货人为 MP DOAN THI KIA HOA，PASSPORT；货物重量为 5 344 千克。运单背面条款规定：货方须证明货值在 2 美元/千克以上者，SVB 最多只赔偿 2 美元，若货方在提单上声明价格超过 2 美元/千克，并经 SVB 同意，可获得超过 2 美元/千克以上的赔偿。但是，运单未注明货物价格。

根据国际铁路货物运输公约的规定，请思考下列问题：

1. 国际铁路货物运输合同中承运人有哪些权利与义务？
2. 国际铁路货物运输合同中发货人有哪些权利与义务？
3. 国际铁路货物运输合同中收货人有哪些权利与义务？

一、国际铁路货物联运合同的订立

在办理国际铁路货物联运时，发货人填写国际联运委托书，并随附出口合同、货物清单和报关单据等运输资料委托货代公司向车站(承运人)办理托运手续；车站对提供的运输资料和货物进行查验，确认无误后申报铁路国际联运计划，填写“铁路货物运输服务订单”并通过铁道部货运计划管理网络发送到铁道部运输局和对外合作司外事局，再由对外合作司外事局向有关国家铁路部门发出商定电函；该国铁路部门根据实际情况批复，并回电至铁道部；铁道部批复到车站，再由车站通知发货人；发货人按指定地点发货，填写国际货协运单，在货物装车后支付运费及各项费用，并由车站在国际货协运单上加盖发站日期戳记，则运输合同成立。

二、国际铁路货物联运合同的主要内容

国际货协运单是参加国际货协各成员国之间办理铁路联运时所使用的运

输单据,是承运人与托运人之间的货物运输收据。国际货协运单分快运和慢运两种,一式五联。第一联系收货正本,随货送交收货人;第二联为运行报单,由铁路始发站分送有关到达铁路站;第三联为运单副本,由铁路始发站送交发货人,作为发货人向银行议付的运输单据;第四联为货物交付单,由铁路始发站交有关到达铁路站;第五联为货物到达通知,由铁路始发站转交收货人。

1. 发货人的权利和义务

根据《国际货协》规定,发货人的主要权利和义务如下:

(1)支付运费的义务

其主要有三种情况:①发送国的运费由发货人支付;②过境的运费可以由发货人支付,也可以由收货人支付;③到达国的运费由收货人支付。

(2)变更合同的权利

发货人可对运输合同作下列变更:在始发站将货物领回,变更到站,变更收货人,将货物返还始发站。

2. 收货人的权利和义务

根据《国际货协》的规定,收货人的主要权利和义务如下:

(1)收货人有收受货物的义务。

(2)收货人有变更合同的权利。

3. 承运人的权利和义务

根据《国际货协》规定,承运人的主要权利和义务如下:

(1)承运人按货物运输合同的规定将货物安全运至目的地

《国际货协》规定,按运单承运货物的铁路部门应对货物负连带责任。从签发运单时起至交付货物时止,承运人对货物因全部或部分灭失、毁损或逾期造成的损失负赔偿责任。

(2)承运人享有留置权

根据《国际货协》的规定,为了保证核收运输合同项下的一切费用,铁路当局对货物可以行使留置权。留置权的效力以货物交付地国家的法律为依据。

(3)承运人的免责范围

根据《国际货协》的规定,承运人免责情形是:①铁路不能预防和不能消除的情况;②因货物的特殊自然性质引起的自燃、损坏、生锈、内部腐坏及类似结果;③由于发货或收货人过失或要求而不能归咎于铁路者;④因发货人或收货人装、卸车原因造成;⑤由铁路规章许可,使用敞车类货箱运送货物;⑥由于发货人或收货人的货物押运人采取为保证货物完整的必要措施;⑦由于承运时无法发现的容器或包装缺点;⑧发货人用不正确、不确切或不完全的名称托运违禁品;⑨发货人在托运时需按特定条件承运货物时,未按本协定办理;⑩货物在规定标准内途耗。

(4)承运人的赔偿限额

根据《国际货协》的规定，铁路对货物损失的赔偿金在任何情况下，不得超过货物全部灭失时的金额。在货物受损时，铁路的赔偿应与货价减损金额相当；在逾期交付的情况下，铁路应按逾期长短，以运费为基础向收货人支付规定的逾期罚金。

三、索赔与诉讼

1. 赔偿限额

《国际货协》第 22 条规定：铁路对货物损失和赔偿金额不得超过货物全部灭失时的金额；铁路对货损的赔付额应与货价减损金额相当；当货物全部或部分灭失时，赔偿额按外国售货者在账单上所开列的价格计算；如发货人对货物价格另有声明时，按声明的价格给予赔偿；当逾期交货时，铁路应以所收运费为基础，按逾期长短向收货人支付规定的罚金。逾期不超过总运到期限的1/10时，支付相当于运费的 6%的罚款；逾期超过总运到期限的 4/10 时，应支付相当于运费 30%的罚款等。

2. 索赔时效

《国际货协》第 30 条规定，铁路货物运输当事人向承运人提出索赔，应在收到货物后 9 个月内提出；逾期的赔偿请求，应在收到货物后 2 个月内提出。

承运人应从请求之日起 180 天内审查，并予以答复。如发货人或收货人在请求得不到答复或满足时，有权向受理赔偿请求的铁路所属国家的法院提起诉讼。

时效起算日的规定是：①关于货物毁损或部分灭失以及逾期到达的赔偿，自货物交付之日起算。②关于货物全部灭失的赔偿，自货物运到期限届满后 30 天起算。③关于补充运费、杂费、罚款的要求，或关于退还此项款额的赔偿请求，或纠正错算运费的要求，应自付款之日起算；如未付款时，应自交货之日起算。④关于支付变卖货物的余款的要求，自变卖货物之日起算。⑤在其他所有情况下，自确定赔偿请求成立之日起算。

3. 赔偿方式

《国际货协》第 28 条规定：发货人和收货人有权根据运输合同提出赔偿请求，赔偿请求可以书面方式由发货人向发送站提出，或由收货人向收货站提出，并附上相应根据，注明款额。

(1)货物全部灭失

运单项下货物全部灭失时，如发货人提出索赔，要出示运单副本；如由收货人提出,必须出示运单或运单副本。

(2)货物部分灭失、毁损或腐坏

货物部分灭失、毁损或腐坏时,发货人或收货人提出索赔,须出示运单及铁路在到达站交给收货人的商务记录。

(3) 逾期交货

逾期交货时,应由收货人提出索赔,出示运单。

(4) 多收运输费用

多收运输费用时,应由发货人按其已交付的款额提出,须出示运单副本或发送站国内规定的其他文件;如由收货人按其所交付的运费提出,须出示运单。

四、调整国际铁路货物运输的法律

在国际货物运输中,特别是在陆陆接壤国家间的经贸交往中,铁路运输占有十分重要的地位。国际间主要通过双边或多边联运条约来规范铁路联运,关于铁路货物运输的国际公约主要有《国际货约》、《国际货协》等。其内容简要如下:

1.《国际铁路货物运送公约》

《国际铁路货物运送公约》(简称《国际货约》),于1961年签订,主要对运输合同的缔结、履行、变更、铁路的责任、索赔与诉讼、赔偿请求的时效、各铁路间的清算、发货人与收货人的权利与责任、承运人的责任等事项作了规定。1980年5月在伯尔尼举行的第八次修订会议,决定将《国际铁路货物运送公约》与《国际铁路旅客和行李运输公约》合并为一个公约。目前参加该公约的共有33个国家,我国没有参加。

2.《国际铁路货物联合运输协定》

《国际铁路货物联合运输协定》(简称《国际货协》),于1951年签订生效,并经过7次修改,现行的是1974年7月1日生效的修订本。我国于1954年加入该协定。《国际货协》是缔约各国发货人、收货人以及过境办理货物联运所共同遵循的基本文件,共设8章40条,主要内容包括:适用范围、运输契约缔结、托运人的义务和权利、承运人的权利和义务、赔偿请求与诉讼时效等。

思考与检测

一、单项选择题

1. 责任期间条款列明了承运人对货物运输承担责任的起止时间,一般为从(　　)之时起到(　　)之时止。

A. 填写托运单,船公司予以签章

B. 船公司在托运单上予以签章,签发装货单

C. 货物装上船舶,卸离船舶

D. 船公司接收货物,装货

2. 在 CFR 和 CIF 条件下,(　　)应按照约定支付运费;在 FOB 条件下,由(　　)支付。

A. 托运人、收货人　　B. 收货人、托运人

C. 托运人、发货人　　D. 收货人、发货人

3.救助报酬作为共同海损费用,由(　　)分摊。

A. 托运人与收货人　　B. 受益各方

C. 托运人与船公司　　D. 收货人与船公司

4.《海牙规则》规定诉讼时效,自货物交付之日起为(　　)。

A. 1 年　　B. 2 年

C. 3 年　　D. 4 年

5. 我国《海商法》规定的索赔时效为:货物灭失或损坏的情况如不明显,可在货物交付的次日起(　　)内;集装箱货物应在交付的次日起(　　)。

A. 10 日、15 日　　B. 15 日、15 日

C. 15 日、7 日　　D. 7 日、15 日

6. 租船运输则通过租船运输合同来调整出租人与(　　)的关系。

A. 承租人　　B. 发货人

C. 收货人　　D. 货代公司

7. 根据《华沙公约》、《海牙议定书》和《蒙特利尔第四号议定书》的规定,收货人在航空货运单约定的到达时间届满(　　)内仍未到达,有权向承运人主张权利。

A. 7 日　　B. 8 日

C. 9 日　　D. 10 日

8. 根据《华沙公约》、《海牙议定书》和《蒙特利尔第四号议定书》的规定,托运人当货物价值不超过每千克(　　),有权要求在航空货运单上申明货物价值。

A. 100 法郎　　B. 150 法郎

C. 200 法郎　　D. 250 法郎

9. 我国于 1958 年 7 月加入了(　　),其是调整国际航空货物运输法律关系的国际公约。

A.《蒙特利尔第四号议定书》　　B.《海牙规则》

C.《华沙公约》　　D.《海牙议定书》

10.《汉堡规则》规定了承运人对延迟交付的赔偿责任,即以相当于该项延迟交付货物应付运费的(　　)为限,但不超过应付运费总额。

A. 1.5 倍金额　　B. 2 倍金额

C. 2.5 倍金额　　D. 3 倍金额

二、多项选择题

1. 在班轮运输中，国际海上货物运输合同的签订程序，其要约与承诺分别是(　　)。

A. 托运人填写托运单，提出货运要求　B. 船公司在托运单上予以签章确认

C. 托运人发货指定仓库　D. 船公司签发装货单

2. 租船合同的种类很多，主要有(　　)。

A. 航次租船合同　B. 定期租船合同

C. 光船租船合同　D. 班轮合同

3. 在实际业务中，国际航空货物运输从货物运输的特点来看，其形式可分(　　)。

A. 多式联运　B. 班机运输

C. 包机运输　D. 集中托运

4. 国际海上货物运输合同中托运人的义务主要有(　　)。

A. 提交完好的包装货物　B. 提供必要的单证

C. 签发运输单据　D. 按照约定支付运费

5. 定期租船合同与航次租船合同的区别主要表现为(　　)。

A. 营运成本不同　B. 提供单证不同

C. 签发运输单据不同　D. 经营权不同

6. 国际海上货物运输合同中承运人的权利主要有(　　)。

A. 享有批注权　B. 享有危险货物销毁权

C. 享有邻近港口卸载权　D. 享有运费收取、货物留置和拍卖请求权

7. 航空运单是由航空公司签发的货运单据，关于航空运单，下列表述中正确的是(　　)。

A. 是货物的收据

B. 是托运人与承运人之间的运输契约证明

C. 必须填写收货人的全称和地址

D. 是物权凭证

8.《维斯比规则》在《海牙规则》的基础上，就承运人的责任限制内容作了较大的扩充和修改，其主要有(　　)。

A. 货币单位　B. 赔偿金额计算

C. 计算单位　D. 拼装货计算

9. 租船合同是指船舶出租人按一定的条件将船舶的全部或部分出租给承运人进行货物运输的合同，其分为(　　)。

A. 航次租船合同　B. 定期租船合同

C. 班轮合同　D. 光船租船合同

10. 根据我国《民用航空法》的规定，如发生延误，应在(　　)内，如货物毁灭或遗失，应在货运单填制之日起(　　)内提出异议。

A. 21 天　B. 100 天

C. 120 天　D. 60 天

三、判断题

1. 提单是确定承运人与托运人权利与义务的依据，是国际海上运输合同的本身。（　　）

2. 托运人未在规定的时间内支付运费和垫付的其他费用，承运人可在合理的限度内留置该货物，但不能向法院申请拍卖。（　　）

3. 我国《海商法》规定诉讼时效，自承运人交付或应交付货物之日起为2年。（　　）

4. 国际铁路货物运输是指使用统一的国际铁路联运单据，由铁路部门经过两个或两个以上国家的铁路进行的运输。（　　）

5. 国际货协运单分快运和慢运两种，一式五联。（　　）

6. 根据《国际货协》的规定，铁路货物运输当事人向承运人提出索赔，应在收到货物后9个月内提出；逾期的赔偿请求，应在收到货物后1个月内提出。（　　）

7. 根据《国际货协》的规定，承运人对货物在规定标准内的途耗损失不予赔偿。（　　）

8. 根据《中华人民共和国民用航空法》的规定，收货人最迟在货物到达目的地机场后1年内提出诉讼请求。（　　）

四、案例题

1. 中国X公司与美国Y公司订立一项出口电器合同，约定有关该合同争议的解决适用《美国统一商法典》。X公司负责安排巴拿马籍货轮运输，并约定适用《海牙规则》。该批货物在中国港口装船时因操作失误使码头装卸设备与船舶发生了碰撞，导致船舶与部分货物的损失。依照我国有关法律，出口合同的双方选择适用《美国统一商法典》的约定是否有效？该事件由谁负责？

2. 中国某公司向欧洲出口啤酒花一批，价格条件是每公吨CIF安特卫普××欧元。货物由中国人民保险公司承保，由"罗尔西"轮承运，船方在收货后签发了清洁提单。货到目的港后发现啤酒花变质，颜色变成深棕色。经在目的港进行的联合检验，发现货物外包装完整，无受潮、受损迹象。经分析认为该批货物是在尚未充分干燥或温度过高的情况下进行的包装，以致在运输中发酵造成变质。据此，承运人应当承担责任吗？收货人应向谁索赔？

3. 杭州水产进出口公司向日本大川商社出口鲜活海蟹，委托杭州国际货运代理公司向日本航空公司办理航空运输。当鲜活海蟹到达目的地机场后，日本大川商社因债务缠身，拒绝提货。请分析，日本大川商社的做法合法吗？为什么？

五、简答题

1. 简述国际海上货物运输合同中承运人的权利与义务。
2. 简述国际海上货物运输的索赔与诉讼时效。
3. 国际航空货物运输合同中承运人与托运人的主要权利与义务有哪些？
4. 国际铁路货物运输合同中承运人与托运人的主要权利与义务有哪些？

第六章　国际商务货物运输保险制度

——海洋货运、航空货运和陆上货运保险条款

学习目标

- 海上货物运输保险合同的主要内容和基本原则
- 海上货物运输的保险人承保的风险与损失
- 我国海洋货物运输保险的险别
- 海上货物运输保险合同的订立、变更、转让和终止
- 航空运输货物保险条款规定的险别、保险责任期限与被保险人义务
- 陆上运输货物保险条款规定的险别、保险责任期限与被保险人义务

人类难以避免和控制自然灾害及意外事故的发生。由于国际货物运输是将进出口货物从一国某地运至另一国某地，在长时间的运输中发生自然灾害与意外事故的几率更显得十分突出。为了避免因自然灾害和意外事故所引起的损失，办理国际货物运输保险尤为重要。一旦发生保险范围内的损失，可从保险公司获取约定的赔偿。货物运输有海运、空运和陆运等运输方式，因而货物运输保险的种类也相应分为海洋货物运输保险、航空货物运输保险和陆上货物运输保险等，调整其法律关系的，有《中华人民共和国保险法》、《海洋货物运输保险条款》、《航空货物运输保险条款》、《陆上货物运输保险条款》。

第一节　调整国际货物运输保险的法律关系

国际货物运输保险合同是指投保人按规定向保险人交纳保险费，当保险标的因遭遇约定的海上风险和事故引起经济损失并产生责任时，给予补偿的协议。通常由投保人按规定格式填制投保单，向保险人提出保险申请（要约），经保险人无条件地接受，予以承保（承诺），保险人签发保险单或保险凭证，国际货物运输保险

合同即告成立。在保险合同中,投保人承担支付保险费的义务,有取得经济补偿或保险金的权利;保险人向投保人或被保险人承担约定责任范围内灾害事故所导致损失的经济补偿,履行给付保险金的义务,有收取约定保险费的权利。

案例导入

天津进出口公司与保加利亚MTT公司签订了一份计算机销售合同,数量1 000台,每台800美元CIF索菲亚港,按发票金额的110%投保我国海洋货物运输险一切险和战争险。为此,天津进出口公司委托中允货代公司向中保财产保险有限公司天津分公司办理投保手续。

根据海上货物运输保险合同的理论,请思考下列问题:

1. 海上货物运输保险合同的主要当事人有哪些?
2. 海上货物运输保险合同有哪些主要内容?
3. 海上货物运输保险合同有哪些基本原则?

一、保险合同的当事人

国际货物运输保险合同的当事人主要有保险人、投保人、被保险人和保险经纪人。

1. 保险人

保险人是指与投保人订立保险合同,并按照合同约定承担赔偿或给付保险金责任的保险公司。按照各国法律的规定,保险公司必须经过政府机构批准获得保险人资格,并办理工商登记和备案,具有经营海上保险业务的资格。目前,中国人民财产保险有限责任公司、中国太平洋财产保险有限责任公司和中国平安财产保险有限责任公司等单位获准经营国际货物运输保险业务。

2. 投保人

投保人是指与保险人订立海上保险合同,按约定支付保险费义务的当事人。办理订立国际货物运输保险合同业务的投保人可以是法人或自然人。投保人须具备下列两个条件:

(1)投保人应当具有民事行为能力

自然人必须为法定成年人,且精神正常。法人则为依法登记注册并获得许可的独立经营业务的各种经济组织。

(2)投保人应当具有保险利益

投保人对保险标的应当具有保险利益,保险利益是指投保人或者被保险人对保险标的具有的法律上承认的利益，如货物所有人在保险事故发生时对其享有所有权的货物应当具有保险利益。

3.被保险人

被保险人是指其财产受保险合同保障，享有保险金请求权的当事人，投保人可以是保险人。

4. 保险经纪人

保险经纪人是指代表投保人的利益，向保险公司洽订保险合同，并向接受该项业务的承保人收取佣金的人。保险经纪人是保险人与投保人之间的媒介，主要责任是为投保人寻找合适的保险人，并协助投保人向保险人进行索赔。

议题一

天津进出口公司与保加利亚 MTT 公司签订了一份计算机销售合同，规定 CIF 索菲亚港。为此，天津进出口公司委托中允货代公司向中保财产保险有限公司天津分公司办理投保手续。请分析，保险人、被保险人、投保人、保险经纪人各是谁，为什么？

二、保险合同的主要内容

1. 保险公司、投保人或被保险人的名称与住所

明确保险公司、投保人或被保险人的姓名、名称与住所是保险合同履行的基本前提，保险费的缴纳、损失赔偿都与其有关，如果保险公司、投保人或被保险人的名称与地址不详，权利与义务的承担则将无法落实。

2. 保险货物与数量

保险货物与数量是指保险保障的对象和件数，在合同中明确表示。

3. 保险价值

保险价值是确定损失赔偿的计算基础。在国际货物运输中，货物的保险价值是发票总金额。

4.保险金额

保险金额是指计算保险费的依据，是保险人承担赔偿或者给付保险金责任的最高限额。

5.保险费率、保险费及支付办法

保险费率是指保险费征收的依据，不同的保险险别有不同的保险费率。保险费是指被保险人参加保险时，根据其投保时所订的保险费率，向保险人交付的费用。

6. 保险起讫时间

保险起讫时间是指保险的期限，通常在合同中明确表示。

7. 保险责任与责任免除

保险责任是指保险公司承担赔偿或给付保险金的责任，通常在保险合同中明确规定其范围。责任免除是指保险公司不承担的责任，通常在保险合同中明确规定其范围。

8. 违约责任

违约责任是指保险合同当事人未履行合同义务所应承担的法律后果。保险合同中应约定出现争议时采取的解决方式。

9. 订立合同的时间

保险合同的订立时间是保险合同的生效日期，是确定保险责任开始计算的时间。

10. 与保险有关的其他事项。

三、调整国际货物保险合同的法律

1. 国际货物运输保险的基本原则

国际海上货物运输保险合同作为一种特殊的、具体的合同，有其自身的特点。各国保险法规定，保险人与被保险人在订立保险合同时，必须遵守以下五项基本原则。

(1)最大诚实信用原则

最大诚信原则是指被保险人和保险人在签订和履行保险合同时，必须保持最大限度的诚意，双方都应恪守信用，互不欺骗隐瞒。我国《保险法》规定："订立保险合同，保险人就保险标的或者被保险人的有关情况提出询问的，投保人应当如实告知。"因此，保险人在与投保人订立合同前，应将保险合同的条款内容和办理保险有关事项如实告知被保险人及其代理人，尤其是保险人的免责责任。同时投保人也应做到：①告知。投保人在订立合同时，应将其知道的或推定知道的有关影响保险人据以确定保险费率或者确定是否同意承保的重要情况如实告知保险人，并对保险人的询问予以客观回答。投保人故意或者因重大过失未履行前款规定的如实告知义务，足以影响保险人决定是否同意承保或者提高保险费率的，保险人有权解除合同。投保人故意不履行如实告知义务的，保险人对于保险合同解除前发生的保险事故，不承担赔偿或者给付保险金的责任，并不退还保险费。投保人因重大过失未履行如实告知义务，对保险事故的发生有严重影响的，保险人对于合同解除前发生的保险事故，不承担赔偿或者给付保险金的责任，但应当退还保险费。②保证。是指投保人向保险人做出的履行某种特定义务的承诺，凡是合同明文规定的，或法律、惯例确定的，必须严格遵守。

(2)保险利益原则

保险利益是指投保人对保险标的具有的法律上承认的利益。根据我国保险法的规定，投保人对保险标的应当具有保险利益，投保人对保险标的不具有保险利益的，保险合同无效。保险利益原则为大多数国家的海商法和保险法所确认，并将其作为海上货物运输保险合同成立的法定条件。

(3)近因原则

近因原则是指保险人只对承保风险与保险标的之间有直接因果关系的损失负赔偿责任，而对保险责任范围外的风险造成的保险标的的损失，不承担赔偿责任。近因原则是为了明确事故与损失之间的因果关系，是确认保险责任的主要依据。

(4)损失补偿原则

损失补偿原则是指当保险标的遭受保险责任范围内的损失时，保险人应当依照保险合同的约定履行赔偿义务。国际货物运输保险合同属于补偿性保险合同，保险赔偿金额应当公平合理，充分补偿，即保险人在保险事故发生后的具体赔偿数额应当有利于保险人和被保险人的双方利益。一方面，要充分补偿被保险人的实际损失，达到保险保障的目的；另一方面，不能使赔偿数额超过实际损失，使被保险人获取额外收益而损害保险人的合法权益。

(5)代位求偿原则

代位求偿原则是指保险人为便利被保险人，按保险合同的约定先行赔付，同时取得被保险人在标的物上的相关权利，代被保险人向第三人进行索赔。我国《海商法》规定："保险标的发生保险责任范围内的损失是由第三人造成的，被保险人向第三人要求赔偿的权利，自保险人支付赔偿之日起，相应转移给保险人。"这就确立了我国海上保险业务中的代位求偿原则，符合国际上通行的做法。

2. 调整国际货物保险合同的法律

现代意义上的保险立法是1936年的《热那亚法令》，其包含了有关保险的法律规定。1435年《西班牙巴塞罗那法令》被称为"世界最古老的海上保险法典"。在国际货物运输保险法领域中，发挥主导作用的是国内法和国际惯例。1906年英国制订的《海上保险法》和1982年英国伦敦保险业协会颁布的《伦敦保险业协会货物保险条款》，其对各国保险的立法和实际保险业务产生了重大的影响。法国最早的保险立法是1681年制定的《海事条例》，较完善的法律是1930年的《保险契约法》和1938年的《保险业法》。日本的保险立法主要包含在商法典内，1990年颁布了《保险业法》。目前，尚无关于国际货物运输保险的统一冲突法和实体法国际公约，《约克—安特卫普规则》是当前在海事领域中唯一被公认的国际惯例，主要就共同海损的理算进行了规定。

我国于1929年制定了《保险法》，1935年颁布了《保险业法》，1992年公布了《海商法》，海上保险的内容被列入该法规内，1963年中国人民保险公司制定了《中国保险条款》并于1981年1月1日修订，1995年颁布了新中国成立后的第一部《保险法》，共计8章152条。2009年我国对《保险法》进行了一次修订，增加了许多新的内容，新《保险法》共8章187条，新保险法的一大变化就是在规则完善和制度设计上更加注重对广大投保人、被保险人和受益人利益的保护。在我国，进出口货物运输最常用的保险条款是C.I.C.中国保险条款，该条款按运输方式来分，有海洋、陆上、航空和邮包运输保险条款四大类；对某些特殊商品，还配备有海运冷藏货物、陆运冷藏货物、海运散装桐油及活牲畜、家禽的海陆空运输保险条款。

第二节　国际海上货物运输保险

国际海上货物运输保险是保险人和被保险人通过协商，对船舶、货物及其他海上标的所可能遭遇的风险进行约定，被保险人在交纳约定的保险费后，保险人承诺一旦上述风险在约定的时间内发生并对被保险人造成损失的，保险人将按约定给予被保险人经济补偿的商务活动。国际海上货物运输保险一般属于国际商务活动，因为海上保险的当事人属于不同的国家，保险事故在异国发生，要牵涉到各种国际关系。所以，我国保险公司一般均把海上货物运输保险业务归属在国际业务部。

案例导入

上海进出口公司与保加利亚MTT公司签订了一份打印机销售合同，采用CIF成交条件。为此，上海进出口公司向中保财产保险有限公司上海分公司办理投保手续，填写投保单：保险货物为打印机，数量8 000台，保险金额16万美元，保险起讫地点为上海至索菲亚港，按发票金额的110%投保1981年1月1日修订的中国人民保险公司海洋货物运输险一切险和战争险。保险公司对该笔业务核准后，收取保险费，并签发保险单。

该货物在海洋运输过程中，遇到雷电导致A舱火灾，因灭火导致500台打印机被灭火液浸泡受损。货物到了目的地索菲亚港又遇到港口工人罢工，300台打印机被盗。

根据我国海上货物运输保险条款的规定，请思考下列问题：

1. 海上货物运输的保险人承保的风险是什么？
2. 海上货物保险人承保的损失有哪些？
3. 我国海洋货物运输保险的险别有哪些具体规定？
4. 海上货物运输保险合同的订立、变更、转让和终止有哪些具体规定？

一、我国海洋货物运输保险条款

1. 国际海上货物运输保险的范围

在进出口贸易业务过程中，贸易合同中的标的货物在海上运输、装卸和储存等环节中都可能遭受各种风险。对此，我国海洋货物运输保险条款对海上货物运输保险人承保的范围规定如下：

(1)海上货物保险人承保的风险

海上货物运输的保险人承保的风险主要是：①海上风险，即货物在海上运输中发生的风险，包括海上发生的自然灾害和意外事故。②外来风险，通常是指由于海上风险以外的其他外来原因引起的风险，其可分为一般外来风险和特殊外来风险。一般外来风险是指被保险货物在运输途中由于一般外来原因造成的损失，如偷窃、雨淋、短量、沾污、渗漏、破碎、串味、受潮、锈损、钩损等；特殊外来风险是指由于国家的政策、法令、行政措施、军事等特殊外来原因所造成的风险与损失。

议题二

上海进出口公司与保加利亚MTT公司签订了一份打印机销售合同，采用CIF成交条件，为此办理好投保手续。该货物在海洋运输过程中，遇到雷电导致A舱火灾，因灭火导致500台打印机被灭火液浸泡受损。货物到了目的地索菲亚港又遇到港口工人罢工，300台打印机被盗。请分析，该案的风险各属于哪一类，为什么？

(2)海上货物保险人承保的损失

保险人承保的损失是海损，即被保险货物在海洋运输中因海上风险所造成的损坏或灭失，也包括与海陆连接的陆上和内河运输中所发生的损坏或灭失。按照货物的损失程度，海损可分为：①全部损失，是指在运输中的整批货物，或不可分割的一批货物的全部损失，其可分为实际全损和推定全损两种。② 部分损失，是指被保险货物没有达到全损程度的损失。按照部分损失的性质，可分为共同海损和单独海损。共同海损是指载货船舶在航行中遭遇自然灾害或意外事故并威胁到船、货等共同安全时，船方为了解除这种威胁，有意识地采取了合理措施所做出的某些特殊的牺牲或支出额外的费用；单独海损是指除共同海损以外的，仅由各受损者单独负担的部分损失。

议题三

上海进出口公司出口至索菲亚港的被保险货物在海洋运输过程中，遇到雷电导致A舱火灾，该舱的华民贸易公司的货物全部被毁，因灭火导致上海进出口公司的500台打印机被灭火液浸泡受损。请分析，华民贸易公司和上海进出口公司的货物损失是属于全部损失还是部分损失，是单独海损还是共同海损，为什么？

(3)海上货物保险人承保的费用

被保险货物遭遇保险责任范围内的风险，除了货物本身遭受损失之外，还会产生因营救而支出的费用。保险人对这种费用也给予赔偿，其主要有施救费用和救助费用。施救费用是指被保险货物在遭遇保险责任范围内的自然灾害和意外事故时，被保险人或其他代理人为抢救被保险货物，防止损失继续扩大所支出的合理费用。救助费用是指被保险货物遭受承保范围内的灾害事故时，由保险人和被保险人以外的无契约关系的第三者采取救助措施并且获救成功，被救方向施救者支付的费用。

议题四

上海进出口公司向中保财产保险有限公司上海分公司办理投保手续后，被保险货物在海洋运输过程中，遇到雷电导致A舱火灾，为了灭火而产生了一定的费用。请分析，该费用是施救费用，还是救助费用，为什么？

2.《海洋货物运输保险条款》规定的基本险

险别是保险人的承保责任和被保险人缴纳保险费的依据。我国海洋货物运输保险的险别分为基本险和附加险，其中基本险可独立投保，附加险必须在投保基本险的基础上才能加保。

按照中国人民财产保险公司2009年版《海洋货物运输保险条款》的规定，海洋运输保险的基本险有平安险、水渍险和一切险三种险别。

(1)平安险

保险公司对平安险的责任范围如下：

①恶劣气候、雷电、海啸、地震、洪水造成整批被保险货物的全损，包括实际全损或推定全损；

②水上运输工具遭受搁浅、触礁、沉没、与水以外的任何外部物体碰撞或触碰造成被保险货物的全损或部分损失；

③陆上运输工具遭受碰撞、倾覆或出轨造成被保险货物的全损或部分损失；

④火灾、爆炸造成被保险货物的全损或部分损失；

⑤在船舶或驳船装卸时，任何整件被保险货物落海或跌落造成该货物的全损或部分损失；

⑥保险事故发生后，被保险人为防止或减少被保险货物的损失而支付的必要的合理的费用，但以不超过该批被救货物的保险金额为限；

⑦水上运输工具遭遇天灾、海上或者其他可航水域的危险或者意外事故，致使运输或运输合同在保险单载明的目的地以外的港口或地点终止，由于卸货、存仓及运送被保险货物至本保险单载明的目的地所产生的必要的合理的额外费用；

⑧共同海损牺牲、分摊和救助费用；

⑨运输合同订有"双方互有过失碰撞"条款，保险事故发生后，根据该条款规定应由货方偿还承运人的损失。

平安险是承包责任范围最小、所缴保险费较少的一种基本险别。

(2)水渍险

水渍险的原意是"负责单独海损的赔偿"。该险的责任范围除平安险的各项责任外，还负责被保险货物由于恶劣气候、雷电、海啸、地震、洪水等自然灾害所造成的部分损失。因此，水渍险比平安险的责任范围大，保险费率亦比平安险要高。

(3)一切险

该险除包括水渍险的责任范围外，还负责赔偿被保险货物在运输途中由于一般外来原因所致的全部或部分损失。因此，在三种基本险中，一切险的责任范围最大，保险费率最高。

议题五

某货轮在航行途中遭遇强热带风暴，货舱中的600多箱货物被暴雨淋坏，并严重威胁货轮的安全，船长只得命令货轮开往附近港口避难。但是，货轮在前往避难途中不幸搁浅，在这期间又有500多箱货物被多名不法分子偷窃。请分析，本案投保何种险别，可得到保险公司的赔偿，为什么？

3.《海洋货物运输保险条款》规定的附加险

附加险分为一般附加险和特殊附加险。具体内容如下：

(1)一般附加险险别

一般附加险承保因一般外来风险所造成的全部或部分损失。其险别如下：

①偷窃、提货不着险，是指承保被保险货物因偷窃行为所致的损失和整件提货不着等损失，负责按保险价值赔偿。

②淡水雨淋险，是指承保被保险货物因遭受雨淋、雪融或其他原因的淡水所致的损失，保险公司给予赔偿。

③短量险，是指承保被保险货物的数量和实际重量短缺的损失，由保险公司负责赔偿。

④混杂、沾污险，是指承保货物在运输过程中，因混进杂质所造成的损失，或因与其他物质接触而被沾污所造成的损失，保险公司给予理赔。

⑤渗漏险，是指承保的液体物质和油类物质，如在运输过程中因容器损坏而引起的渗漏损失，或用液体储藏的货物因液体的渗漏而引起货物的腐败、变质等损失，保险公司给予赔偿。

⑥碰损、破碎险，是指保险公司对机械设备或易碎性物质等承保货物，在运输途中因颠簸、挤压、装卸野蛮造成货物本身的碰损和破碎的损失给予赔偿。

⑦串味险，是指承保被保险货物因与其他异味货物混装，致使其品质受损，由保险公司负责赔偿。

⑧受热、受潮险，是指承保货物在运输过程中，因气温突变或因船上通风设备失灵致使船舱水气凝结、发潮、发热所造成的损失。

⑨钩损险，是指承保货物在装卸过程中，因使用手钩、吊钩等工具所造成的损失，并对包装进行修补或调换所支付的费用负责赔偿。

⑩包装破裂险，是指承保货物在运输过程中，因装运或装卸不慎致使包装破裂所造成的损失。

⑪锈损险，是指承保货物在运输过程中，由于生锈所造成的损失。

议题六

南通粮油贸易公司向日本出口大米 8 000 公吨，投保平安险并加淡水雨淋险。该货轮在航行途中，因船上水管漏水，致使 200 多公吨大米受损。请分析，保险公司对该损失是否给予赔偿，为什么？

(2)特殊附加险险别

特殊附加险是承保由于特殊外来风险所造成的全部或部分损失。其险别如下：

①战争险。承保因战争、类似战争行为和敌对行为、武装冲突或海盗行为及由此引起的捕获、拘留、禁止和扣押所造成的损失，或各种常规武器所造成的损失，以及由于上述原因引起的共同海损牺牲、分摊和救助费用。

战争险的责任起讫是以水上危险为限，即自货物在起运港装上海轮或驳船时开始，直到目的港卸离海轮或驳船时为止。如果不卸离海轮或驳船，则从海轮到达目的地的当日午夜起算满 15 天，保险责任自行终止；如果在中途港转船，保险责任以海轮到达该港或卸货地点的当日午夜起算满 15 天为止，等到再装上续运海轮时恢复有效。

②罢工险。承保货物因罢工者、被迫停工工人、参加工潮暴动和民变的人员采取行动，或任何人的恶意行为所造成的直接损失，以及上述行为所引起的共同海损的牺牲、分摊和救助费用。

罢工险不包括罢工等行为的间接损失，其按战争险费率计收。按国际保险业惯例，如投保战争险再加保罢工险，不另增收保险费。罢工险的保险责任起讫，采取“仓至仓”条款。

③交货不到险。指不论任何原因，从承保货物装上船舶开始，不能在预定抵达目的地的日期起 6 个月内交货的，负责按全损赔偿。

④进口关税险。承保货物遭受保险责任范围以内的损失，而海关仍要求被保险人按完好货物价值完税时，保险公司对损失部分货物的进口关税负责赔偿。

⑤拒收险。其承保货物在具备有效进口许可证的情况下，被进口国当局拒绝进口或没收，按货物的保险价值负责赔偿。

⑥舱面险。承保货物存放舱面时，除按保险单所载条款负责外，还包括被抛弃或被风浪冲击落水的损失。如果普通集装箱装在舱面，则视同舱内货物承保，货主不必加保舱面险。

⑦黄曲霉素险。承保货物因所含黄曲霉素超过进口国的限制标准，被拒绝进口、没收或强制改变用途而遭受的损失。

⑧货物出口到中国香港（包括九龙）或澳门存仓火险责任扩展条款。承保货物运抵目的港中国香港（包括九龙在内）或澳门并卸离运输工具后，如果直接存放于保险单载明的过户银行所指定的仓库，该保险对存仓火险的责任至银行收回抵押款解除货物的权益为止，或运输险责任终止时满 30 天为止。

议题七

大连粮油进出口公司向某国出口大豆 10 000 公吨，用麻袋包装，投保平安险。货物运抵目的港时，恰逢港口工人罢工，并与警察发生冲突，这批大豆被当作掩体，损失惨重。请分析，该公司投保哪种附加险，保险公司才能对该损失负责赔偿，为什么？

4. 基本险的承保责任起讫与除外责任

(1)基本险的承保责任起讫

我国基本险的承保责任起讫，采用国际保险业通用的“仓至仓”条款，即保险公司的保险责任自被保险货物离开保险单所载明的起运（港）地发货人的仓库开始，直至该货物到达保险单所载明的目的（港）地收货人的仓库或被保险人用作分配时终止。如果被保险货物从船上卸下后，放在码头或海关仓库，而没有运到收货人的仓库，保险责任仍继续有效，但最长负责到卸离海轮后 60 天为止。如果在此期间货物需转运至非保险单所载明的目的地时，则以开始转运时终止。

议题八

山西粮油贸易公司与德国客商签订了一份 10 000 公吨小麦销售合同，由卖方投保一切险。一个月后货物到达目的港，德商在码头进行包装，期间下起了暴雨，致使 100 多公吨未包装的小麦致损。于是，德商以货物在保险有效期内为由，向保险公司提出索赔。请分析，德商能得到保险公司的索赔吗？为什么？

(2)基本险的除外责任

除外责任是指保险人不承担赔偿的范围。其主要内容包括：①被保险人的故意行为或过失所造成的损失；②属于发货人责任所引起的损失；③在保险责任开始前，被保险货物已存在的品质不良或数量短差的损失；④被保险货物的自然损耗、本质缺陷、特性，以及市价跌落、运输延迟引起的损失或费用；⑤海洋货物运输战争险和罢工险所规定的除外责任。

议题九

广东贸易公司于2014年7月向南非客商出口200瓶香水，每瓶5千克，并向中保财产保险有限公司广东分公司投保了一切险。由于航程太长且天气炎热，货到达目的港时，经检验每瓶香水只有4.98千克。对此，南非客商向保险公司提出索赔。请分析，南非客商提出的要求合理吗？

5. 海上货物运输保险合同的订立、变更、转让和终止

(1)海上货物运输保险合同的订立程序

①投保人填写投保单，申请办理保险手续。投保单见样例6—1。

样例6—1

中保财产保险有限公司上海市分公司

The People's Insurance (Property) Company of China, LtD. Shanghai Branch

进出口货物运输保险投保单

Application From form I/E Marine Cargo Insurance

被保险人 Assured' s Name			
发票号码(出口用)或合同号码(进口用) Invoice No. or Contract No.	包装数量 Quantity	保险货物项目 Description of Goods	保险金额 Amount Insured

装载运输工具________航次、航班或车号________开航日期________
Per Conveyance Voy. No. Slg. Date
自________至________转运地________赔款地________
From To W/Tat Claim Payable at

承保险别：
Condition & / or
Special Coverage

投保人签章及公司名称、电话、地址：
Applicant's Signature and Co.'s Name, AdD. And
Tel. No.

备注：
Remarks

投保日期：
Date

保险公司填写： 保单号： 费率： 核保人：

②保险人接受被保险人的保险业务后，收取保险费并签发保险单。海上货物运输保险单见样例6－2。

样例6－2

中保财产保险有限公司

The People's Insurance (Property) Company of China, LtD.

发票号码 保险单号次

Invoice No. Policy No.

海 洋 货 物 运 输 保 险 单

MARINE CARGO TRANSPORTATION INSURANCE POLICY

被保险人

Insured: ____________________

中保财产保险有限公司(以下简称本公司)根据被保险人的要求，及其所缴付约定的保险费，按照本保险单承担的险别和背面所载条款与下列特别条款承保下列货物运输保险，特签发本保险单。

This policy of Insurance witnesses that The People's Insurance (Property) Company of China, LtD. (hereinafter called "The Company"), at the request of the Insured and consideration of the premium paid by the Insures, undertakes to insure the undermentioned goods in transportation subject to the condition of this Policy as per the Clauses printed overleaf and other special clauses attached hereon.

保险货物项目 Descriptions of Goods	包装 单位 数量 Packing Unit Quantity	保险金额 Amount Insured

承保险别 货物标记

Condition ________________ Marks of Goods ________________

总 保 险 金 额:

Total Amount Insured:

保费 As arranged 运输工具 开航日期:

Premium __________ Per conveyance S. S __________ Slg. On or abt __________

起运港 目的港

From ____________________ To ____________________

所保货物，如发生本保险单项下可能引起索赔的损失或损坏，应立即通知本公司

续

下述代理人查勘。如有索赔,应向本公司提交保险单正本(本保险单共有份正本)及有关文件。如一份正本已用于索赔,其余正本则自动失效。

In the event of loss or damage which may result in a claim under this policy, immediate notice must be given to the Company's Agent as mentioned hereunder. Claims, if any, one of the Original Policy which has been issued in ____ Original (s) together with the relevant documents shall be surrendered to the Company, If one of the Original Policy has been accomplished, the others to be voiD.

中保财产保险有限公司

THE PEOPLE'S INSURANCE (PROPERTY) COMPANY OF CHINA, LTD.

赔款偿付地点

Claim payable at ________________

日期 在

Date ________________ at ________________________ General Manager:

地址:

Address:

(2)海上货物运输保险合同变更的主要内容

国际海上货物运输保险合同签订后,在有效期内对合同中原约定的某些内容进行改变,合同的主体不变。主要有以下四个方面:

①航程变更,是指起运港变更,或目的港变更,或起运港和目的港都发生变更。如果航程变更发生在保险人承担保险责任开始之前,海上货物运输保险合同即告生效;如果发生在保险人承担保险责任开始以后,保险人对变更后发生的保险事故不承担责任。但是,由于被保险人无法控制的事由而引起的航程变更,保险人仍予以负责。

议题十

江西玩具进出口公司与加拿大TPA公司签订了一份木质玩具销售合同,采用CIF贸易术语,为此向中保财产保险有限公司江西分公司办理保险,航程为九江至蒙特利尔。由于蒙特利尔港口拥挤,承运人只好将货物卸到附近港口。请分析,保险公司对航程变更期间所产生的损失仍负责赔偿吗,为什么?

②中途绕航,是指起运港和目的港不变,只改变航线。由于航线变化会引

起航程时间的延长，增加保险标的的风险和成本，保险人对绕航这一段内发生的因风险引起的损失不承担责任。如果因营救海上遇难的人，或财产，或为救治船上急病患者而绕航，保险人对因其造成的保险标的的损失，仍承担责任。

③船舶变更，由于船舶是海上货物的运输工具，其变更会增加保险标的的风险，保险人对船舶变更后的风险引起的损失不予以负责。

④保险标的的种类、数量、价值、投保险别的变更，其必然会增加或减少保险人的责任，因此被保险人需要更改这些内容，要向保险人提出变更要求。

被保险人向保险人提出变更申请，保险人进行审核，并收取相应的费用，然后签发批单，由此产生法律效力。

(3)海上货物运输保险合同转让的法律后果

国际海上货物运输保险合同的转让是指由于保险标的的权益发生了转移而出现的被保险人变更。由于海上货物运输的范围广，流动性大，货物在运输途中有关所有权的转移事项经常发生，因此货物在运输保险合同中的保险利益也随之易主。国际海上货物运输保险合同的转让不需要保险人的同意，保险人对转让后的保险合同仍然承担责任。

议题十一

江西玩具进出口公司与加拿大 TPA 公司签订了一份木质玩具销售合同，采用 CIF 贸易术语，为此向中保财产保险有限公司江西分公司办理保险。货物装船后，江西玩具进出口公司在保险单的背面进行背书。请分析，该保险合同的受益人是谁，为什么？

(4)海上货物运输保险合同终止的情形

国际海上货物运输保险合同的终止是指合同的双方当事人的权利与义务的关系消灭。其主要有四种情形：①自然终止，即保险单有效期限届满而终止，或保险标的因保险事故之外的原因而灭失，保险合同终止；②履约终止，是指保险人对保险范围内的全损履行了赔偿责任，保险合同的责任即告终止；③协议终止，是指保险合同的双方当事人按照订立合同时的协议规定的终止事项，而解除合同；④违约终止，是指保险人因被保险人违法或违反约定事项而终止保险合同。

议题十二

江西玩具进出口公司与加拿大 TPA 公司签订了一份木质玩具销售合同，采用 CIF 贸易术语，为此向中保财产保险有限公司江西分公司办理保险。货物装船后，江西玩具进出口公司将保险单背书转让给 TPA 公司。货物到达目的港，收货人经检验后提货销售。请分析，它属于海上货物运输保险合同终止的哪一种情形，为什么？

6. 海上货物运输保险索赔

保险索赔是指被保险人就保险合同承保的风险所产生的损失要求保险人支付保险金的行为。当被保险人得知运输工具在途中遭遇意外事故，或在目的地港提货时发现货损，必须按保险单的规定向保险人办理索赔手续。

(1)索赔形式

索赔形式主要有直接索赔和间接索赔两种形式。

①直接索赔是指被保险人以书面形式直接向保险人或其代理人提出索赔。其有两种情况：一是直接责任索赔。不论导致货物受损的责任者为何方，被保险人根据“就近报损”的原则向离损失发生地最近的保险人或其代理人提出索赔。二是转位责任索赔。被保险人先直接向导致货物受损的责任者提出索赔，不足部分再向保险人或其代理人提出索赔。

②间接索赔是指被保险人委托其代理人（保险经纪人）以书面形式向保险人或其代理人提出索赔。被保险人的代理人提出索赔时，必须出示被保险人的授权委托书。

(2)索赔时效

索赔时效是指被保险人向保险人提出索赔的法定时间。我国《海商法》规定，自保险事故发生之日起 2 年，在其最后 6 个月内因不可抗力或其他障碍不能行使请求权时，时效中止，并在其原因消失后继续计算。

(3)索赔程序

①及时发出损失通知。被保险人得知被保险货物遭受损失时应通过电话、传真等方式及时通知保险人，并保持好受损货物的原有状态。保险人在接到损失通知后，提出施救意见，确定责任。

②提出检验申请。被保险人在向保险人发出损失通知的同时提出货损检验申请，不得拖延。我国海洋货物运输保险条款规定，对承保货物的报损和申请检验自保险责任终止之日起 10 天内进行。

③向第三者责任方进行索赔。被保险人在提货时发现货物包装有明显受

损痕迹，或数量短缺，除应及时向保险人报损和申请检验外，还必须立即向承运人、港务当局等相关责任方索取货损货差证明，并立即向其提出索赔并保留追偿的权利。按照运输合同的有关规定，如果被保险人不在检验货损时向承运人提出索赔，会导致保险人丧失追损权利，为此保险人也可拒绝向被保险人赔偿。

④进行合理施救。被保险货物受损后，被保险人必须迅速采取合理的抢救措施，防止或减少货物的损失，否则保险人可拒绝赔偿。

⑤提供索赔单据。被保险人向保险人提出索赔时必须提供保险单或保险凭证正本、运输合同(如海运提单)、发票、装箱单、承运人或港务当局的货损货差证明、检验报告、索赔清单等单据。

被保险人在办妥有关索赔手续后，等待保险人最后审定责任，领取赔款。如果未能及时得到赔款的通知，应及时予以催赔。

7. 海上货物运输保险理赔

理赔是保险人根据约定的保险事故发生后承担的赔偿责任，支付保险合同规定的赔偿金额。

(1)海上货物运输保险赔偿的原则

海上货物运输保险的赔偿应遵循的原则是：①重合同，守信用。保险人应尊重和维护被保险人的合法权益，重合同守信用，根据保险合同的规定对被保险人的经济损失予以赔偿，提高保险人的声誉。②适当赔偿。保险人应合情合理地对被保险人的损失进行赔偿，要做到适当，既不能赔偿不足，也不能超额赔偿。③遵守国际法规和惯例。海上保险是一种涉外性保险，其赔偿往往要涉及有关的国际法规和惯例，因此，要严格按照这些国际法规和惯例来处理。

(2)海上货物运输保险理赔的程序

①立案登记。当保险人或其代理人接到被保险人的损失通知后，要确定保险的有效期是否有效。如在保险期内，应立即核查保险单底，在赔案登记簿上登记。其内容应包括保单编号、保险标的、保险金额、运输工具名称和损失情况等。当理赔结束后还要写上处理结果，以便日后查询。

②查勘检验。保险人或其代理人在收到损失通知后，应立即派有关业务人员赴现场进行查勘检验，确定导致货损货差的直接原因。

③核赔定损。保险人在接到索赔申请后必须对其损失是否承担赔偿予以确定，属于保险责任范围内的损失应及时给予赔偿，除此以外可以拒赔。

④给予赔款。保险人经过计算后要缮制赔款计算书作为赔款的依据。当对被保险人进行理赔后还要填制赔款收据，证明被保险人已经收到赔款，并且还表明该货物的权益已转让给保险公司，使得保险公司有权进行追查。

⑤海上货物运输保险的追偿。其是指保险人根据代位求偿权向第三者索

赔的一种行为。追偿成功后可以补偿保险人的赔款损失，维护自身的经济利益，也是督促有关责任方认真履约，承担其对货物损失的应有责任。根据我国《海商法》的规定，海上货物运输保险追偿的时效为自交货之日起1年。

二、英国伦敦保险协会货物保险条款

英国伦敦保险协会是国际上有较大影响的保险机构，于1982年修订的伦敦保险协会货物新条款(Institute Cargo Clauses，缩写为ICC)在国际上广为采用。该协会货物条款规定了六种险别，即ICC (A)、ICC (B)、ICC (C)、协会战争险条款(货物)、协会罢工险条款(货物)和恶意损害条款，其中ICC (A)、ICC (B)、ICC (C)是主险，战争险条款、罢工险条款和恶意损害险为附加险条款。

1. 协会货物条款(A)

(1)承保风险

协会货物条款(A)承保的风险范围是：①承保除"除外责任"各条款规定以外的一切风险所造成保险标的的损失；②承保共同海损和救助费用，其理算或确定应根据运输契约和(或)有关法律和惯例办理；③根据运输契约订有"船舶互撞责任"条款，应由货方偿还船方的损失。协会货物条款(A)承保范围较广，采用了"一切险减去除外责任"的规定方式。

(2)除外责任

协会货物条款(A)的除外责任有以下三个方面：

①一般责任条款的除外责任。其主要规定是：被保险人故意行为所造成的损失和费用；保险标的自然渗漏，重量或容量的自然损耗，或自然磨损；由于保险标的包装或准备不足或不当造成的损失或费用，包括用集装箱或海运集装箱装载的；由于保险标的本质缺陷或特性造成的损失和费用；直接由延迟引起的损失或费用；由于船舶所有人、经理人、租船人或经营人破产或不履行债务造成的损失或费用；由于使用任何原子或核子裂变和(或)聚变或其他类似反应或放射性作用或放射性物质的战争武器造成的损失或费用。

②不适航和不适宜除外责任。其主要规定是：船舶或驳船不适航，且被保险人已知情；保险人放弃船舶必须适航和适宜将保险标的运往目的地的默示担保，除非被保险人或其受雇人知道这种不适或不适宜的情况。

③战争险除外责任。其主要规定是：战争、内战、革命、叛乱、造反或由此引起的内乱，交战国或针对交战国的任何敌对行为；捕获、拘留、禁制、扣押(海盗行为除外)以及这种行动的后果或这方面的企图；遗弃的水雷、鱼雷、炸弹或其他遗弃的战争武器。

④罢工险除外责任。其主要规定是：罢工者、被迫停工工人，参与工潮、暴

动或民变的人员；罢工、被迫停工、工潮、暴动或民变；任何恐怖主义者或者任何出于政治目的采取的行动。

(3)责任起讫

保险责任期限，自货物运离保险单所载明的起运地仓库或储存处所开始运输时起生效，包括正常运输过程，直至运到下述地点时终止：

①保险单所载明的目的地收货人或其他最后仓库或储存处所；

②在保险单所载明目的地的之前或目的地的任何其他仓库或存储处所，由被保险人选择用作在正常运输过程之外储存货物，或分配及分派货物，或被保险货物在最后卸载港全部卸离海轮后满 60 天为止。

如货物在本保险责任终止前于最后卸载港卸离海轮，需转运到非保险单载明的其他目的地时，保险责任仍按上述规定终止，但以该项货物开始转运时终止。在被保险人无法控制的运输延迟、任何绕道、被迫卸货、重行装载、转运以及船东或租船人运用运输契约赋予的权限所作的任何航海上的变更的情况下，保险责任仍继续有效。如由于被保险人无法控制的情况，致使运输契约在非保险单载明的目的地的港口或处所终止，或者运输在按上述规定发货前终止，保险责任亦应终止。

(4)被保险人的义务

当发生本保险承保的损失时，被保险人的义务是：采取合理措施，以避免或减少这种损失；行使对承运人、受托人或其他第三者追偿的一切权利。保险人除负责赔偿承保责任内的任何损失外，还应偿还被保险人为履行上述义务而产生的任何适当费用。

2. 协会货物条款(B)

(1)承保风险

协会货物条款(B)承保的风险范围是：①归因于火灾、爆炸所造成的灭失和损失；②归因于船舶或驳船触礁、搁浅、沉没或倾覆所造成的灭失和损害；③归因于运输工具倾覆或出轨所造成的灭失和损害；④归因于船舶、驳船或运输工具同任何外界物体碰撞所造成的灭失和损害；⑤归因于在避难港卸货所造成的灭失和损害；⑥归因于地震、火山爆发或雷电所造成的灭失和损害；⑦共同海损的牺牲引起保险标的损失；⑧由于抛货或浪击入海引起保险标的损失；⑨由于海水、湖水或河水进入船舶、驳船、运输工具、集装箱、大型海运箱或贮储处所引起保险标的损失；⑩货物在装卸时落海或跌落造成整件的全损。协会货物条款(B)承保风险是采用“列明风险”的方式。

(2)除外责任、责任起讫、被保险人义务

协会货物条款(B)的除外责任、责任起讫和被保险人义务与条款(A)所规定的相同。

3. 协会货物条款(C)

(1)承保风险

协会货物条款(C)承保的风险范围是:①火灾或爆炸;②船舶或驳船遭受搁浅、触礁、沉没或倾覆;③陆上运输工具的倾覆或出轨;④船舶、驳船或运输工具同除水以外的任何外界物体碰撞;⑤在避难港卸货;⑥共同海损的牺牲引起保险标的损失;⑦由于抛货或浪击入海引起保险标的损失。

(2)除外责任、责任起讫、被保险人义务

协会货物条款(C)的除外责任在条款(B)的基础上加一条,即由于使用任何原子或核子裂变和/或聚变或其他类似反应或放射性作用或放射性物质的战争武器造成的损失或费用。协会货物条款(C)的责任起讫、被保险人义务与条款(B)规定的相同。

以上三种险别中,ICC(A)险相当于中国保险条款中的一切险,其责任范围最大;ICC(B)险大体上相当于水渍险,比 ICC(A)险的责任范围小;ICC(C)险相当于平安险,比 ICC(B)险的承保范围还小。

另外,恶意损害险属于附加险别,不能单独投保。战争险和罢工险在征得保险公司同意后,也可作为独立的险别进行投保。

第三节 国际航空货物运输保险

航空货物运输险的承保标的是以飞机为主要运输工具的货物,在承保责任范围内所致的损失,由保险公司负责赔偿。

案例导入

苏州茶叶贸易公司与日本大山商社签订了碧螺春茶叶销售合同,约定从苏州空运至东京,采用 CIP 贸易术语。为此,苏州茶叶贸易公司根据合同的规定用传真向中保财产苏州保险公司发出投保书,投保航空运输一切险。保险公司向其收取保险费后签发了保险单,责任起讫为"仓至仓条款"。货物到达东京机场后,承运人的代理人向收货人日本大山商社发出提货通知。日商提货时发现 10 箱货物因飞机着陆碰撞导致外包装破损、内包装纸盒变形,并要求承运人的代理人出具货损货差证明。同时,经检验发现茶叶品质与样品不符,并由当地质检部门出具检验报告。为此,大山商社向苏州茶叶贸易公司和中保财产苏州保险公司提出索赔。

根据航空货物运输保险条款的内容，请思考下列问题：

1. 航空货物运输保险条款规定的险别有哪些？

2. 航空运输险与航空运输一切险的责任范围有哪些主要内容？

3. 航空货物运输保险除外责任范围如何？

4. 航空货物运输保险责任期限规定如何？

5. 被保险人有哪些具体义务？

一、航空货物运输保险的责任范围

航空货物运输保险分为航空运输险和航空运输一切险两种。

1. 航空运输险的责任范围

（1）被保险货物在运输途中遭受雷电、火灾、爆炸或由于飞机遭受恶劣气候或其他危难事故而被抛弃，或由于飞机遭受碰撞、倾覆、坠落或失踪等意外事故所造成的全部或部分损失。

（2）被保险人对遭受承保责任内的致损货物采取合理施救措施而支付的费用，以不超过该批被救货物的保险金额为限。

2. 航空运输一切险的责任范围

航空运输一切险的责任范围除了包括航空运输险的责任外，还包括货物由于外来原因所致的全部或部分损失。

议题十三

苏州茶叶贸易公司与日本大山商社签订了碧螺春茶叶销售合同，按约定投保航空运输一切险。日商在提货时发现10箱货物因飞机着陆碰撞导致外包装破损、内包装纸盒变形，并由承运人的代理人出具货损货差证明。请分析，日本大山商社能向保险公司提出索赔吗？为什么？

二、航空货物运输保险的除外责任

保险公司对五种情形不承担赔偿责任。具体内容如下：

（1）被保险人的故意行为或过失所造成的损失；

（2）属于发货人责任所引起的损失；

（3）保险责任开始前，被保险货物已存在的品质不良或数量短差所造成的损失；

(4)被保险货物的自然损耗、本质缺陷、特性以及市价跌落、运输延迟所引起的损失或费用；

(5)本公司航空货物运输战争险条款和货物运输罢工条款规定的责任范围和除外责任。

议题十四

苏州茶叶贸易公司与日本大山商社签订了碧螺春茶叶销售合同，按约定投保航空运输一切险。日商在提货时经检验发现茶叶品质与样品不符，为此持检验报告向保险公司提出索赔。请分析，日本大山商社的要求合理吗？为什么？

三、航空货物运输保险责任起讫

1.“仓至仓”责任

“仓至仓”责任的具体范围如下：

(1)自被保险货物运离保险单载明的起运地仓库或储存处所开始运输时生效，直至该项货物运达保险单所载目的地收货人的最后仓库或储存处所或被保险人用作分配、分派或非正常运输的其他储存处所为止。

(2)如未运抵上述仓库储存处所，则以被保险货物在最后卸离飞机后满30天为止。

(3)如在上述30天内被保险的货物需转送到非保险单所载明的目的地时，则以该项货物开始转运时终止。

2. 其他情形责任

(1)由于被保险人无法控制的运输延迟、绕道、被迫卸货、重行装载、转载或承运人运用运输契约赋予的权限所在的任何航行上的变更或终止运输契约，致使被保险货物运到非保险单所载目的地，在被保险人及时将获知的情况通知保险人并加缴保险费的情况下，保险责任仍继续有效。

(2)如果被保险货物在非保险单所载目的地出售，保险责任至交货为止，或被保险货物在卸离飞机满30天为止。

(3)如果被保险货物在卸离飞机30天期限内继续运往保险单所载原目的地或其他目的地时，保险责任仍按“仓至仓”责任的规定终止。

四、被保险人的义务

被保险人应按照以下规定的应尽义务办理有关事项。如因未履行规定的义务而影响保险人的利益，保险人对有关损失可拒绝赔偿。具体义务如下：

1. 及时提货

当被保险货物运抵保险单所载目的地以后，被保险人应及时提货，当发现被保险货物遭受任何损失，应立即向保险单上载明的检验、理赔代理人申请检验。如发现被保险货物整件短少或有明显残损痕迹，应立即向承运人、受托人或有关当局索取货损货差证明。如果货损货差是由于承运人、受托人或其他有关方面的责任造成的，应以书面方式向他们提出索赔，必要时还需取得延长时效的认证。

2. 合理施救

对遭受承保责任内的致损货物，应迅速采取合理的抢救措施，防止或减少货物的损失。

3. 提供单证

被保险人进行索赔时，必须提供保险单正本、运单、发票、装箱单、磅码单、货损货差证明、检验报告和索赔单，如涉及第三者责任，还须提供向责任方追偿的有关函电及其他必要单证或文件。

五、索赔期限

保险索赔时效应从被保险货物在最后卸载地卸离飞机起计算，以二年为限。

议题十五

苏州茶叶贸易公司与日本大山商社签订了碧螺春茶叶销售合同，按约定投保航空运输一切险，保险单签发日为10月1日。日商在提货时发现10箱货物因飞机着陆碰撞导致外包装破损、内包装纸盒变形，为此承运人的代理人向收货人日本大山商社出具货损货差证明。日本大山商社于10月31日向保险公司提出索赔。请分析，保险公司能给予理赔吗？为什么？

第四节　国际陆上货物运输保险

陆上货物运输保险是以火车、汽车等为主的陆上运输工具为载体而进行的货物运输保险。我国不论是使用火车还是汽车运输货物的保险，均采用相同的险别和条款。按国际惯例，火车货物运输保险和汽车货物运输保险，是采用不同的险别和条款。

案例导入

黑龙江粮油有限公司与俄罗斯大卫公司签订一份销售合同，约定散装大豆一级10万公吨，CIP后贝加儿车站。为此，黑龙江粮油有限公司委托绥芬河铁路车站进行运输，并向中保财产保险公司黑龙江分公司投保陆上货物运输险。保险公司同意承保，收取保险费后签发了保险单。货物运到俄罗斯后贝加儿车站后，俄商及时办理提货手续，并经当地检验部门检验，因暴风雨导致大豆霉变200公吨，串味100公吨。由于大豆在当地市场价格偏高，利润较大，于是在获取车站提供的货损货差证明后，立即开始在该车站进行包装销售。时值当晚暴雨，有200公吨大豆被雨浸泡不能出售。为此，俄商向保险公司提出索赔。

根据陆上货物运输保险条款的内容，请思考下列问题：

1. 陆上货物运输保险的险别及责任范围如何？
2. 陆上货物运输保险的除外责任是什么？
3. 陆上货物运输保险的责任期限有哪些具体规定？
4. 被保险人义务有哪些主要内容？

一、陆上货物运输保险的责任范围

陆上货物运输保险分为陆运险和陆运一切险两种。

1. 陆运险责任范围

(1)被保险货物在运输途中遭受暴风、雷电、洪水、地震等自然灾害，或由于运输工具遭受碰撞、倾覆、出轨，或在驳运过程中因驳运工具遭受搁浅、触礁、沉没、碰撞，或由于遭受隧道坍塌、崖崩，或失火、爆炸等意外事故所造成的全部或部分损失。

(2)被保险人对承保责任内的货损进行合理施救而支付的费用，但以不超过该批被救货物的保险金额为限。

2. 陆运一切险责任范围

陆运一切险的责任范围除了包括陆运险的责任外，还有被保险货物在运输途中由于外来原因所致的全部或部分损失。

议题十六

黑龙江粮油有限公司向俄罗斯大卫公司出口散装大豆10万公吨，约定CIP后贝加儿车站。为此，黑龙江粮油有限公司向中保财产保险公司黑龙江分公司投保陆上货物运输险。当俄商提货时委托检验部门检验，因暴风雨导致大豆霉变200公吨，串味100公吨。为此，俄商向保险公司提出索赔。请分析，俄商的要求合理吗？为什么？

二、陆上货物运输保险的除外责任

保险公司对五种情形不承担赔偿责任。具体内容如下：

(1)被保险人的故意行为或过失所造成的损失；

(2)属于发货人责任所引起的损失；

(3)在保险责任开始前，被保险货物已存在的品质不良或数量短差所造成的损失；

(4)被保险货物的自然损耗、本质缺陷、特性以及市价跌落、运输延迟所引起的损失或费用；

(5)本公司陆上货物运输战争险条款和货物运输罢工险条款规定的责任范围和除外责任。

三、陆上货物运输保险责任起讫

陆上货物运输险承担“仓至仓”责任，自被保险货物运离保险单所载明的起运地仓库或储存处所开始运输时生效，包括正常运输过程中的陆上和与其有关的水上驳运在内，直至该项货物运达保险单所载目的地收货人的最后仓库或储存处所，或被保险人用作分配、分派的其他储存处所为止。如未运抵上述仓库或储存处所，则以被保险货物运抵最后卸载的车站满60天为止。

议题十七

黑龙江粮油有限公司向俄罗斯大卫公司出口散装大豆10万公吨，约定CIP后贝加儿车站。为此，黑龙江粮油有限公司向中保财产保险公司黑龙江分公司投保陆上货物运输险。货物到达该车站后，由于大豆在当地市场价格偏高，利润较大，于是立即在车站进行包装并销售。时值当晚暴雨，有200公吨大豆被雨浸泡不能出售。为此，俄商向保险公司提出索赔。请分析，俄商的要求合理吗？为什么？

四、被保险人的义务

被保险人的具体义务如下：

1. 及时提货

当被保险货物运抵保险单所载目的地以后，被保险人应及时提货，当发现被保险货物遭受任何损失，应立即向保险单上所载明的检验、理赔代理人申请检验。如发现被保险货物整件短少或有明显残损痕迹，应立即向承运人、受托人或有关当局索取货损货差证明。如果货损货差是由于承运人、受托人或其他有关方面的责任所造成，应以书面方式向他们提出索赔，必要时还需取得延长时效的认证。

2. 合理施救

对承保责任内的货物损失，应迅速采取合理的抢救措施，防止货物损失扩大。

议题十八

黑龙江粮油有限公司向俄罗斯大卫公司出口散装大豆10万公吨，按合同约定向中保财产保险公司黑龙江分公司投保陆上货物运输险。当俄商提货时经检验部门检验，因暴风雨导致大豆霉变200公吨，并由承运人出具货损货差证明。时值炎热的夏天，由于俄商未对霉变大豆进行处理，以致霉变大豆扩大为250公吨。请分析，对这50公吨大豆俄商能从保险公司获取索赔吗？为什么？

3. 提供单证

被保险人进行索赔时，必须提供保险单正本、运单、发票、装箱单、磅码单、货损货差证明、检验报告及索赔清单。如涉及第三者责任，还须提供向责任方追偿的有关函电及其他必要单证或文件。

五、索赔期限

保险索赔时效，从被保险货物在最后目的地车站全部卸离车辆之日起两年为限。

思考与检测

一、单项选择题

1. 中国甲公司与德国乙公司签订了成套设备的进口合同，按时装上了指定的利比里亚籍“玛丽”轮，并投保了平安险。该轮在航行中与日本籍“小治丸”因过失发生碰撞，致使其货舱中部分货物受损。基于上述情况，下列选项正确的是（　　）。

A. 甲公司自行承担货损　　B. 依《海牙规则》可以免责

C. 保险公司不承担赔偿责任　　D. 甲公司有权要求银行拒付货款

2. 在保险合同中，投保人承担的基本义务是（　　）。

A. 取得经济补偿　　B. 取得保险金

C. 支付佣金　　D. 支付保险费

3. 按照保险合同约定收取保险费，并承担约定保险范围内的损失，给予投保人补偿的保险公司是（　　）。

A. 保险人　　B. 被保险人

C. 投保人　　D. 出口商

4. 与保险人订立海上保险合同并按约定支付保险费的当事人是（　　）。

A. 保险人　　B. 投保人

C. 保险公司　　D. 进口商

5. 根据我国《海商法》的规定，海上货物运输保险追偿的时效为自交货之日起（　　）。

A. 3 年　　B. 2 年

C. 1 年半　　D. 1 年

6. 我公司从德国进口一批电冰箱，以 CIF SHANGHAI 成交，船在途经马六甲海峡附近时遭海盗洗劫，货物尽失，而该货物只投保了平安险，该损失的责任方应是（　　）。

A. 卖方　　B. 买方

C. 保险公司　　D. 运输公司

7. 投保人应对（　　）具有法律上承认的利益。

A. 保险事故　　B. 保险责任

C. 保险风险　　D. 保险标的

8. 代表投保人利益向保险公司洽订保险合同并向接受该项业务的承保人收取佣金的人是（　　）。

A. 保险人　　B. 保险经纪人

C. 保险公司　　D. 投保人

9. 被保险人要求保险人按全部损失赔偿，被保险人必须向保险人发出（　　）。

A. 委付通知　　B. 损失通知

C. 证明通知　　D. 保险通知

10. 保险合同的订立时间是确定保险责任开始计算的时间，其是（　　）。

A. 签发保险单的时间　　B. 填制投保单的时间

C. 获得保险人资格的时间　　D. 工商登记的时间

二、多项选择题

1. 海上保险合同的投保人应具备的条件是（　　）。

A. 具有民事行为能力的人　　B. 具有保险利益

C. 具有双务合同　　D. 具有解决利益

2. 按照各国法律规定,保险公司具有经营海上保险业务的资格的条件是(　　)。

A. 获得保险人资格　　B. 工商登记

C. 工商备案　　D. 海关登记

3. 下列关于保险合同性质的表述正确的是(　　)。

A. 保险合同是射幸合同　　B. 保险合同是格式合同

C. 保险合同是双务合同　　D. 保险合同是诺成合同

4. 从法理视角出发,国际货物运输保险合同成立的环节是(　　)。

A. 投保人填制投保单,提出保险申请　　B. 保险人进行研究

C. 保险人无条件地予以承保　　D. 签发保险单或保险凭证

5. 国际货物运输保险的基本原则是(　　)。

A. 最大诚实信用原则　　B. 保险利益原则

C. 近因原则　　D. 损失补偿原则与代位求偿原则

6. 海上货物运输保险的赔偿应遵循的原则是(　　)。

A. 重合同守信用　　B. 适当赔偿

C. 货物损失赔偿　　D. 遵守国际法规和惯例

7. 天津甲公司向荷兰乙公司出口肠衣,价格条件为CIF鹿特丹。甲公司依合同规定将用木桶包装装运于"美虹"轮,并投保了水渍险和渗漏险。由于该轮在途中突遇台风使船剧烈颠簸,当船抵达目的港时发现大部分木桶破碎,货损严重。下列选项正确的是(　　)。

A. 甲公司投保险别有误

B. 应由天津甲公司办理投保

C. 乙公司应向保险公司提出索赔

D. 承运人依《海商法》规定免除货物损失的责任

8. 在海上货物运输保险中,除合同另有约定外,保险人对(　　)原因造成货物损失不予赔偿。

A. 交货延迟　　B. 被保险人的过失

C. 市场行情变化　　D. 货物自然损耗

9. 货主因货轮途中遇飓风、触礁导致货物全部损失,向保险公司发出委付通知。该保险公司可选择的处理方法是(　　)。

A. 必须接受委付　　B. 拒绝接受委付

C. 先接受委付,然后撤回　　D. 接受委付,不得撤回

10. 航空货物运输保险的被保险人应按照下列(　　)义务办理有关事项。

A. 及时提货　　B. 合理施救

C. 提供单证　　D. 填投保单

三、判断题

1. 陆上货物运输险承担“仓至仓”责任，但不包括正常运输过程中的陆上和与其有关的水上驳运在内。 (　　)

2. 陆上货物运输险保险索赔时效，从被保险货物在最后目的地车站全部卸离车辆之日起1年为限。 (　　)

3. 航空货物运输险的承保标的是任何运输工具承载的货物。 (　　)

4. 协会货物条款(A)相当于中国保险条款中的一切险。 (　　)

5. 根据我国《海商法》的规定，海上货物运输保险追偿的时效为自交货之日起2年。 (　　)

6. 直接索赔是指被保险人以书面形式直接向保险人或其代理人提出索赔。 (　　)

7. 合同的双方当事人的权利与义务的关系消灭，即为保险合同的解除。 (　　)

8. 国际海上货物运输保险合同的转让必须经保险人的同意，否则无效。 (　　)

9. 保险人对为救治船上急病患者而绕航，对因其造成保险标的的损失，不承担责任。 (　　)

10. 由于被保险人无法控制的事由而引起的航程变更，保险人仍予以负责。 (　　)

四、案例题

1. 某装载着甲、乙、丙、丁四人货物的货轮在航行过程中遭遇风暴，货轮受损。该货轮遂驶入某港口修理，修理费用6万元，港口费以及修理期间的船员工资共2万元。货轮修好后，继续航行，第二天在海上又遇大风浪，为了保证船货安全，船长下令抛弃了甲的价值30万元的货物后才解除了危险。货轮到达目的港后，由于船期延误和市场行情变化，丁损失5万元。请问，上述哪一项属于单独海损？

2. 在两伊战争期间，我方A公司向伊拉克B公司出口一批商品，以CIF巴士拉成交，我方A公司按照合同规定加保战争险，货物系租用一国外船舶C公司的船进行运输。该船于7月10日到达巴士拉，但由于港口拥挤未能卸货，数日后又遭炮火袭击，货物损失了一半。请分析，按照惯例负责赔偿这一损失的应该是哪个公司？

3. 海南粮油贸易公司从印度进口散装货物黄豆12 000公吨(10%增减)，采用FOB贸易术语，为此向中国平安财产保险公司海南分公司办理保险手续。该货到达目的港时，海南粮油贸易公司发现质量短缺，部分有异味，并与商检部门检验检疫的结果一致。为此，海南粮油贸易公司向保险公司提出赔偿，并按照保险单规定提交商检证书等全套索赔文件。请分析，该索赔是直接还是间接索赔，为什么？

五、简答题

1. 简述国际海上货物运输保险合同的订立。

2. 简述我国《海商法》规定的国际海上货物运输保险合同的主要内容。

3. 基本险除外责任的具体内容是什么？

第七章　国际商务中的出入境管理制度

——进出口管理条例、检验法、海关法

学习目标

- 进出口商品配额与许可证管理的范围
- 配额与许可证管理部门的法律责任
- 进出口经营者法律责任的具体内容
- 出入境检验检疫工作的主要内容
- 报检单位与报检员的管理内容
- 报关单位与报关员的法律责任

国际商务中的出入境管理制度是为了规范货物进出口管理、维护货物进出口秩序、促进对外贸易健康发展而建立起来的。各国都制定了一系列法律法规。在我国,有关出入境管理方面的法律法规主要有《中华人民共和国货物进出口管理条例》、《中华人民共和国对外贸易法》、《中华人民共和国进出口商品检验法》、《中华人民共和国进出境动植物检疫法》、《中华人民共和国食品卫生法》、《中华人民共和国海关法》等。

第一节　进出口商品配额与许可证管理制度

进出口商品配额与许可证管理制度是世界上大多数国家普遍采用的管理进出口贸易秩序的重要工具。它是根据国家有关法律法规对进出口经营权、经营范围、贸易国别、进出口商品的品种等实行有效监测,通过政府有关行政机构发放进出口商品配额与签发进口货物许可证或出口货物许可证来进行全面管理,是我国出入境管理制度中的重要内容之一。

案例导入

江苏进出口贸易公司在今年春季华交会上向加拿大皮特贸易公司的PITER先生就本公司展览的上海牌26英寸和28英寸山地自行车进行了热情详细的介绍，并呈送了大量的资料。数日后，王嫔小姐向皮特贸易公司发出发盘。该公司经理PITER先生经过研究接受该发盘的全部交易条件，并与江苏进出口贸易公司签订了贸易合同，采用电汇结算方式。

由于出口的山地自行车(商品编码为87120030)属于许可证管理范围内的商品，对此，江苏进出口贸易公司向江苏省商委主管配额许可证的部门申请签发出口货物许可证，并提供有关资料。数日后，经江苏省商委主管配额许可证的部门核准后，向江苏进出口贸易公司签发出口货物许可证。

根据《中华人民共和国货物进出口管理条例》的有关规定，请思考下列问题：

1. 进出口商品配额与许可证管理的范围如何？
2. 进出口货物许可证的签发机构是哪些部门？
3. 对于进出口货物许可证的有效期限有何具体规定？
4. 配额与许可证管理部门的法律责任有哪些具体内容？
5. 进出口经营者法律责任的具体内容有哪些？

一、我国进出口商品配额与许可证管理的有关规定

配额管理是指国家在一定时期对于某种商品的进出口数量或金额直接加以限制的管理措施，在规定的期限和配额以内的货物准许进口或出口。许可证管理是指国家规定的限制进出口货物，必须事先取得进口货物许可证或出口货物许可证，方能入境或出境。《中华人民共和国对外贸易法》第19条规定，国家对限制进口或者出口的货物，实行配额、许可证等方式管理，对限制进口或者出口的技术，实行许可证管理。目前，我国采用配额许可证管理的措施，即配额与许可证结合使用，需要配额管理的商品必须要申领许可证。

1.进出口商品配额与许可证管理的范围

(1)我国进口货物配额与许可证管理的范围

根据《中华人民共和国货物进出口管理条例》的规定，对国家有数量限制规定的限制进口货物实行配额管理，对其他限制进口货物实行许可证管理。我国2001年11月加入世贸组织后，承诺对非关税壁垒的放开时间表为每年增加

15%的量，直至全部放开。为履行“入世”承诺，自2002年起我国实行进口货物配额与许可证管理的货物共有12种，2003年减为8种，2004年减为2种，从2005年起普通商品进口配额已全部取消。2014年实行进口货物许可证管理的商品只有重点旧机电产品和消耗臭氧层物质2种商品。

(2)我国出口货物配额与许可证管理的范围

2014年我国实行出口配额许可证管理的货物共有48种，其中实行出口配额许可证管理的货物是：小麦、玉米、大米、小麦粉、玉米粉、大米粉、棉花、锯材、活牛(对港澳)、活猪(对港澳)、活鸡(对港澳)、煤炭、原油、成品油、稀土、锑及锑制品、钨及钨制品、锡及锡制品、白银、铟及铟制品、钼、磷矿石；实行出口配额招标的货物是：蔺草及蔺草制品、滑石块(粉)、镁砂、甘草及甘草制品；实行出口许可证管理的货物是：活牛(对港澳以外市场)、活猪(对港澳以外市场)、活鸡(对港澳以外市场)、冰鲜牛肉、冻牛肉、冰鲜猪肉、冻猪肉、冰鲜鸡肉、冻鸡肉、消耗臭氧层物质、石蜡、部分金属及制品、铂金(以加工贸易方式出口)、汽车(包括成套散件)及其底盘、摩托车(含全地形车)及其发动机和车架、天然砂(含标准砂)、钼制品、柠檬酸、维生素C、青霉素、工业盐、硫酸二钠、焦炭、碳化硅、矾土、氟石。

2.进出口货物许可证的签发机构

我国进出口货物许可证的审核与签发机构分别为：

(1)商务部配额许可证事务局；

(2)商务部驻各地特派员办事处；

(3)各省、自治区、直辖市、计划单列市及部分省会城市的经贸委(厅、局)。

3.进出口货物许可证的有效期限

申请签发进出口货物许可证的单位必须按照商务部规定的要求填写“进口货物许可证申请表”或“出口货物许可证申请表”并随附有关证明。申领国家配额限制商品的进出口货物许可证，还应提供进出口配额证明。进口许可证管理部门自收到申请之日起30天内，对于核准的给予配额证明或许可证。

(1)进口许可证有效截止日期为1年。

(2)出口配额的有效期为当年12月31日前(含12月31日)，另有规定者除外，经营者应当在配额有效期内向发证机构申领出口许可证。出口许可证的有效期最长不得超过6个月，且有效期截止时间不得超过当年12月31日。

国家实行配额或许可证管理的商品在进出口通关时，必须要向海关提交“进口货物许可证”或“出口货物许可证”，否则不予以办理出入境报关手续。

议题一

江苏进出口贸易公司与加拿大皮特贸易公司就山地自行车签订了贸易合同。由于出口的山地自行车（商品编码为87120030）属于许可证管理范围内的商品。对此，江苏进出口贸易公司向江苏省商委主管配额许可证的部门申请签发出口货物许可证，并获得准许。请分析，山地自行车具体属于出口货物配额与许可证管理的什么范围，该许可证有效期的规定如何？

二、我国对进口特定机电产品管理的有关规定

机电产品是指机械设备、电气设备、交通运输工具、电子产品、电器产品和仪器仪表等及其零部件、元器件，但不包括虽然为机械、电气、电子设备所生产的，而本身无机械、电气、电子性能的产品，以及各类体育用具、玩具。

1. 机电产品进口配额的范围及管理制度

(1)机电产品进口配额的范围

商务部会同海关总署编制机电产品进口配额目录，其规定的机电产品进口配额管理范围有：进口配额管理机电产品的零部件，构成整机特征的；加工贸易项下进口配额管理机电产品，用于生产内销产品或留作自用的；外商投资企业进口配额管理机电产品，用于生产内销产品或内销的；以租赁贸易、补偿贸易等贸易方式进口配额管理机电产品的；以无偿援助、捐赠或者经济往来赠送等方式进口配额管理机电产品的；我国驻外机构或者境外施工企业在境外购置配额管理机电产品，需调回自用的；其他法律、行政法规另有规定的。

(2)机电产品进口配额的管理制度

属于配额管理的进口机电产品，申请进口单位应当填写“机电产品进口申请表”，经有关的地方外经贸主管机构、部门机电办核实后，向商务部申领“机电产品进口配额证明”，凭其申领“进口配额许可证”，并作为向海关申报的依据。

2. 机电产品自动进口许可的范围及管理制度

(1)机电产品自动进口许可的范围

国家对实行配额管理和特定产品目录管理以外的机电产品实行自动进口许可管理。具体范围是：

①由各省、直辖市、自治区的经贸委机电产品进出口办公室签发的商品共540种。例如，过热水锅炉、机车用柴油机、液压马达、混凝土泵、离心通风机、炼焦炉、石灰石分解炉、热交换装置、工业用静电除尘器、载客电梯、精梳机、热轧

管机、显示器、激光打印机、扫描仪、电缆、病员监护仪等。

②由商务部配额许可证事务局签发的商品共74种。例如，机动车辆上供人使用的空气调节器、棉细纱机、气流纺纱机、注塑机、激光视盘放像机、无线寻呼机、无线电通信车、机动医疗车、X射线断层检查仪等。

(2)机电产品自动进口许可的管理制度

属于自动进口许可管理的进口机电产品，申请进口单位应当如实填写“机电产品进口申请表”，经相关的地方外经贸主管机构、部门机电办核实后，签发“自动进口许可证”，凭其向银行办理售付汇通关手续。“自动进口许可证”的有效期为一年，可办理延期，但只能延期一次。

议题二

南京机电进出口公司受江苏塑料制品有限公司的委托，从日本进口注塑机5台，为此南京机电进出口公司与日本客户大川商社签订了一份注塑机购货合同。请分析，按有关规定进口注塑机需要办理何种手续，有关部门出具什么证件？如果超过该证件的有效期，是否可办理延期？

三、许可证管理部门的法律责任

(1)进口许可证管理部门应当根据《中华人民共和国货物进出口管理条例》的规定，制定具体管理办法，对申请人的资格、受理申请的部门、审查的原则和程序等事项作出明确规定并在实施前予以公布。

(2)对实行配额管理的限制进口货物，进口配额管理部门应当在每年7月31日前公布下一年度进口配额总量；对实行配额管理的限制出口货物，出口配额管理部门应当在每年10月31日前公布下一年度出口配额总量。

(3)进口许可证管理部门应当自收到进口经营者的申请之日起30天内决定是否许可。

(4)各发证机构要严格按照进口分级发证范围目录签发进口许可证，严禁越权、无批件或超配额发证。根据《中华人民共和国货物进出口管理条例》第70条的规定，货物进出口管理工作人员在履行货物进出口管理职责中，滥用职权、玩忽职守或者利用职务上的便利收受、索取他人财物的，依照《刑法》关于滥用职权罪、玩忽职守罪、受贿罪或者其他罪的规定，依法追究刑事责任；尚不够刑事处罚的，依法给予行政处分。

四、进出口经营者的法律责任

根据《中华人民共和国货物进出口管理条例》第 64 条、第 65 条、第 66 条、第 67 条和第 68 条的规定，进出口经营者应承担下列法律责任。

(1)进口或者出口属于禁止进出口的货物，或者未经批准、许可擅自进口或者出口属于限制进出口的货物的，依照《刑法》关于走私罪的规定，依法追究刑事责任；尚不够刑事处罚的，依照《海关法》的有关规定处罚；国务院外经贸主管部门可以撤销其对外贸易经营许可。

(2)擅自超出批准、许可的范围进口或者出口属于限制进出口的货物的，依照《刑法》关于走私罪或者非法经营罪的规定，依法追究刑事责任；尚不够刑事处罚的，依照《海关法》的有关规定处罚；国务院外经贸主管部门可以暂停直至撤销其对外贸易经营许可。

(3)伪造、变造或者买卖货物进出口配额证明、批准文件、许可证或者自动进口许可证明的，依照《刑法》关于非法经营罪或者伪造、变造、买卖国家机关公文、证件、印章罪的规定，依法追究刑事责任；尚不够刑事处罚的，依照《海关法》的有关规定处罚；国务院外经贸主管部门可以撤销其对外贸易经营许可。

(4)以欺骗或者其他不正当手段获取货物进出口配额、批准文件、许可证或者自动进口许可证明的，依法收缴其货物进出口配额、批准文件、许可证或者自动进口许可证明，国务院外经贸主管部门可以暂停直至撤销其对外贸易经营许可。

(5)擅自从事实行国有贸易管理或者指定经营管理的货物进出口贸易，扰乱市场秩序，情节严重的，依照《刑法》关于非法经营罪的规定，依法追究刑事责任；尚不够刑事处罚的，由工商行政管理机关依法给予行政处罚；国务院外经贸主管部门可以暂停直至撤销其对外贸易经营许可。

《中华人民共和国对外贸易法》第 61 条也有上述规定，进出口属于禁止进出口的货物的，或者未经许可擅自进出口属于限制进出口的货物的，由海关依照有关法律、行政法规的规定处理、处罚；构成犯罪的，依法追究刑事责任。

议题三

温州进出口公司受浙江文化用品有限公司的委托，从日本进口激光打印机1万台，为此与日本客户谷川商社签订了一份购货合同。由于该公司业务员不知激光打印机是属于机电产品自动进口许可范围的，事先未申请签发“自动进口许可证”。货物到达目的港后，不准报关，但货物又非常急需。于是，温州进出口公司的业务员贿赂海关有关工作人员，将货物提走。请分析，根据有关规定该事件属于什么性质，当事人应受何处罚？

第二节　出入境检验检疫管理制度

出入境检验检疫管理制度是指检验检疫部门或机构依照进出口国有关法律、行政法规及国际惯例的要求，对出入境的货物、交通运输工具、人员等进行检验检疫、认证和签发官方检验检疫证明等监督管理工作，是为了保障国家安全、维护国民健康、保护动植物和环境而采取的技术法规以及行政措施。

案例导入

上海贸易公司是一家专业进出口贸易公司，主要代理自行车等进出口业务，拥有5名报检员并向上海出入境检验检疫局办理了登记注册。近日，该公司接受上海自行车有限公司的委托向日本客商山本商社出口一批自行车。为此，上海贸易公司与山本商社进行贸易洽谈，并签订了合同。上海贸易公司报检员丸莉（报检员证号：3100607777）在办理报检手续时，将一般贸易方式的货物报为来料加工，逃避法定检验。经上海出入境检验检疫局的核查，发现作假行为，后果严重，并对上海贸易公司与报检员丸莉作出了处罚。

根据《中华人民共和国进出口商品检验法》的有关规定，请思考下列问题：

1. 主管出入境检验检疫工作的机构是哪些部门？
2. 出入境检验检疫工作的主要内容有哪些？
3. 对报检单位的管理有何具体规定？
4. 对报检员的管理有哪些具体内容？

一、出入境检验检疫机构

国家质检总局负责全国出入境检验检疫的统一管理工作，各地直属检验检疫局负责所辖地区的出入境检验检疫的管理工作。1998 年 3 月将国家进出口商品检验局、国家动植物检疫局和国家卫生检疫局合并组建为国家出入境检验检疫局，主管全国出入境卫生检疫、动植物检疫和商品检验工作。2001 年 4 月根据党中央国务院的决定，原国家出入境检验检疫局和国家质量技术监督局合并，组建了正部级的国家质量监督检验检疫总局。原国家出入境检验检疫局设在各地的出入境检验检疫机构、管理体制及业务不变。

二、出入境检验检疫工作的主要内容

1. 法定检验检疫

法定检验检疫又称强制性检验检疫，是指出入境检验检疫机构根据《进出口商品检验法》、《进出境动植物检验检疫法》、《国境卫生检疫法》和《中华人民共和国食品卫生法》及其实施条例，以及其他有关法律法规的规定，对出入境人员、货物、运输工具、集装箱及其他法定检验检疫物实施检验、检疫和鉴定等业务。

议题四

宁波出入境检验检疫机构在对出境的上海远洋公司所属“抚顺城”轮进行检查时，发现船上 3 名食品从业人员持有的健康证书已经过期，要求其必须办理换证签发手续。对此，船长因出航时间急迫，不同意立即换证，抵制卫生监督。于是，卫生检疫机构作出不准出航并罚款人民币5 000元的决定。请分析，卫生检疫的意义有哪些？

除国家法律、行政法规规定必须由出入境检验检疫机构检验检疫的货物以外，输入国规定必须凭检验检疫机构出具的证书方准入境的或有关国际条约规定须经检验检疫机构检验检疫的进出境货物，货主或其代理人也应在规定的时限和地点向检验检疫机构报检。

2. 进出口商品检验

进出口商品检验的范围与规定如下：

(1)列入《出入境检验检疫机构实施检验检疫的进出境商品目录》(简称《目录》)内的商品，检验检疫部门依法实施检验，判定其是否符合国家技术规范的强制性要求。

(2)法律法规规定必须检验检疫的出入境货物，如废旧物品等，其无论是否在《目录》内，均应当向检验检疫机构申报。

(3)检验检疫机构可对法定以外的进出口商品，依据有关规定实施抽查检验，并可公布抽查检验结果，或向有关部门通报。

(4)检验检疫机构根据需要，对检验合格的进出口商品加施检验检疫标志或者封识。

议题五

2007年4月，巴拿马检验检疫机构查出来自中国的牙膏含有微量二甘醇，认为其不符合卫生要求，禁止进口。对此，我国质量检验机构的评估表明：长期使用二甘醇含量低于15.6%的牙膏不会对人体健康产生不良影响。由于考虑到各国检验标准的差异和贸易发展的需要，我国质量检验机构发出公告，禁止用二甘醇作为牙膏原料。请分析，商品检验社会化评价的意义是什么？

3. 动植物检疫

动植物检疫的范围与规定如下：

(1)检验检疫机构对进境、出境、过境的动植物、动植物产品和其他检疫物实行检疫监管。对进境动物、动物产品、植物种子、种苗及其他繁殖材料、新鲜水果、烟草类、粮谷类及饲料、豆类、薯类和植物栽培介质等实行进境检疫许可制度，输入单位在签订合同前办理检疫审批手续；对出境动植物、动植物产品或其他检疫物的生产、加工、存放过程实施检疫监管。

(2)口岸检验检疫机构对来自动植物疫区的运输工具实施现场检疫和有关消毒处理。

(3)检验检疫机构对装载动植物、动植物产品和其他检疫物的装载容器、包装物、铺垫材料，实施检疫监管。

(4)检验检疫机构对携带、邮寄动植物、动植物产品和其他检疫物进境实行检疫监管。

(5)检验检疫机构对进境拆解的废旧船舶，实行检疫监管。

(6)法律法规、国际条约和贸易合同所规定的、应实施进出境动植物检疫的其他货物和物品。对于国家列明的禁止进境物，检验检疫机构作退回或销毁处理。

4. 进口废物原料、旧机电产品装运前的检验

进口废物原料和旧机电产品装运前的检验范围与规定如下：

(1)国家允许作为原料进口的废物和涉及国家安全、环境保护、人类和动植物健康的旧机电产品，在装运前实施检验制度。其可防止境外有害废物，或不符合我国有关安全、卫生和环境保护等技术规范强制性要求的旧机电产品进入国内，从而有效地保护了人身财产和自然环境。

(2)进口单位应在合同中订明进口废物装运前的检验条款，在进口废物原料之前应取得环境保护部签发的“进口废物批准证书”。出口商应在装船前向检验检疫机构指定或认可的检验机构申请实施装运前检验，经检验合格后方可装运。

(3)进口单位须进口旧机电产品时，应在签订合同前向国家质检总局或收货人所在地直属检验检疫局办理备案手续，需要实施装运前检验的，必须进行检验。

(4)检验检疫机构仍可按规定对已实施装运前检验的废物原料和旧机电产品，在运抵口岸后实施到货检验。

议题六

某市一家医院接受国外捐赠的一台可移动式麻醉机，根据规定办理报检手续并随附进口许可证(进口许可证上标明该设备为“新”字样)。出入境检验检疫机构经检验，该设备有使用过的明显迹象，属于禁止进口的旧机电产品，于是给予销毁。请分析，检验检疫机构处理的依据是什么?

5. 出口商品质量许可和卫生注册管理

出口商品质量许可和卫生注册管理的范围与规定如下：

(1)实施质量许可制度的出口商品有机械、电子、轻工、机电、玩具、医疗器械和煤炭类等商品，出口该类商品必须由生产企业或其代理人向当地检验检疫机构申请出口商品质量许可证书，否则不准出口。

(2)国家对出口食品及其生产企业（包括加工厂、屠宰场、冷库、仓库等）实施卫生注册登记制度。该企业只有取得卫生注册登记证书后，方可生产、加工和储存出口食品。

6. 出口危险货物运输包装的检验

出口危险货物运输包装检验的范围与规定如下：

(1)生产出口危险货物运输包装容器的企业，必须向检验检疫机构申请包装容器的性能鉴定，当鉴定合格后，才可用于包装危险的出口货物。

(2)生产出口危险货物的企业，必须向检验检疫机构申请危险货物包装容器的使用鉴定，当鉴定合格后，方可包装危险的出口货物。

7. 货物装载和残损鉴定

货物装载和残损鉴定的范围与规定如下：

(1)用冷冻船舱与集装箱装运易腐烂变质的出口食品，承运人、装箱单位或者其代理人须在装运前向口岸检验检疫机构申请清洁、卫生、冷藏、密固等适载的检验，经检验合格后方可装运。

(2)对外贸易关系人及仲裁、司法等机构，对海运进口商品可向检验检疫机构申请办理监视、残损鉴定、监视卸载等鉴定工作。

三、报检单位的管理

报检单位是指根据《中华人民共和国进出口商品检验法》及其实施条例、《中华人民共和国进出境动植物检疫法》及其实施条例、《中华人民共和国国境卫生检疫法》及其实施细则、《中华人民共和国食品卫生法》等法律法规的规定及《出入境检验检疫报检规定》、《出入境检验检疫代理报检管理规定》的要求，在出入境检验检疫机构登记备案或登记注册的境内企业法人、组织或个人。按其登记的性质，报检单位可分为自理报检单位和代理报检单位两种类型。

1. 自理报检单位

自理报检单位是指根据我国法律法规的规定办理出入境检验检疫报检申报，或委托代理报检单位办理出入境检验检疫报检申报手续的出入境货物或其他报检物的收发货人以及进出口货物的生产、加工、储存和经营单位等，其须办理备案登记手续，取得报检单位代码后，才可办理相关检验检疫报检申报手续。

自理报检单位主要有：具有进出口经营权的国内企业，进口货物的收货人或其代理人，出口货物的生产企业，出口货物运输包装及出口危险货物运输包装生产企业，中外合资、中外合作、外商独资企业；国外(境外)企业、商社常驻中国代表机构，进出境动物隔离饲养和植物繁殖生产单位，进出境动植物产品的生产、加工、存储、运输单位，对进出境动植物、动植物产品、装载容器、包装货物、交通运输工具等进行药剂熏蒸和消毒服务的单位，有进出境交换业务的科研单位。

(1)自理报检单位的备案登记

国家质检总局负责全国自理报检单位的统一管理工作，各地直属检验检疫局负责所辖地区自理报检单位备案登记等工作的组织实施，各地检验检疫机构负责辖区内自理报检单位的备案登记和信息更改，根据实际情况对自理报检单位的备案信息定期进行核实和日常监督管理等具体管理工作。

自理报检单位备案登记申请人可直接向其工商注册所在地的检验检疫机

构提出申请办理备案登记手续，并提交"自理报检单位备案登记申请表"正本、"企业法人营业执照"复印件、"组织机构代码证"复印件和其他有关证明材料。检验检疫机构对申请人提供的资料等进行审核，核准后予以备案登记，并颁发"自理报检单位备案登记证明书"。

(2)自理报检单位的变更

自理报检单位备案登记的信息如有变动，须及时向原备案登记机构提出更改申请，涉及自理报检单位的名称、地址和法定代表人的，由检验检疫机构重新颁发"自理报检单位备案登记证明书"。如不按规定办理更改手续，造成无法落实检验检疫等严重后果的，按相关法律法规的规定处理。

(3)自理报检单位备案登记终止

备案登记期满后，须重新进行备案登记。备案登记如要终止，自理报检单位应以书面形式向原备案登记机构办理注销手续，经其核准后予以注销。

(4)自理报检单位备案登记年审

检验检疫机构对自理报检单位实行年审制度。申请单位通过中国电子检验检疫业务网申请年审，打印出"自理报检单位备案年审申请表"，并持"自理报检单位备案年审申请表"、原发"自理报检单位备案登记证明书"到检验检疫机构进行现场审核。检验检疫机构受理后向其颁发统一加盖当地检验检疫局公章的"自理报检单位备案登记证明书"。"自理报检单位备案登记证明书"五年有效，到期后由自理报检单位申请换发新证。

自理报检单位应遵守属地管理原则，如果自理报检单位及其已注册的报检员前往注册地以外的检验检疫机构报检时，由检验检疫机构核实其提供的自理报检单位备案登记信息后予以受理，并按照有关规定进行管理，无需在异地办理备案登记和报检员注册手续。

(5)自理报检单位的权利

①自理报检单位根据检验检疫法律法规的规定，依法办理出入境货物、人员、运输工具、动植物及其产品等与其相关的报检/申报手续。

②自理报检单位按有关规定办理报检，提供抽样和检验检疫的各种条件后，有权要求检验检疫机构在国家质检总局统一规定的检验检疫期限内完成检验检疫工作，并出具证明文件。如因检验检疫工作人员玩忽职守造成损失，或入境货物超过索赔期而丧失索赔权，或出境货物耽误装船结汇的，报检人有权追究当事人的责任。

③自理报检单位对检验检疫结果有异议的，有权在规定的期限内向原检验检疫机构或其上级检验检疫机构以至国家质检总局申请复验。

④自理报检单位在保密情况下提供有关商业及运输单据时，有权要求检验

检疫机构及其工作人员予以保密。

⑤自理报检单位有权对检验检疫机构及其工作人员的违法违纪行为，进行控告或检举。

议题七

星华食品进出口公司受某食品加工厂的委托从英国进口了10吨牛肉，由该市动植物检疫机构工作人员韩某负责对进口牛肉的检疫工作。检疫时，韩某未认真按照进出口动植物检疫的有关规定检疫，没有查出疯牛病病毒，结果导致该地所养的牛感染了疯牛病，被迫将附近的养牛场的几千头牛全部宰杀掉。请分析，对受害单位来说有何维权规定？

(6)自理报检单位的义务

①自理报检单位须遵守有关国家法律、法规和检验检疫规章，对报检的真实性负责。

②自理报检单位应当按检验检疫机构的要求聘用报检员，由报检员持“报检员证”办理报检手续，并对其进行管理，对其报检行为承担法律责任。

③自理报检单位应提供正确、齐全、合法和有效的证单，完整、准确、清楚地填制报检单，并在规定的时间和地点办理报检手续。

④自理报检单位在办理报检手续后，应当按要求及时与检验检疫机构联系工作，协助检验检疫工作人员进行现场检验检疫、抽(采)样及检验检疫处理等事宜，提供进行抽(采)样和检验检疫、鉴定等必要的工作条件，并应当落实检验检疫机构提出的检验检疫监管及有关要求。

⑤自理报检单位对已经检验检疫合格放行的出口货物应加强批次管理，不得错发、错运、漏发，以免造成货证不符。对入境的法定检验检疫货物，未经检验检疫合格或未经检验检疫机构许可的，不得销售、使用、拆卸和运递。

⑥自理报检单位在申请检验检疫或鉴定等工作时，应按规定缴纳检验检疫费。

2.代理报检单位

代理报检单位是指依法接受进出口货物的收发货人委托，为其办理报检行为的从事代理报检业务的境内企业。其主要范围有：专业代理报检单位，国际货物运输代理报检单位，国际船务运输代理报检单位。

(1)代理报检单位的备案

2013年《中华人民共和国进出口商品检验法》进行了第二次修正，最明显的变化即取消了代理报检企业的注册登记。现阶段，国家质检总局对代理报检单位实行备案制度。从事出入境检验检疫代理报检工作的企业（含从事报检业务的快件运营企业）首次办理报检手续时，应当向检验检疫机构提供以下材料：①代理报检企业备案表；②《企业法人营业执照》复印件，以分公司名义申请的，需同时提交《营业执照》复印件、总公司授权书；③《组织机构代码证》复印件；④企业的印章印模。材料应当加盖企业公章，提交复印件的应当同时交验原件。

(2)代理报检单位的变更

代理报检企业的名称、地址、法定代表人、非法人企业的负责人、经营范围等重大事项发生变更的，应当自变更之日起 30 日内凭营业执照等有关证明材料向直属检验检疫局申请变更。

(3)代理报检单位的年审

检验检疫机构每两年对代理报检企业实行一次例行审核制度。代理报检企业应当在审核年度的 3 月 1 日至 3 月 31 日向所在地检验检疫机构申请例行审核，提交上两年度的《例行审核报告书》，主要内容包括：代理报检企业基本信息、遵守检验检疫法律法规规定情况、报检员信息及变更情况、代理报检业务情况及分析、报检差错及原因分析、自我评估等。

(4)代理报检单位的权利

代理报检企业可以办理下列代理报检业务：①办理报检手续；②代缴纳检验检疫费；③联系和配合检验检疫机构实施检验检疫；④领取检验检疫证单。

(5)代理报检单位的义务

①代理报检单位在代理报检业务时，须遵守出入境检验检疫法律、法规和规定，对代理报检的内容和提交的有关文件的真实性、合法性负责，并承担相应的法律责任。

②代理报检单位接受委托办理报检手续时，应当向检验检疫机构提交报检委托书。报检委托书应当列明委托事项，并加盖委托人和代理报检企业的公章。

③代理报检单位对实施代理报检中所知悉的商业秘密负有保密义务。

④代理报检单位不得以任何形式出让其名义供他人办理代理报检业务。

⑤代理报检单位应当将检验检疫收费情况如实告知委托人，不得借检验检疫机构名义向委托人乱收取费用。检验检疫费收据上注明的交款人应当是委托人。

(6)代理报检单位的责任

①代理报检单位与被代理人之间的法律关系适用于《中华人民共和国民法通则》的有关规定以及出入境检验检疫法律、法规；代理报检单位的代理报检行

为，不免除被代理人根据合同或法律所应承担的产品质量责任和其他责任。

②代理报检单位不如实提供进出口商品的真实情况，取得检验检疫机构的有关证单，或者对法定检验的进出口商品不予报检，逃避进出口商品检验的，由检验检疫机构没收违法所得，并处商品货值金额 5%以上 20%以下罚款。

③代理报检单位违反规定扰乱报检秩序，有下列行为之一，由检验检疫机构责令改正，没收违法所得，可以并处 10 万元以下罚款，暂停其 6 个月以内代理报检业务：1 年内报检员 3 人次以上被撤销报检从业注册的；未按照规定代委托人缴纳检验检疫费、未如实向委托人告知检验检疫收费情况或者借检验检疫机构名义向委托人乱收取费用的；对检验检疫机构的调查和处理不予配合的，或者威胁、贿赂检验检疫工作人员的；出让其名义供他人办理代理报检业务的；例行审核不合格的。

④代理报检单位有下列情形之一的，有违法所得的，由检验检疫机构责令改正，处以违法所得 3 倍以下罚款，最高不超过 3 万元，没有违法所得的，处以 1 万元以下罚款：未按照规定建立、完善代理报检业务档案，或者不能真实完整地记录其承办的代理报检业务；拒绝接受检验检疫机构监督检查；未按期申请例行审核的。

议题八

福州某公司报检员林某代理 A 公司申请办理进口 2 个集装箱货物检验检疫手续。在现场查验中，报检员林某电话告知货主说：检验检疫现场验货时发现有两只活虫，需要进行熏蒸，每柜需熏蒸费 600 元，并暗示可花 600 元私了。货主同意支付 600 元私了，事后向福建检验检疫局监察室举报。福建局立即调查取证，未查出林某所说的问题，收取 600 元是报检员林某所为。对此，福建检验检疫局向林某下达行政处理决定书，决定对报检员林某吊销其报检员证。请分析，福建检验检疫局处理的依据何在？

四、报检员的管理

报检员是指负责办理出入境检验检疫报检业务的人员，并服务于某一个报检单位而不能独立其外。报检员从业注册已于 2013 年 5 月 15 日由《国务院关于取消和下放一批行政审批项目等事项的决定》（国发〔2013〕19 号）取消。2013 年 10 月，国家质检总局公布了《关于代理报检企业和报检人员管理有关问题的公告》（2013 年第 142 号），其中规定代理报检单位的报检人员首次为所属企业办理报检手续时，所属企业应当向检验检疫机构提供以下材料：报检人员备案表；所属单位报检备案证书；报检人员与报检企业签订的有效劳动合同；报检人员的身份证件；报检业务能力水平的证明材料。国家鼓励报检人员系统学习从事报检工作应具备的检验检疫基础知识、国际贸易知识、有关法律法规知识和基础英语等报检基本知识和技能，积极参加报检从业人员报检业务能力水平培训，提高报检工作效率。为保证相关工作的连续性，已持有报检员资格证书的视同具有报检业务能力水平证明材料。报检员管理的具体办法由国家质检总局另行制定。

议题九

上海贸易公司报检员丸莉(报检员证号：3100607777)在办理自行车报检手续时，未如实报检，将一般贸易方式的货物报为来料加工，逃避法定检验，后果严重。请分析，根据检验检疫有关法律法规将受何处罚？

1. 报检员的权利

(1)对于入境货物，报检员在检验检疫机构规定的时间和地点内办理报检，并提供抽(采)样、检验检疫的各种条件后，有权要求检验检疫机构在规定的期限或对外贸易合同约定的索赔期限内检验检疫完毕，并出具证明。如因检验检疫工作人员玩忽职守造成损失或使货物超过索赔期而丧失索赔权，报检员有权追究有关当事人的责任。

(2)对于出境货物，报检员在检验检疫机构规定的地点和时间，向检验检疫机构办理报检，并提供必要的工作条件后，有权要求检验检疫机构在不延误装运的期限内检验检疫完毕，并出具证明。如因检验检疫工作人员玩忽职守而耽误装船结汇，报检员有权追究有关当事人的责任。

(3)报检员对检验检疫机构的检验检疫结果有异议时，有权根据有关法律规定，向原机构或其上级机构申请复验。

(4)报检员如有正当理由需撤销报检时，有权按有关规定办理撤检手续。

(5)报检员在保密情况下提供有关商业单据和运输单据时，有权要求检验检疫机构及其工作人员给予保密。

(6)对检验检疫机构的工作人员滥用职权、徇私舞弊、伪造检验检疫结果的，报检员有权对检验检疫机构工作人员的违法违纪行为进行控告、检举，或依法追究当事人的法律责任。

2.报检员的义务

(1)报检员负责本企业的报检/申报事宜，报检员首次办理报检业务时，应向检验检疫机构提供报检员备案表、报检员的身份证明和报检业务能力水平的证明材料。

(2)报检员有义务向本企业传达并解释出入境检验检疫有关法律法规、通告及管理办法。

(3)报检员应遵守有关法律法规和检验检疫规定，在规定的时间和地点进行报检，并向检验检疫机构提供真实的数据和完整、有效的单证，准确、详细、清晰地填制报检单，随附证单应齐全、真实，协助所属企业完整保存报检资料等业务档案。

(4)报检员有义务向检验检疫机构提供进行抽样、检验、检疫和鉴定等必要的工作条件，如必要的工作场所、辅助劳动力等，配合检验检疫机构为实施检验检疫而进行的现场验(查)货、抽(采)样及检验检疫处理等事宜，负责传达和落实检验检疫机构提出的检验检疫监管措施和其他有关要求。

(5)报检员有义务对经检验检疫机构检验检疫合格放行的出口货物加强批次管理，不得错发、漏发致使货证不符。对入境的法定检验检疫货物，未经检验检疫合格或未经检验检疫机构许可，不得销售、使用或拆卸、运递。

(6)报检员申请检验、检疫、鉴定等工作时，应按照有关规定缴纳检验检疫费。

(7)报检员必须严格遵守有关法律法规和检验检疫规定，不得擅自涂改、伪造或变造检验检疫证(单)。

(8)对于需要办理检疫审批的进境检疫物，报检员于报检前应提醒或督促有关单位办妥检疫审批手续，或准备提供隔离场所。报检后报检员应配合检疫进程，了解检疫结果，适时协助做好除害处理，对不合格检疫物及时配合检验检疫机构做好退运、销毁等处理工作。

(9)对于出境检疫物的报检，报检员应配合检验检疫机构，根据输入国家(地区)的检疫规定等有关情况，提醒或组织企业有关部门进行必要的自检，或提供有关产地检验检疫资料，帮助检验检疫机构掌握产地疫情，了解检疫情况和结果。

(10)对于入境检验检疫不合格的货物，应及时向检验检疫机构通报情况，以便有效处理、加强防范、重点控制，或整理材料、证据及时对外索赔。对于出境货物要搜集对方的反映，尤其对有异议的货物要及时通报有关情况，以便总结经验或及时采取对策，解决纠纷。

第三节　出入境货物通关管理制度

在进出境活动中，通关是指报关单位向海关办理进出境等相关手续，以及海关对进出境运输工具、货物、物品依法进行监督管理，核准其进出境的管理过程。《中华人民共和国海关法》（以下简称海关法）于1987年经全国人大常委会讨论通过，分别于2000年和2013年经历了两次修正。

案例导入

李莉小姐今年毕业于上海贸易大学，面对就业市场的激烈竞争，决定放弃各种应聘机会进行创业，成立了上海进出口公司。为此，根据我国《公司法》和《公司登记管理条例》的有关规定，该公司依法到工商行政管理部门办理公司登记，依法取得法人营业执照，上海进出口公司作为一家专门从事进出口业务的公司，按照《对外贸易经营者备案登记办法》的规定，向上海市对外经济贸易委员会办理备案登记，获得对外贸易经营权。上海进出口公司为了取得报关权，还需要到上海市海关进行登记注册，这样可以在中华人民共和国关境内各个口岸地或者海关监管业务集中点办理企业的报关业务，方便业务的开展。

根据《中华人民共和国海关法》的有关规定，请思考下列问题：

1. 主管进出关境监督管理机关为何部门？
2. 海关的基本任务有哪些具体内容？
3. 报关单位的报关行为规则有何具体规定？
4. 报关单位与报关员的法律责任有哪些具体内容？
5. 报关员的权利和义务规定如何？
6. 报关员的行为规范有哪些具体内容？

一、出入境监督管理机构

我国《海关法》规定，海关是国家的进出关境监督管理机关，依照有关法律法规监管进出境的运输工具、货物、行李物品、邮递物品和其他物品，征收关税和其他税、费，查缉走私，并编制海关统计和办理其他海关业务。

1. 海关的性质

(1)海关是国家行政机关

海关是属于国务院的直属机构，代表国家依法独立行使行政管理权。

(2)海关是国家行政监督管理机关

海关依照有关法律、行政法规并通过法律赋予的权力，制定具体的行政规章和行政措施，对所有进出关境的运输工具、货物、物品开展行政监督管理，以保证其按国家的法律规范进行。

(3)海关的监督管理是国家行政执法活动

海关通过法律赋予的权力，对特定范围内的社会经济活动进行监督管理，并对违法行为依法实施行政处罚，以保证这些社会经济活动按照国家的法律规范进行。

2. 海关的任务

《海关法》明确规定海关有如下四项基本任务：

(1)监管

海关监管是指海关运用国家赋予的权力，通过一系列管理制度与管理程序，依法对进出境运输工具、货物、物品及相关人员的进出境活动所实施的一种行政管理。根据监管对象的不同，海关监管分为货物监管、物品监管和运输工具三大体系，每个体系都有一整套规范的管理程序与方法。

(2)征税

海关依据我国《海关法》、《进出口关税条例》和国家有关的关税政策，对进出口货物、进出境物品征收关税，起到保护国内工农业生产、调整产业结构、组织财政收入和调节进出口贸易活动的作用。

(3)查缉走私

查缉走私是指海关依照法律赋予的权利，在海关监管场所和海关附近的沿海沿边规定地区，为发现、制止、打击、综合治理走私活动而进行的一种调查和惩处活动。

走私是指进出境活动的当事人或相关人违反《海关法》及有关法律、行政法规，逃避海关监管，偷逃应纳税款、逃避国家有关进出境的禁止性或者限制性管理，非法运输、携带、邮寄国家禁止、限制进出口或者依法应当缴纳税款的货物、物品进出境，或者未经海关许可并且未缴应纳税款、交验有关许可证件，擅自将保税货物、特定减免税货物以及其他海关监管货物、物品、进境的境外运输工具在境内销售的行为。它以逃避监管、偷逃关税、牟取暴利为目的，扰乱经济秩序，冲击民族工业，腐蚀干部群众，毒化社会风气，引发违法犯罪，对国家危害性极大，必须予以严厉打击。

(4)编制海关统计

海关统计是以实际进出口货物作为统计和分析的对象，通过搜集、整理、加工处理进出口货物报关单或经海关核准的其他申报单证，对进出口货物的品种、数(重)量、价格、国别(地区)、经营单位、境内目的地、境内货源地、贸易方式、运输方式、关别等项目分别进行统计和综合分析，全面、准确地反映对外贸易的运行态势，及时提供统计信息和咨询，实施有效的统计监督，开展国际贸易统计的交流与合作，促进对外贸易的发展。

上述海关四项基本任务中，监管是最基本的任务，查缉走私是顺利完成监管和征税等任务的保障措施。近几年国家通过有关法律、行政法规赋予了海关一些新的职责，比如知识产权海关保护、海关对反倾销及反补贴的调查等。随着国家改革开放的不断深化、对外贸易的迅速增长，海关新的职责还将会出现。

3. 海关的权力

海关的权力是指国家为保证海关依法履行职责，通过《海关法》和其他法律、行政法规赋予海关的对进出境运输工具、货物、物品的监督管理权能。其主要内容如下：

(1)行政许可权

行政许可权是对企业报关资格以及从事海关监管货物的仓储、转关运输货物的境内运输、保税货物的加工与装配等业务的许可等权力。

(2)税费征收权

税费征收权是指海关代表国家依法对进出口货物、物品征收关税及其他税费，或对特定的进出口货物、物品减征或免征关税，以及对经海关放行后的有关进出口货物、物品，发现少征或者漏征税款的，依法补征、追征税款的权力。

(3)行政监督检查权

行政监督检查权主要包括以下六个方面的内容：

①检查权。海关有权检查进出境运输工具，检查有走私嫌疑的运输工具和有藏匿走私货物、物品嫌疑的场所，检查走私嫌疑人的身体。

②查验权。海关有权查验进出境货物、物品。

③查阅、复制权。此项权利包括查阅进出境人员的证件，查阅、复制与进出境运输工具、货物、物品有关的合同、发票、账册、单据、记录、文件、业务函电、录音录像制品和其他有关资料。

④查问权。海关有权对违反《海关法》或者其他有关法律、行政法规的嫌疑人进行查问，调查其违法行为。

⑤查询权。海关在调查走私案件时，经直属海关关长或者其授权的隶属海关关长批准，可以查询案件涉嫌单位和涉嫌人员在金融机构、邮政企业的存款、汇款。

⑥稽查权。自进出口货物放行之日起3年内或者在保税货物、减免税进口货物的海关监管期限内及其后的3年内，海关可以对与进出口货物直接有关的企业、单位的会计账簿、会计凭证、报关单证以及其他有关资料和有关进出口货物实施稽查。

(4)行政强制权

海关行政强制权具体包括以下九个方面的内容：

①扣留权。海关行使扣留权的范围是：(a)对违反《海关法》或其他有关法律、行政法规的进出境运输工具、货物和物品以及与之有牵连的合同、发票、账册、单据、记录、文件、业务函电、录音录像制品和其他资料，可以扣留。(b)在海关监管区和海关附近沿海沿边规定地区，对有走私嫌疑的运输工具、货物、物品和走私犯罪嫌疑人，经直属海关关长或者其授权的隶属海关关长批准，可以扣留；对走私犯罪嫌疑人，扣留时间不得超过24小时，在特殊情况下可以延长至48小时。(c)在海关监管区和海关附近沿海沿边规定地区以外，对其中有证据证明有走私嫌疑的运输工具、货物、物品，可以扣留。海关对查获的走私罪嫌疑案件，应扣留走私犯罪嫌疑人，移送公安机构侦查。

②滞纳金征收权。海关对逾期缴纳税款的进出口货物纳税义务人征收滞报金。对进口货物的收货人超期向海关申报的征收滞纳金。

③提取货样、加施封志权。根据海关法的规定，海关检查货物认为必要时，可以径行提取货样；海关监管货物，未经海关许可，不得开拆、提取、交付、发运、调换、改装、抵押、质押、留置、转让、更换标记、移作他用或进行其他处置。海关加施的封志，任何人不得擅自开启或损毁。

④提取货物变卖、先行变卖权。进口货物超过3个月未向海关申报，海关可以提取并依法变卖处理；进口货物收货人或其所有人声明放弃的货物，海关有权提取并依法变卖处理；海关依法扣留的货物、物品不宜长期保留的，海关可以根据实际情况提前处理。

⑤强制扣缴和变价抵缴关税权。进口货物的纳税义务人、担保人超过规定期限未缴纳税款的，经直属海关关长或者其授权的隶属海关关长批准，海关可以采取下列措施：(a)书面通知其开户银行或者其他金融机构从其存款账户内扣缴税款；(b)将应税货物依法变卖，以变卖所得抵缴税款；(c)扣留并依法变卖其价值相当于应纳税款的货物或者其他财产，以变卖所得抵缴税款。

⑥税收保全。进出口货物的纳税义务人在规定的纳税期限内有明显的转移、藏匿其应税货物以及其他财产迹象的，海关可以责令纳税义务人提供担保。纳税义务人不能提供纳税担保的，经直属海关关长或者其授权的隶属海关关长批准，海关可以采取下列税收保全措施：(a)书面通知纳税义务人开户银行或者

其他金融机构暂停支付纳税义务人员相当于应纳税款的存款;(b)扣留纳税义务人价值相当于应纳税款的货物或者其他财产。

⑦抵缴、变价抵缴罚款权。根据《海关法》的规定,当事人逾期不履行海关处罚决定又不申请复议或者向人民法院提起诉讼的,海关可以将其保证金抵缴,或者将其被扣留的货物、物品、运输工具依法变价抵缴。

⑧连续追缉权。进出境运输工具或者个人违抗海关监管逃逸的,海关可以连续追至海关监管区和海关附近沿海沿边规定地区以外,将其带回处理。这里所称的逃逸,既包括进出境运输工具或者个人违抗海关监管,自海关监管区和海关附近沿海沿边规定地区向内(陆地)一侧逃逸,也包括向外(海域)一侧逃逸。海关追缉时需保持连续状态。

⑨其他特殊行政强制。(a)处罚担保。根据《海关法》及有关行政法规的规定,海关依法扣留有走私嫌疑的货物、物品、运输工具,如果无法或不便扣留的,或者有违法嫌疑但依法不应予以没收货物、物品、运输工具,当事人申请先予放行或解除扣留的,海关可要求当事人或者运输工具负责人提供等值担保,未提供等值担保的,海关可以扣留当事人等值的其他财产;受海关处罚的当事人在离境前未缴纳罚款的,应当提供相当于上述款项的担保。(b)税收担保。根据《海关法》的规定,进出口货物的纳税义务人在规定的缴纳期限内有明显转移、藏匿其应税货物以及其他财产迹象的,海关可以责令纳税义务人提供担保;经海关批准的暂时进口或暂时出口货物、特准进口的保税货物,收发货人须缴纳相当于税款的保证金或者提供担保后,才可准予暂时免纳关税。(c)其他海关事务担保。在确定货物的商品归类、估价和提供有效报关单证或者办结其他海关手续之前,收发货人要求放行货物的,须提供与其依法应履行的法律义务相适应的担保。

(5)佩带和使用武器权

海关为履行职责,可以配备武器。海关工作人员佩带和使用武器的规定,由海关总署会同公安部制定,报国务院批准。

(6)行政处罚权

海关有权对尚未构成走私罪的违法当事人处以行政处罚。包括对走私货物、物品及违法所得处以没收,对有走私行为和违反海关监管规定行为的当事人处以罚款,对有违法行为的报关单位和报关员处以警告以及处以暂停或取消报关资格的处罚等。

(7)其他行政处理权

①行政裁定权。包括应对外贸易经营者的申请,对进出口商品的归类、进出口货物原产地的确定、禁止进出口措施和许可证件的适用等海关事务的行政

裁定的权力。

②行政命令权。如对违反有关海关法律规定的企业责令限期改正、责令退运等。

③行政奖励权。包括对举报或者协助海关查获违反《海关法》案件的有功单位和个人给予精神或者物质奖励的权力。

④对与进出境货物有关的知识产权实施保护。根据《海关法》规定,海关依照法律、行政法规的规定,对与进出境货物有关的知识产权实施保护。

除了以上行政处理权以外,在进出境活动的监督管理领域,海关还具有行政立法权和行政复议权。行政立法权是指海关总署根据法律的授权,制定并发布海关行政规章的权力;行政复议权是指有权复议的海关(海关总署、各直属海关)对相对人不服海关行政行为进行复议的权力。

4. 海关权力的监督

海关权力的监督是指特定的监督主体依法对海关行政机关及其执法人员的行政执法活动实施的监察、检查、督促等,以此确保海关权力在法定范围内运行。

二、报关单位

报关单位是指在海关注册登记或经海关批准,向海关办理进出口货物报关纳税等海关事务的境内法人或其他组织。

报关单位分为进出口货物收发货人和报关企业两种类型。进出口货物收发货人是指拥有进出口经营权并依法准予进出口货物的单位;报关企业又称为报关公司或报关行,是指经海关批准,接受进出口货物收发货人的委托,向海关办理进出口货物报关纳税等海关事务的专业报关企业;代理报关企业是指接受承揽运输进出口货物收发货人的委托,以收发货人的名义或自己的名义,向海关办理承揽运输货物报关纳税等海关事务的国际货物运输、国际船舶代理企业,包括经营进出境快件、邮政快递业务的企业。

议题十

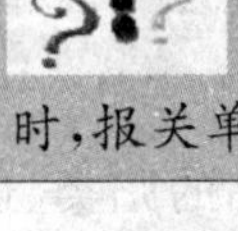

李莉小姐创办的上海进出口公司向上海市对外经济贸易委员会办理备案登记,获得对外贸易经营权,并到上海市海关进行登记注册,取得报关权。请分析,该公司在办理进出口报关业务时,报关单位是属于进出口货物收发货人,还是属于报关企业呢?

1. 报关单位的报关行为规则

(1)进出口货物收发货人的报关行为规则

进出口货物收发货人只能办理本单位进出口货物的报关业务，不能代理其他单位报关。进出口货物收发货人经海关注册登记后，可在所在关区各口岸海关办理报关业务。如需在其他海关关区口岸进出口货物，应委托当地报关企业向海关报关；经海关核准，也可申请异地报关备案。

(2)专业报关企业的报关行为规则

专业报关企业一般只能在注册地海关办理报关纳税等事宜。专业报关企业在报关时，需向海关出示委托人的正式委托书，提供委托人与报关纳税等有关的文字记录资料，设立专职报关员办理报关纳税等手续，按海关规定的期限代委托人缴纳税款，逾期由海关按规定征收滞纳金。超过规定期限仍未缴纳税款，由海关按照《海关法》的有关规定处理。专业报关企业应依法建立账册和营业记录。

(3)代理报关企业的报关行为规则

代理报关企业应在所在关区各口岸办理报关纳税等事宜。在特殊情况下，经所在地上级海关协商、异地海关同意，报海关总署核准，方可在异地办理报关业务。代理报关业务只能接受有权进出口货物单位的委托，办理本企业承揽、承运货物的报关纳税等事宜。

2. 报关单位的法律责任

(1)报关单位法律责任的内容

报关单位在办理报关纳税等海关事务时，应遵守国家有关法律、行政法规和海关的各项规定，并对所申报货物、物品的品名、规格、价格、数量等的真实性、合法性负责，承担相应的法律责任。

(2)海关对报关单位违法行为的处理

①海关暂停报关单位的报关权。报关单位有下列情形之一者，海关可暂停其报关权：(a)违反《海关法》和其他有关法规，经警告无效的；(b)不履行纳税义务和其他应履行义务的；(c)经海关年审不合格的；(d)内部报关员管理制度不健全的；(e)因其他原因需要暂停报关权的。

②海关取消报关单位的报关权。报关单位有下列情形之一者，海关可取消其报关权：(a)主管部门已撤销其进出口经营权或吊销工商营业执照的；(b)报关单位解体或并入其他单位的，或专业、代理报关企业原有情况发生变化，已不具备开办条件的；(c)犯有走私罪的；(b)有暂停报关权情形，情节严重的。

③报关单位违反《海关法》及有关法律、行政法规和海关规章或海关规定程序及手续，但尚未构成走私行为的，海关按我国《海关法行政处罚实施细则》的有关规定处罚。

④报关单位违反《海关法》、有关法律和行政法规，逃避海关监管，偷逃应纳税款，逃避国家有关进出境的禁止性或者限制性管理等，但尚不构成犯罪的，由海关没收走私货物、物品及违法所得，并处以罚款；专门或者多次用于掩护走私的货物、物品，专门或者多次用于走私的运输工具，予以没收；藏匿走私货物、物品的特制设备，责令拆毁或者没收。

⑤报关单位违反《中华人民共和国刑法》、海关法律法规，逃避海关监管，偷逃应纳税款，逃避国家有关出境的禁止性或者限制性管理，情节严重、数额较大，构成犯罪的，依法追究刑事责任。

⑥报关单位向海关工作人员行贿的，由海关撤销其报关注册登记，并处以罚款；构成犯罪的，依法追究刑事责任，并不得重新注册登记为报关企业。

议题十一

上海进出口公司接受南通皮革制品有限公司的委托，从日本进口25万平方米的牛皮用于制作皮包，为此双方签订了委托代理协议。事实上，上海进出口公司进口了真牛皮，却将其伪报成仿真牛皮，直接逃税人民币几百万元。请分析，根据我国有关的法律法规，该公司应承担什么样的法律责任？

3.报关单位的注册登记制度

报关注册登记制度是指进出口货物收发货人、报关企业应当向海关提供规定的法律文书，申请报关资格，经海关审查核实，准予其办理报关业务的管理制度。海关要求报关企业：具备境内企业法人资格条件；法定代表人无走私记录；无因走私违法行为被海关撤销注册登记许可记录；有符合从事报关服务所必需的固定经营场所和设施；

报关注册登记一般有以下三个环节：

(1)报关注册登记的申请

报关企业向海关提出书面申请，并递交规定的文件资料，包括《报关单位情况登记表》；企业法人营业执照副本复印件以及组织机构代码证书副本复印件；报关服务营业场所所有权证明或者使用权证明；其他与申请注册登记许可相关的材料。

(2)报关注册登记的海关审查

海关对企业的资格条件进行审查，其内容包括报关服务场所和提供服务的必要设备情况，企业性质、经营范围、企业承担经济法律责任的能力以及各种文件的真实性、合法性等。对自理报关单位，主要审查企业有关文件的真实性和合法性、企业注册地址、企业的性质等；从而确认是否受理、是否符合注册的条件、应编制的报关注册编码(10位数编码)等。对代理报关企业则应根据当时当地报关服务市场的情况，审查企业是否已开展经营国际运输代理或国际运输工具代理业务、企业承担经济法律责任的能力、企业有关文件的真实性和合法性等。对专业报关企业则应根据当时当地报关服务市场的情况，审查申办人各项条件是否符合开办所规定的要求，其企业承担经济法律责任的能力及企业有关文件的真实性和合法性等。

(3)报关注册登记证书

海关对企业提交的文件、资料予以审核后，应当于受理注册登记许可申请之日起20日内审查完毕，作出准予注册或不准许注册的决定。经海关审核准予注册登记的单位，由海关核发《中华人民共和国海关报关单位注册登记证书》。

经报关注册登记的企业，即成为报关单位，可以在规定的经营地域或口岸的范围开展报关业务。

4.报关单位的变更登记与注销登记

(1)报关单位的变更登记

报关单位的企业名称、法定代表人发生变更的，应当持《报关单位情况登记表》、《中华人民共和国海关报关单位注册登记证书》、变更后的工商营业执照或者其他批准文件及复印件，以书面形式到注册地海关申请变更注册登记许可。对被许可人提出的变更注册登记许可申请，注册地海关应当参照注册登记许可程序进行审查。经审查符合注册登记许可条件的，应当作出准予变更的决定，同时办理注册信息变更手续。

(2)报关单位的注销登记

报关单位经海关办理注册登记后，遇有如下情形时，海关应当依法注销注册登记许可：有效期届满未申请延续的；报关企业依法终止的；注册登记许可依法被撤销、撤回，或者注册登记许可证件依法被吊销的；由于不可抗力导致注册登记许可事项无法实施的；法律、行政法规规定的应当注销注册登记许可的其他情形。

5.报关单位注册登记的延续

报关企业注册登记许可期限为2年。被许可人需要延续注册登记许可有效期的，应当办理注册登记许可延续手续。报关企业办理注册登记许可延续手续，应当在有效期届满40日前向海关提出申请，同时提交申请注册时规定的文件材料。海关应当在20日内对报关企业的延续申请予以审查。经审查认定符合注册登记许可条件，以及法律、行政法规、海关规章规定的延续注册登记许可应当具备的其他条件的，应当依法作出准予延续 2 年有效期的决定。对不再具备上述条件的，不准予延续其注册登记许可。

三、报关员

为了适应经济社会发展需要，切实推动简政放权、转变职能，深化行政审批制度改革，2014 年 3 月《海关总署关于废止部分海关规章的决定》废止了 2004 年 11 月 30 日以海关总署令第 119 号发布的《中华人民共和国海关对报关员记分考核管理办法》、2006 年 3 月 20 日以海关总署第 146 号令公布的《中华人民共和国海关报关员执业管理办法》以及 2010 年 3 月 1 日以海关总署第 187 号令公布的《中华人民共和国海关报关员资格考试及资格证书管理办法》。从 2014 年起报关员资格考试被取消，对报关人员从业不再设置门槛和准入条件。今后报关员由报关协会自律管理，海关则指导、督促报关企业加强内部管理。报关员是指受雇于某一个企业向海关办理报关纳税等海关事务的人员。

1.报关员的权利和义务

报关员必须受雇于一个有报关权的企业（单位），代表所属企业向海关办理报关业务。其权利和义务如下：

(1)报关员的权利

①根据海关规定，代表所属报关单位办理进出口货物报关纳税等海关事务。

②有权拒绝办理所属企业交办的单证不真实、手续不齐全的报关业务。

③根据《海关法》及有关规定，对海关的行政处罚决定不服的，有权向海关申请复议，或者向人民法院起诉。

④有权根据国家法律法规对海关工作进行监督，并有权对海关工作人员的违法、违纪行为进行检举、揭发和控告。

⑤有权举报报关活动中的违规走私行为。

(2)报关员的义务

①遵守国家有关法律、法规和海关规章，熟悉所申报货物的基本情况；

②提供齐全、正确、有效的单证，准确填制进（出）口货物报关单，并按有关规定办理进出口货物的报关手续；

③海关检查进出口货物时，应按时到场，负责搬移货物、开拆和重封货物的包装；

④在规定的时间，负责办理缴纳所报货物的各项税费手续、海关罚款手续和销案手续；

⑤配合海关对企业的稽查和对走私、违规案件的调查；

⑥协助本企业完整保存各种原始报关单证、票据、函电等业务资料；

⑦参加海关组织的报关业务培训；

⑧承担海关规定报关员办理的与报关业务有关的工作。

2. 报关员的行为规范

报关员代表所属企业向海关办理报关业务时，应遵循下列行为规范；

(1)不得同时兼任两个或两个以上报关单位的报关工作。

(2)应在企业所在地海关关区内办理本企业授权承办的报关业务。

(3)代理报关企业的报关员办理报关业务，应交验委托单位的委托书。

3. 报关员的法律责任

(1)报关员在报关活动中，违反《海关法》和相关法律、行政法规的，由海关或其他部门给予相应的处理和行政处罚，构成犯罪的，依法移送司法机关追究其刑事责任。

(2)报关员有违反我国《海关对报关员管理规定》的事项，海关处以罚款。具体内容如下：

①未经企业授权擅自承揽报关业务的；

②不履行海关规定的报关员义务的；

③因其他原因需处以罚款的。

思考与检测

一、单项选择题

1. 我国采用配额许可证管理的措施，即(　　)。

A. 配额与许可证结合使用　　B. 配额与进口废物批准证书结合使用

C. 进口废物许可证与许可证结合使用　　D. 检验检疫证书与许可证结合使用

2. 我国采用配额许可证管理的措施，需要配额管理的商品必须要申领(　　)。

A. 配额证书　　B. 许可证

C. 批准文件　　D. 办理免税证明

3. 以下不属于出口许可证管理的商品是(　　)。

A. 电子计算机　　B. 牛肉

C. 猪肉　　D. 摩托车

4. 进口许可证有效截止日期为(　　)。

A. 3 个月　　B. 6 个月

C. 1 年　　D. 2 年

5. 国家对出口食品及其生产企业（包括加工厂、屠宰场、冷库等）实施(　　)制度。

A. 海关注册登记　　B. 检验注册登记

C. 卫生注册登记　　D. 卫生与海关注册登记

6."自理报检单位备案登记证明书"的有效期为(　　),到期后须申请换发新证。

A. 2 年　　B. 3 年

C. 4 年　　D. 5 年

7. 海关对下列不可暂停报关单位的报关权的情形是(　　)。

A. 撤销进出口经营权　　B. 吊销工商营业执照

C. 犯有走私罪　　D. 自理报关

8. 报关员调动工作单位,应持调出和调入双方企业的证明文件向调入企业所在地海关重新办理(　　)手续。

A. 报关员证　　B. 报关员条码卡

C. 注册登记　　D. 核准

9. 海关要求报关企业必须具有固定的服务场所和必要设备,须有一定数额的注册资金,并拥有(　　)以上的报关从业人员。

A. 5 人　　B. 10 人

C. 6 人　　D. 8 人

二、多项选择题

1. 许可证管理是国家规定的限制进出口货物,必须事先取得(　　),方能出入境。

A. 进口货物许可证　　B. 出口货物许可证

C. 检验检疫证书　　D. 原产地证明书

2. 实行进口货物许可证管理的商品有(　　)。

A. 光盘生产设备　　B. 监控化学品

C. 易制毒化学品　　D. 消耗臭氧层物质

3. 进出口许可证制度的基本内容主要有(　　)。

A. 进出口经营权及经营范围审批　　B. 进出口商品的配额与许可证管理

C. 进出口商品的分类管理　　D. 对外贸易国别政策

4. 我国进出口货物许可证的审核与签发机构分别是(　　)。

A. 商务部配额许可证事务局　　B. 商务部驻各地特派员办事处

C. 各省、直辖市、自治区的海关　　D. 各省、直辖市、自治区的商委

5.进出口货物收发货人进口货物可采用的报关方式是(　　)。

A. 自理报关　　B. 代理报关

C. 生产企业报关　　D. 收货人报关

6. 报检单位可分为(　　)。

A. 生产企业报检单位　　B. 自理报检单位

C. 收货人报检单位　　D. 代理报检单位

7. 入境的法定检验检疫货物,未经检验检疫合格或未经检验检疫机构许可的,不得(　　)。

A. 销售　　　　B. 运递
C. 拆卸　　　　D. 使用

8. 我国《海关法》明确规定海关基本任务是(　　)。
A. 监管　　　　B. 征税
C. 查缉走私　　　　D. 编制海关统计

9. 报关单位有下列(　　),海关可暂停其报关权。
A. 违反《海关法》和有关法规经警告无效的
B. 直接向走私人非法收购走私货物和物品的
C. 经海关年审不合格的
D. 内部报关员管理制度不健全的

三、判断题

1.配额管理是国家在一定时期对于某种商品的进出口数量直接加以限制的管理措施。(　　)

2.国家对实行配额管理和特定产品目录管理以外的机电产品实行自动进口许可管理。(　　)

3.自理报检单位有权对检验检疫机构及其工作人员的违法违纪行为,进行控告或检举。(　　)

4.代理报检单位从事代理报检业务时,须提交委托人的"报检委托书",由法定代表人签字,并加盖双方公章。(　　)

5.报关单位是向海关办理进出口货物报关纳税等海关事务的境内法人或其他组织。(　　)

6.报关单位必须是进出口货物的收发货人。(　　)

7.报关员代表所属企业向海关办理报关业务,也可兼任其他报关单位的报关工作。(　　)

四、案例题

1. 甲公司从澳大利亚某公司购买了2万吨化肥运抵某市。海关认定甲公司在无进口许可证等报关单证的情况下进口货物,且未经海关许可擅自提取货物,遂以保证金的名义向甲公司收缴人民币200万元。随后作出罚款1 000万元的行政处罚决定。甲公司认为处罚过重,但既未缴纳罚款,也未申请行政复议或者提起行政诉讼。海关可以直接将甲公司缴纳的保证金抵缴部分用作罚款吗?如果海关在甲公司起诉期限届满之日后强制执行,符合法律要求吗?

2. 某企业从日本进口一批冻鱼,欲从大连口岸入境通关后转济南加工。该批冻鱼在通关时,该企业等待济南检验检疫局施检,因为它认为检验商品是检验检疫局的职责。你认为这种做法正确吗?如不正确,请指出正确的做法。

3. 上海皮件有限公司向上海进出口公司报关员章芳小姐求助,办理一批皮革制品货物的出口报关，并向其支付酬劳金 2 000 元人民币。由于章芳小姐与上海皮件有限公司的经理是朋友，难以推脱，又不能让自己公司知道，于是私下向吴淞海关办理报关手续。海关工作人员在审核时发现有作假行为，并予以拒绝。请分析，章芳小姐将会受到怎样的处罚呢？

五、简答题

1. 许可证管理部门的法律责任是什么？
2. 简述自理报检单位的权利与义务。
3. 简述代理报检单位的权利与义务。
4. 简述报关单位法律责任的内容。

第八章　国际商务活动中的票据结算制度

——票据法、国际结算惯例

学习目标

- 汇票内容的法定记载事项与主要当事人
- 汇票的票据行为与背书的法律效力
- 信用证业务的主要当事人
- 开证行、保兑行和通知行的责任
- 交单与审单的内容和具体要求
- 托收业务依据、托收指示的内容
- 银行对托收业务的义务、责任和免责规定

国际结算是通过某种支付工具，按某种方式清算不同国家有关当事人之间经济交往中发生的债权与债务的活动。

在国际商务活动中，用于国际贸易结算中的主要支付工具是票据，其是指以支付金钱为目的，由出票人签名，约定自己或另一个人无条件支付确定金额的可流通转让的有价证券。票据法是规定票据制度、调整票据活动产生的各种社会关系的法律规范的总称。它包括两方面的内容：一是基于票据行为而发生的票据当事人之间形成的票据权利和义务关系；二是为了保证票据的正常流通，作出特别规定，从而产生相应的社会关系。

在国际商务活动中，采用的主要国际贸易结算方式是信用证、汇付、托收，与其相应的国际贸易结算规则主要是由《跟单信用证统一惯例》、《跟单托收统一惯例》等国际惯例进行调整的。

第一节　调节汇票票据的法律关系

在国际商务活动中，用于结算的票据主要有汇票、本票和支票，其中汇票使

用较多。汇票是指出票人签发的、委托付款人在见票时或者在指定日期无条件支付确定的金额给收款人或者持票人的票据。调整汇票的法律关系主要是各国票据法，如《中华人民共和国票据法》、《英国票据法》等，以及《关于统一汇票和本票的日内瓦公约》等国际公约。

案例导入

新加坡水产贸易公司向上海水产贸易公司出口一批冻黄花鱼，发货后于 2014 年 5 月 10 日开出 D/P 见票后 60 天付款的远期汇票，并随附全套结汇单据委托新加坡工商银行收款。中国银行上海分行收到新加坡工商银行寄送的全套结汇单据与委托书后，向上海水产贸易公司发出“进口代收来单通知书”。通知书称：“兹附上新加坡工商银行寄来的单据……请立即复核单据，并于 2014 年 5 月 25 日之前正式书面通知我行是否同意付款或承兑。如到期未答复，视为贵司同意付款或承兑，我行将对外办理付款或承兑，对你司不负任何责任。书面通知我行之前，妥善保管好单据。若拒付，应退回全部单据，否则，将丧失拒付权。”当日，上海水产贸易公司经理在该通知书上签名并加盖了公章，并在汇票背面注明“同意承兑付款，日期为 2014 年 5 月 20 日”字样。

根据《票据法》的有关理论，请思考下列问题：

1. 汇票内容的法定记载事项与主要当事人有哪些？
2. 对汇票当事人的权利与义务有哪些具体规定？
3. 汇票的票据行为与背书的法律效力何在？
4. 追索的对象及行使追索权的法律依据有哪些？

一、汇票记载的法定事项

汇票（见样例 8—1）是要式证券，出票人必须按规定记载法定内容，否则该汇票无效。具体规定如下：

1. 标明“汇票”字样

在国际商务中，用英文单词 Bill of Exchange 或 Draft 或 Bill 标明，以区别于其他证券。

2. 无条件支付的委托

汇票付款的委托不得附有任何条件，因为汇票是出票人委托付款人给收款人金额的无条件支付命令书。如果汇票上附有其他条件,如"卖方须交付符合合同规定的货物后,支付其金额10 000美元",则该汇票无效。

3. 确定的金额

汇票票面所记载的金额必须确定,并用文字大写和数字小写分别表明,两者必须一致,否则票据无效。

4. 付款人名称

付款人一般为出票人以外的第三人,通常是进口商或其指定的银行,其名称和地址应详细书写在"To"后。

5. 收款人名称

收款人又称汇票的抬头,是受领汇票金额的人,通常是出口商或其指定的银行。

6. 出票日期

出票日期为签发汇票的具体时间,其决定汇票的有效起算日和出票后定期付款的到期日。

7. 出票人签字

由出票人在汇票上签字,该汇票生效。

汇票除了法定记载事项以外,还可记载一些《票据法》允许的其他内容。例如,付款日期、出票地、汇票编号、付一不付二和出票条款等。

样例 8-1

BILL OF EXCHANGE

凭 不可撤销信用证

Drawn under ________________ Irrevocable L/C No. ________________

Date ____支取 Payable with Interest @____%____ 按____ 息____ 付款

号码 汇票金额 苏州

No. ________ Exchange for ________ Suzhou ________

见票 ________日后(本汇票之副本未付)付交 金额

AT ________ sight of this FIRST of Exchange(Second of Exchange being unpaid) Pay to the order of ________________ the sum of

款已收讫

Value received ____

此致:

To ____

知识连接 汇票种类

1. 银行汇票和商业汇票

按出票人不同，可区分为银行汇票和商业汇票。银行汇票指一家银行向另一家银行开出的汇票；商业汇票指出票人是工商企业或个人，付款人可以是企业或个人或银行的汇票。

2. 即期汇票和远期汇票

依据付款时间不同，可区分为即期汇票和远期汇票。即期汇票指在提示付款或见票时，应立即付款的汇票；远期汇票指在一定期限或特定日期须付款的汇票，其规定办法为见票后若干天付款、出票后若干天付款、提单签发日后若干天付款和指定日期付款四种形式。

3. 商业承兑汇票和银行汇票

从承兑人角度出发，可分为商业承兑汇票和银行汇票。商业承兑汇票是由工商企业或个人承兑的远期汇票，是以商业信用为基础的；银行承兑汇票是由银行承兑的远期汇票，是以银行信用为基础的。

4. 光票汇票和跟单汇票

按是否附有运输单据，可分为光票汇票和跟单汇票。光票汇票是指出具的汇票不附有运输单据；跟单汇票是指随附运输单据的汇票，国际贸易的货款结算通常为跟单汇票。

二、汇票的当事人

当事人的称谓与票据行为有关，完成不同的票据行为产生不同的当事人。不同票据关系的当事人，在进行票据行为的过程中，所享有的权利、承担的义务是不相同的。票据的关系人有出票人、付款人、收款人、承兑人、背书人、持票人和保证人等。以下，就主要当事人予以介绍。

1. 出票人

出票人是依法定方式做成票据并在票据上签名盖章、将票据交付给收款人的当事人。

议题一

上海水产贸易公司与新加坡水产贸易公司签订了冻黄花鱼购货合同，采用跟单托收结算方式。新加坡水产贸易公司按合同规定发货后，于2014年5月10日开出见票后60天付款的远期汇票，并随附全套结汇单据，委托新加坡工商银行收款。请分析，该汇票的出票人是谁，为什么？

2. 收款人

收款人又称“抬头人”，是指票据到期有权收取票款的当事人，是票据的主债权人，有时又是票据的持票人。

议题二

上海水产贸易公司与新加坡水产贸易公司签订了冻黄花鱼购货合同，采用跟单托收结算方式。新加坡水产贸易公司按合同规定发货后，于2014年5月10日开出见票后60天付款的远期汇票，并随附全套结汇单据，委托新加坡工商银行收款。请分析，该汇票的收款人是谁，为什么？

3. 付款人

付款人是根据出票人的命令支付票款的当事人，是票据的主债务人。

议题三

上海水产贸易公司收到中国银行上海分行的“进口代收来单通知书”和全套单据后，该公司经理在审单无误后，在汇票背面签注同意承兑付款。请分析，该汇票的付款人是谁，为什么？

4. 承兑人

承兑人是汇票的主债务人。承兑是汇票独有的行为，对于不同种类的承兑汇票，承兑人的权利、义务及责任是不相同的。

议题四

上海水产贸易公司收到中国银行上海分行的“进口代收来单通知书”和全套单据后，该公司经理在审单无误后，在汇票背面签注同意承兑付款。请分析，该汇票需要承兑人吗？为什么？

5. 背书人

票据的收款人或持有人转让票据时，在票据的背面或粘单上签字盖章的，称为背书人。被记名受让票据或接受票据转让的人，则称为被背书人。

议题五

新加坡水产贸易公司在上海水产贸易公司对远期汇票进行承兑后，因业务资金周转需要，在该汇票上背书转让给上海进出口贸易公司。请分析，该汇票的背书人与被背书人各是谁，为什么？

三、汇票当事人的权利与义务

1. 汇票当事人的权利

(1)持票人的权利

持票人的权利主要表现为：①转让权。持票人在汇票到期前，可以经背书后将该汇票转让给受让人。②付款请求权。汇票到期后，持票人经提示汇票可向承兑人或付款人请求付款。③追索权。持票人作提示后，如果遭拒付，可以向在该汇票上签过字的任何人行使追索权。

(2)付款人的权利

付款人的权利是对不符合法定要求的汇票，具有拒绝付款的权利。

议题六

上海水产贸易公司收到中国银行上海分行的“进口代收来单通知书”和全套单据后，该公司经理在审单时发现汇票金额大小写不一致，于是拒绝承兑付款。请分析，上海水产贸易公司拒绝承兑付款合理吗？为什么？

(3)承兑人的权利

承兑人的权利是在承兑或付款前有权要求持票人依法作承兑或付款提示，如果持票人的提示不合法，有权拒绝。

议题七

法国美令公司与浙江贸易公司签订了一份礼品购货合同，采用远期信用证支付方式。法国美令公司按合同规定发货后，于2014年6月1日开出见票后60天付款的远期汇票。由于业务员的工作疏忽，在2014年7月30日才将全套议付单据委托巴黎银行向中国银行宁波分行寄送，再由其转交浙江贸易公司进行审单。对此，浙江贸易公司拒绝承兑。请分析，浙江贸易公司拒绝承兑合理吗？为什么？

2. 汇票当事人的义务

(1)出票人的义务

银行汇票的出票人为付款人，汇票一经签发、交付，就成为该汇票的最后责任者，承担对所有后手付款的义务。

(2)持票人的义务

持票人的义务主要表现为：①在汇票到期前，应按时提示，否则可能遭拒付，其责任由自己承担；②在依法提示遭拒付后，应依法做成拒绝证书或取得拒绝证明的义务；③行使追索权时，有通知债务人的义务。

(3)承兑人的义务

汇票承兑人负有无条件付款的义务，如果汇票到期无款可付或不足，则构成对出票人的违约，应承担违约责任，并应继续履行付款义务。

(4)付款人的义务

在没有承兑人或由自己承兑的情况下，须到期承担无条件付款的义务。

四、汇票的票据行为

票据行为是指票据关系当事人为完成票据目的设立、变更、终止票据权利和票据义务的合法行为。其含有三层意思：①范围，即在票据当事人之间所进行的一种行为；②目的，当事人完成票据目的而实施的一种行为；③性质，当事人设立、变更或终止票据权利和票据义务是属于法律行为。汇票的票据行为有以下基本环节：

1. 出票

出票是指出票人签发汇票并将其交付给收款人的行为。出票是票据的基本行为，因为票据上的权利与义务都是以出票而产生。出票由两个行为组成：一是出票人填制汇票并签字，未签字的汇票则无效；二是将汇票交付给收款人，如果仅为开票而开票，没有交付行为，也不是出票。

议题八

香港兴隆公司为支付南通光明制衣公司的货款开出汇票。票面记载:编号为 V00276,出票日期为 2014 年 5 月 8 日,出票人香港兴隆公司,收款人南通光明制衣公司,付款人中国银行香港分行,金额 50 万港元,载明“不得转让”字样。请分析,该出票行为能否成立?

2. 提示

提示是指出票人或持票人将汇票提交付款人要求承兑或付款的行为。

(1)提示承兑

承兑是指汇票付款人承诺其付款的委托,负担票面金额支付义务而在票据上作出意思表示的行为。汇票如果是远期的,付款人见票后先办理承兑手续,在汇票正面写上“承兑”字样,注明承兑日期,并由付款人签字后交还持票人,待汇票到期时付款。付款人承兑之后,称为承兑人。在出票之初,付款人对于汇票的金额不负任何义务,必须在汇票上作成承兑后,才是汇票的主债务人。此时,出票人则处于汇票的次债务人地位。

议题九

安徽茶叶进出口公司与日本东京商社签订了一份茶叶销售合同,采用见票后 60 天付款的远期信用证结算方式。富士银行对安徽茶叶进出口公司提供的全套议付单据进行审单,核准无误后对汇票进行了承兑。汇票付款期到了,由于日本东京商社经营不善宣布破产,于是富士银行拒绝对该汇票进行付款。请分析,富士银行拒绝付款合理吗?为什么?

(2)提示付款

付款是指付款人向持票人支付汇票金额的行为。即期汇票为提示即付,远期汇票应于到期日付款。收款人在获款后,应在汇票上签收,汇票退还给付款人作为收据存查。汇票一经付款,汇票上的一切债权与债务即告终结。

议题十

浙江嵊泗水产贸易公司与日本中村商社签订了一份冻虾销售合同,采用见票后 90 天付款的远期信用证结算方式。嵊泗水产贸易公司按合同规定发货后,开出远期汇票并随附全套议付单据向富士银行提示承兑。由于中村商社经营不善,即将面临破产,富士银行对此予以回避。请分析,富士银行回避承兑的行为合理吗?为什么?

知识连接 **远期汇票付款时间的计算**

计算采用算尾不算头的方式。如见票日为6月15日，付款期限为见票日后30天，则应从6月16日起算30天，到期付款日为7月15日；以月为单位计算付款期限的，则不考虑每月的具体天数，都以相应月份的同一天为到期日。如见票后1个月付款，见票日为6月15日，到期付款日应为7月15日。如无对应日期，则以该月最后一天代替。如到期日恰逢周末或节假日，则顺延至下一个银行工作日。

3. 背书

票据流通是通过票据转让来实现的，票据的作用只有通过转让才能充分表现。背书是转让汇票权利的一种法定手续，是由持票人在汇票背面签上自己名字，或加上受让人的名字，注明背书日期并把汇票交给受让人的行为。《票据法》一般不限制背书的次数，汇票经背书后，受款权利转让于被背书人。背书可依据不同的标准分为下列三种形式：

(1)限制性背书

限制性背书是指背书人在汇票背面注明被背书人时，加上限制性条件。如“仅付上海进出口贸易公司”、“付给中国银行，不可转让”。凡做成限制性背书的汇票，只能由指定的被背书人凭票取款，被背书人无权再继续转让汇票。

(2)指示性背书

指示性背书又称“记名背书”，是指背书人在汇票背面注明被背书人的全称后签字，被背书人可以再继续转让汇票。

(3)空白背书

空白背书又称“不记名背书”，是指背书人只在汇票背面签字，而不注明被背书人的名称。空白背书的汇票仅凭交付即可完成转让，因此出于票据使用的安全性，我国《票据法》规定汇票不允许做空白背书，这与西方票据法不同。

4. 追索

追索是指当汇票被拒付，包括拒绝承兑、拒绝付款、死亡、逃匿，依法破产和因违法被责令终止业务时，持票人可以向其直接前手进行追索，也可以自由选择追索对象，包括前手中的一人或数人或全体，行使追索权，请求其偿还汇票金额及其拖欠产生的利息和因追索所产生的一切费用。“前手”是指持票人以前所有的背书人，包括出票人。按国际通行规则，持票人行使追索权的程序如下：

(1)取得拒绝证书或其他合法证明

拒绝证书是由付款地的法定公证人或其他依法有权作这种证书的机构(如法院、银行和公会等)所作的证明付款人拒付的文件,凭以行使追索权的法律依据。

(2)发出追索通知

持票人应当自收到被拒绝承兑或者被拒绝付款的有关证明之日起3日内,将被拒绝事由书面通知其前手。其前手应当自收到通知之日起3日内,书面通知其再前手。持票人也可以同时向各票据债务人发出书面通知。在规定的期限内,将通知按照法定地址或者约定的地址邮寄的,视为已经发出通知。

知识连接 **票据贴现与再贴现**

1. 票据贴现

票据贴现是指持票人将持有的未到期承兑的商业汇票经过背书转让给商业银行并贴付利息,银行按票面金额扣除贴现利息后将余额支付给持票人的票据行为。通过贴现,持票人得到低于票面金额的资金,贴现银行及其他金融机构获得票据的所有权,其实质是票据买卖行为。

2. 票据再贴现

再贴现是商业银行及其他金融机构将买入的未到期的贴现票据向中央银行办理的再次贴现。在再贴现过程中,中央银行根据执行货币政策的需要,买进商业银行持有的未到期票据,让渡现实货币;商业银行则为解决资金短缺而出让已贴现票据。

五、本票与支票

1. 本票

本票是出票人签发的,承诺自己在见票时无条件支付确定的金额给收款人或持票人的票据。其与汇票的主要区别是:①当事人不同。本票的当事人只有出票人和收款人两个,本票的付款人即出票人;而汇票有出票人、付款人和收款人三个当事人。②承兑不同。远期本票由出票人即付款人本人签发,因此无须承兑;而远期汇票须经付款人承兑,做进一步的付款保证。③份数不同。本票只能一式一份,不能多开;汇票可以一式两份(银行汇票除外),注明“付一不付二”或“付二不付一”字样即可。④责任范围不同。本票自始至终由出票人负责;汇票在承兑前由出票人负责付款,承兑后则由承兑人负主要付款责任,出票人负次要责任。⑤债权与债务关系不同。本票是债务人对债权人的一种支付承诺,汇票是债权人对债务人的一种支付命令。

2. 支票

支票是出票人签发的，委托办理支票存款业务的银行或者其他金融机构在见票时无条件支付确定的金额给收款人或者持票人的票据。支票本质上是一种特殊的汇票，也是一种无条件的支付命令。其特殊性表现在支票的出票人是真正的付款人，而它的受票人是出票人的存款银行或其他金融机构，受票人（付款银行）见票后即以出票人的存款向持票人（收款人）实际支付确定的金额。

六、违反《票据法》的法律责任

1. 票据制假

(1)伪造票据

伪造票据是指假借他人名义出票或假借他人名义在票据上签名的行为，如票据上伪刻他人印章或盗用他人印章。伪造票据产生的后果是：①被伪造人因没有真正在票据上签名而不负票据上的责任；②伪造者除负《刑法》规定的伪造有价证券的刑事责任和民事赔偿责任外，也不负票据上的责任；③票据发生伪造后，不影响其真实签名的效力，即在被伪造的票据上确有真正签名或盖章的人，仍应对票据的文义负责。

(2)变造票据

变造票据是指未经授权或无权变更票据内容的人，擅自变更票据上依法记载的有效要件的行为。票据发生变造后，将对票据当事人的权利与义务发生影响。即各票据关系人按其在票据上签名的时间确定责任，在变造之前签名的，按变造前的票据的文义负责；在变造后签名的，按变造后的票据文义负责。

2. 违反《票据法》的法律责任

票据是一种有价证券，伪造或变造有价证券的任何违法行为都应受到制裁，违法行为人都应承担相应的法律责任，这是法律的基本原则。我国《票据法》和《刑法》等法律法规都规定了票据违法行为人的法律责任。具体内容有以下三个方面：

(1)票据犯罪行为的刑事责任

进行下列票据欺诈行为之一的，可以依法追究行为人的刑事责任：①伪造、变造票据的，构成伪造、变造金融票证罪。②以下行为将构成金融票据诈骗罪：故意使用伪造、变造的票据的；签发空头支票或者故意签发与其预留的本名签名式样或者印鉴不符的支票，骗取财物的；签发无可靠资金来源的汇票、本票，骗取资金的；汇票、本票的出票人在出票时作虚假记载，骗取财物的；冒用他人的票据，或者故意使用过期或者作废的票据，骗取财物的。③付款人同出票人、持票人恶意串通，实施上述行为之一的，按共同犯罪，以串通行为的性质定罪，追究刑事责任。

(2)票据违法行为的行政责任

①进行上述票据欺诈行为之一,而情节轻微,不构成犯罪的,由公安机关依法给予处罚。

②金融机构直接负责的主管人员和其他直接责任人员在票据业务中玩忽职守,对违反《票据法》规定的票据予以承兑、付款、保证或者贴现,未构成犯罪的,给予警告、记过、撤职或者开除的处分。

③票据的付款人对见票即付或者到期的票据,故意压票、拖延支付的,由人民银行处以压票、拖延支付期间内每日票据金额万分之七的罚款,对直接负责的主管人员和其他直接责任人员给予警告、记过、撤职或者开除的处分。

④签发空头支票或者签发与其预留的签章不符的支票,不以骗取钱财为目的的,由中国人民银行处以票面金额 5%但不低于 1 000 元的罚款。

⑤违反中国人民银行规定,擅自印制票据的,由人民银行责令改正,处以 1 万元以上 20 万元以下的罚款;情节严重的,中国人民银行有权提请有关部门吊销其营业执照。

(3)票据违法行为的民事责任

①金融机构工作人员在票据业务中玩忽职守,对违反《票据法》规定的票据予以承兑、付款、贴现或者保证,并给当事人造成损失的,由该金融机构和直接责任人员依法承担经济赔偿责任。

②票据的付款人故意压票、拖延支付,给持票人造成损失的,依法承担经济赔偿责任。

③签发空头支票或者签发与其预留的签章不符的支票,不以骗取钱财为目的的,持票人有权要求出票人赔偿支票金额 2%的赔偿金。

④依照《票据法》规定承担上述赔偿责任以外的其他违反《票据法》的行为,给他人造成损失的,应当依法承担民事责任。

议题十一

赵某因公司经营不当,长期亏损。近日因资金周转困难,于是仿制 300 万元承兑汇票、刻制虚假印章,并将此汇票在某信用社顺利贴现。请分析,法院对赵某的违法行为如何判决,为什么?

七、涉外票据的法律适用

涉外票据是指出票、背书、承兑和付款等行为中,既有发生在中国境内的,又有发生在中国境外的票据。根据我国法律的规定,涉外票据的法律适用有以下三个方面：

1. 适用出票地法律

适用汇票出票时记载的所在国的法律规定，如票据追索权的行使期限等。

2. 适用行为地法律

票据债务人的民事行为能力一般适用其本国法，但如果依其本国法为无民事行为能力或限制民事行为能力，而依行为地法律为完全民事行为能力的，适用行为地法律。同时，票据的背书、承兑和付款行为也适用行为地法。

3. 适用付款地法律

如票据的提示期限、有关拒绝证明的方式、出具拒绝证明的期限，票据丧失时失票人请求保全票据权利的程序等，适用付款地法律。

第二节 信用证结算方式的国际惯例

《跟单信用证统一惯例》是国际商会于1933年制定的，后经1951年、1962年、1974年、1983年、1993年和2007年6次修改，已被世界各国银行所采用，对信用证所有当事人均具有约束力。但是，《跟单信用证统一惯例》不是法律，只有开证行在信用证中明确注明根据其开立的文字，才受其约束。

现行版本《跟单信用证统一惯例》（国际商会第600号出版物，简称UCP600），于2007年7月1日生效。其共有39个条款，按照通知、修改、审单、偿付、拒付等业务环节对条款进行了系统化的归结，并用简洁词语予以解释。

案例导入

浙江机械贸易公司与日本黑岩商社签订3组成套机械设备销售合同，采用保兑远期信用证结算方式。富士银行根据约定开立以建设银行浙江分行为保兑行的信用证。浙江机械贸易公司收到建设银行浙江分行的信用证通知书后，对保兑信用证进行审证，核准无误后按合同的规定出运，并持全套议付单据向建设银行浙江分行进行议付。富士银行对建设银行浙江分行寄来的单据进行审核，在单证、单单相符的条件下通知黑岩商社付款赎单。

根据《跟单信用证统一惯例》的有关内容，请思考下列问题：

1. 信用证业务的主要当事人有哪些？
2. 开证行、保兑行和通知行的责任有哪些规定？
3. 交单与审单的内容和具体要求如何？
4. 可转让信用证有哪些具体内容？
5. 部分装运和分期发运的内容是什么？

一、信用证的性质与当事人

1. 信用证的性质

信用证是指开证行应开证申请人的要求和指示，开给受益人在其履行信用证条件时付款的承诺文件。UCP600 第四条规定："就其性质而言，信用证与可能作为其开立基础的销售合同或其他合同是相互独立的交易，即使信用证中含有对此类合同的任何援引，银行也与该合同无关，且不受其约束。"

2. 信用证业务当事人

根据 UCP600 第二条的规定，信用证业务的主要当事人如下：

(1)申请人

申请人是指要求开立信用证的一方。

(2)受益人

受益人是指接受信用证并享受其利益的一方。

(3)开证行

开证行是指应申请人要求开出信用证的银行。

(4)通知行

通知行是指应开证行的要求通知信用证的银行。

(5)指定银行

指定银行是指信用证可在其处兑用的银行，如信用证可在任一银行兑用，则任何银行均为指定银行。

(6)保兑行

保兑银行是指根据开证行的授权或要求对信用证加具保兑的银行。

(7)交单人

交单人是指实施交单行为的受益人、银行或其他人。

议题十二

浙江机械贸易公司向日本黑岩商社出口 3 组成套机械设备，为此富士银行根据约定开立以建设银行浙江分行为保兑行的信用证。出口商收到建设银行浙江分行的信用证通知书后，对保兑信用证进行审证，在货物出运后持全套议付单据向建设银行浙江分行进行议付。请分析，本案例中的申请人、受益人、开证行、通知行、指定银行、保兑行和交单人各是谁？

二、开证行、保兑行、通知行的责任

1. 开证行的责任

UCP600 规定:“银行处理的是单据,而不是单据可能涉及的货物、服务或履约行为。”同时,具体规定了开证行的责任。主要内容如下:

(1)承付

只要将规定的单据提交给指定银行或开证行,并且构成相符交单,开证行则承担自开立信用证之时起不可撤销承付的责任。相符交单是指与信用证条款、本惯例的相关适用条款以及国际标准银行实务一致的交单。承付责任则包括:如果信用证为即期付款信用证,则即期付款;如果信用证为延期付款信用证,则承诺延期付款并在承诺到期日付款;如果信用证为承兑信用证,则承兑受益人开出的汇票并在汇票到期日付款。

议题十三

我出口企业收到进口商开来的远期信用证后,将货物按信用证规定的交货期装运。开证行收到指定银行转交的全套议付单据,确认其单证、单单相符后进行承兑。在汇票到期数日前,开证行告知进口商已经破产,拒绝付款。请分析,开证行的行为合法吗?为什么?

(2)偿付

当指定银行承付或议付相符交单并将单据转给开证行之后,开证行即承担偿付该指定银行的责任。议付是指指定银行在相符交单下,在其应获偿付的银行工作日当天或之前向受益人预付或者同意预付款项,从而购买单据的行为。对承兑或延期付款信用证下相符交单金额的偿付应在到期日办理,无论指定银行是否在到期日之前预付或购买了单据。开证行偿付指定银行的责任独立于开证行对受益人的责任。

2. 保兑行的责任

保兑是指保兑行在开证行承诺之外做出的承付或议付相符交单的确定承诺。根据 UCP600 第八条的规定,保兑行的责任如下:

(1)承付

只要将规定的单据提交给保兑行,或提交给其他任何指定银行,并且构成相符交单,保兑行自对信用证加具保兑之时起即不可撤销地承担承付或议付的责任。

议题十四

浙江机械贸易公司向日本黑岩商社出口3组成套机械设备,为此富士银行根据约定开立以建设银行浙江分行为保兑行的信用证。请分析,在货物出运后,作为保兑行的建设银行浙江分行是否有承担付款的责任,为什么?

(2)偿付

其他指定银行承付或议付相符交单并将单据转往保兑行之后,保兑行即承担偿付该指定银行的责任。对承兑或延期付款信用证下相符交单金额的偿付应在到期日办理,无论指定银行是否在到期日之前预付或购买了单据。保兑行偿付指定银行的责任独立于保兑行对受益人的责任。

3. 通知行的责任

根据UCP600第九条的规定,信用证及其修改通知书可经由通知行通知给受益人,通知行的通知行为表示其已确信信用证表面的真实性。如果通知行被要求通知信用证时予以拒绝,则应毫不延误地告知该银行;如果通知行被要求通知信用证时,但不能确信信用证表面的真实性,则应告知受益人或第二通知行。

4. 银行间的偿付

UCP600规定,如果信用证规定指定银行(索偿行)向另一方(偿付行)获取偿付时,应规定按ICC银行间偿付规则进行。否则按下列规定执行:

(1)开证行必须给予偿付行有关偿付的授权,授权应符合信用证关于兑用方式的规定,且不应设定截止日。

(2)开证行不应要求索偿行向偿付行提供与信用证条款相符的证明。

(3)如果偿付行未按信用证条款见索即偿,开证行将承担利息损失以及产生的任何其他费用。

(4)偿付行的费用应由开证行承担。然而,如果此项费用由受益人承担,开证行有责任在信用证及偿付授权中注明。如果偿付行的费用由受益人承担,该费用应在偿付时从付给索偿行的金额中扣取。如果偿付未发生,偿付行的费用仍由开证行负担。

(5)如果偿付行未能见索即偿,开证行不能免除偿付责任。

三、信用证修改

根据UCP600第十条的规定,未经开证行、保兑行(如有的话)及受益人同意，信用证既不得修改，也不得撤销。对同一修改的内容不允许部分接受，部分接受将被视为拒绝修改通知。

议题十五

山东贸易公司向日本五谷商社出口5万公吨花生，采用即期信用证支付方式。为此进口商请富士银行按合同约定开证，并由通知行山东农业银行分行转交出口商。由于进口商的原因，要求将即期信用证改为远期信用证、交货时间延长2个月。出口商获得富士银行通过山东农业银行分行转交的改证通知书后，只同意延长交货，拒绝远期信用证支付方式。请分析，进口商的改证要求是否符合有关规定，是否能生效，为什么？

四、交单与审单

1. 交单与审单的内容

UCP600规定，交单是指向开证行或指定银行提交信用证项下单据的行为，审单是开证行或指定银行对提交的信用证项下单据进行核准。具体规定如下：

(1)交单时间

信用证必须规定一个交单的截止日，即承付或议付的截止日。受益人的交单应在截止日当天或之前，并在银行营业时间内完成。如果单据中包含一份或多份正本运输单据，则须由受益人在不迟于发运日之后的21个工作日内交单，但不得迟于信用证的截止日。

议题十六

山东贸易公司向日本五谷商社出口5万公吨花生，采用信用证支付方式。信用证规定：装运期为9月30日前，交单期为10月，信用证有效期为10月31日，船公司签发的提单日期是9月30日。出口商向山东农业银行分行的交单时间是10月23日。请分析，银行能接受出口商交单议付吗？为什么？

(2)交单地点

交单地点是指向银行兑用信用证交单的所在地。除规定的交单地点外，也可是开证行所在地。

(3)交付单据

交付单据是指信用证所规定的单据，非规定的单据可被退还给交单人。如果信用证要求提交运输单据、保险单据或者商业发票之外的单据，却未规定出单人或其数据内容，则只要提交的单据内容能满足所要求单据的作用，银行将予以接受。

(4)单据正本、副本份数

信用证规定每一种单据须至少提交一份正本，任何带有看似出单人的原始签名、标记、印戳或标签的单据视为正本单据，除非单据本身表明其非正本。如果信用证要求提交单据的副本，提交正本或副本均可。如果信用证为“一式两份”、“两份”、“两套”等用语，则提交至少一份正本。

(5)单据日期

单据日期可以早于信用证的开立日期，但不得晚于交单日期。

(6)单据货物描述

除商业发票外，其他单据中的货物描述，可使用与信用证中的描述不矛盾的概括性用语。

(7)商业发票

商业发票必须由受益人出具，以申请人为抬头，无须签名；货币必须与信用证规定的相同，按指定行事的指定银行、保兑行(如有的话)或开证行可以接受金额大于信用证允许金额的商业发票，只要该银行对超过信用证允许金额的部分未作承付或者议付；商业发票上的货物、服务或履约行为的描述应该与信用证中的描述一致。

议题十七

山东贸易公司与日本五谷商社签订一份销售合同，采用信用证支付方式。信用证规定的货名为花生，数量为5万公吨。出口商在缮制发票和装箱单的货物描述时，都注明为“农副产品”。请分析，银行能接受出口商交单议付吗？为什么？

(8)海上货物运输单据

①海运提单。其必须表明承运人名称，注明船名与装运日期，由承运人或其代理人、船长或其代理人签署，并标明其身份。如果提单以多份正本出具，在提单上表明全套正本。

②不可转让海运单。其必须表明承运人名称，注明船名与装运日期，由承运人或其代理人、船长或其代理人签署，并标明其身份。不可转让海运单如以多份正本出具，在海运单上注明全套正本。

③租船合同提单。其必须由船长或其代理人、船东或其代理人、租船人或

其代理人签署,并标明其船长、船东、租船人或代理人的身份。租船合同提单的出具日期则为发运日期,如以多份正本出具,应在租船合同提单中注明全套正本。银行无审核租船合同的义务,即使信用证要求提交租船合同。

④转运。其指在信用证规定的装货港到卸货港之间的运输过程中,将货物从一船卸下并再装上另一船的行为。只要表明货物由集装箱、拖车或子船运输,即使信用证禁止转运,注明将要或可能发生转运的提单仍可接受,提单中声明承运人保留转运权利的条款将被不予理会。

⑤清洁运输单据。其是指未载有明确宣称货物或包装有缺陷的条款或批注的运输单据。“清洁”一词并不需要在运输单据上出现,银行只接受清洁运输单据。

(9)航空运输单据

①空运单据。其必须表明承运人名称,由承运人、承运人代理人签署,并标明其承运人或代理人的身份。空运单据表明货物已被收妥待运,并标明出具日期、起飞机场和目的地机场。

②转运。其是指在信用证规定的起飞机场到目的地机场的运输过程中,将货物从一架飞机卸下再装上另一架飞机的行为。即使信用证禁止转运,注明将要或可能发生转运的空运单据仍可被接受。

(10)公路、铁路或内陆水运单据

①公路、铁路或内陆水运单据。其必须表明承运人名称,由承运人或其代理人签署,并标明其身份。如果铁路运输单据没有指明承运人,可以接受铁路运输公司的任何签字或印戳作为承运人签署单据的证据。运输单据应表明信用证规定地点的发运日期,或者收讫待运或待发送的日期。注明“第二联”的铁路运输单据将被作为正本接受。无论是否注明正本字样,铁路或内陆水运单据都被作为正本接受。如运输单据上未注明出具的正本数量,提交的份数即视为全套正本。

②转运。其是指在信用证规定的发运、发送或运送的地点到目的地之间的运输过程中,在同一运输方式中从一运输工具卸下再装上另一运输工具的行为。即使信用证禁止转运,注明将要或可能发生转运的公路、铁路或内陆水运单据仍可被接受。

(11)保险单

①保险单或预约保险项下的保险证明书或者声明书。其必须由保险公司或承保人或其代理人或代表出具并签署。银行可接受保险单代替预约保险项下的保险证明书或声明书,但不接受暂保单。如果保险单据表明其以多份正本出具,所有正本均须提交。保险单据日期不得晚于发运日期。

②投保金额与货币。保险单据必须表明投保金额并以与信用证相同的货币表示。如果信用证对投保金额未做规定，投保金额须至少为货物的 CIF 或 CIP 价格的 110%。如果从单据中不能确定 CIF 或者 CIP 价格，投保金额必须基于要求承付或议付的金额，或者基于发票上显示的货物总值来计算，两者之中取金额较高者。

③承保风险。保险单据须表明承保的风险区间至少涵盖从信用证规定的货物接管地或发运地开始到卸货地或最终目的地为止。

④投保险别。信用证应规定所需投保的险别，如果信用证使用诸如"通常风险"或"惯常风险"等用语，则无论是否有漏保，保险单据将被照样接受。如果信用证规定投保"一切险"，只要保险单据载有任何"一切险"批注或条款，无论是否有"一切险"标题，均将被接受。

(12)相符交单

指定银行、保兑行、开证行审核交单，应从交单次日起至多五个银行工作日确定交单是否相符。具体审核要求如下：

①单据中的数据。其无须与该单据本身中的数据、其他要求的单据或信用证中的数据等同一致，但不得矛盾。如果"约"、"大约"用于信用证金额或信用证规定的数量或单价时，应解释为允许有关金额或数量或单价有不超过 10%的增减幅度。在信用证未以包装单位件数或货物自身件数的方式规定货物数量时，货物数量允许有 5%的增减幅度，只要总支取金额不超过信用证金额。

②单据中的地址。受益人、申请人的地址无须与信用证或其他规定单据中所载相同，但必须与信用证中规定的地址同在一国。传真、电话、电子邮件等作为受益人和申请人地址的一部分时银行可以不审。如果申请人的地址、传真、电话和电子邮件作为运输单据上的收货人或通知方细节的一部分时，应与信用证规定的相同。

(13)可转让信用证

可转让信用证系指特别注明"可转让"字样的信用证，可应受益人(第一受益人)的要求转为全部或部分由另一受益人(第二受益人)兑用，转让费用由第一受益人支付。如果信用证转让给数名第二受益人，其中一名或多名第二受益人对信用证修改的拒绝并不影响其他第二受益人接受修改。对接受者而言，该已转让信用证即被相应修改，而对拒绝修改的第二受益人而言，该信用证未被修改。

已转让信用证须准确转载原证条款，包括保兑，但信用证金额、单价、截止日、交单期限或最迟发运日或发运期间等项目除外。第一受益人有权以自己的发票和汇票替换第二受益人的发票和汇票，其金额不得超过原信用证的金额。

经过替换后，第一受益人可在原信用证项下支取自己发票与第二受益人发票间的差价。第二受益人或代表第二受益人的交单必须交给转让行。

(14)部分支款或部分发运

①允许部分支款或部分发运。

②表明使用同一运输工具并经由同次航程运输的数套运输单据在同一次提交时，只要显示相同目的地，将不视为部分发运，即使运输单据上表明的发运日期不同或装货港、接管地或发运地点不同；如果交单由数套运输单据构成，其中最晚的一个发运日将被视为发运日。含有一套或数套运输单据的交单，如果表明在同一种运输方式下经由数件运输工具运输，即使运输工具在同一天出发运往同一目的地，仍将被视为部分发运。

③含有一份以上快递收据、邮政收据或投邮证明的交单，如果单据看似由同一快递或邮政机构在同一地点和日期加盖印戳或签字并且表明同一目的地，将不视为部分发运。

(15)分期支款或分期发运

如信用证规定在指定的时间段内分期支款或分期发运，任何一期未按信用证规定期限支取或发运时，信用证对该期及以后各期均告失效。

(16)关于单据有效性的免责

银行对任何单据的形式、充分性、准确性、内容真实性、虚假性或法律效力，或对单据中规定或添加的一般或特殊条件，概不负责；银行对任何单据所代表的货物、服务或其他履约行为的描述、数量、重量、品质、状况、包装、交付、价值或其存在与否，或对发货人、承运人、货运代理人、收货人、货物的保险人或其他任何人的诚信与否、作为或不作为、清偿能力、履约或资信状况，也概不负责。

(17)不可抗力

银行对由于天灾、暴动、骚乱、叛乱、战争、恐怖主义行为或任何罢工、停工或其无法控制的任何其他原因导致的营业中断的后果，概不负责。银行恢复营业时，对于在营业中断期间已逾期的信用证，不再进行承付或议付。

(18)其他内容

如果信用证规定某项条件，但未规定具体的单据，银行可不予理会；在任何单据中注明的托运人或发货人无须为信用证的受益人。

2. 对不符单据的处理

根据UCP600第十六条的规定，对不符单据的处理如下：

(1)拒绝承付或议付

当按照指定行事的指定银行、保兑行或者开证行确定交单不符时，可以拒绝承付或议付，并给予交单人一份单独的拒付通知。拒付通知的内容应说明银行拒绝承付或者议付的依据，即不符点，并以电信方式等快捷方式，在不迟于自交单之翌日起第5个银行工作日结束前发出。

(2)等候申请人的指示

开证行从申请人处接到放弃不符点的通知，也可以自行决定联系申请人放弃不符点。

(3)银行退回单据

按照指定行事的指定银行、保兑行(如有的话)或开证行在发出拒付通知后，可在任何时候将单据退还交单人。

第三节　跟单托收结算方式的国际惯例

国际商会为了统一各国银行对托收业务的做法，减少银行和委托人之间可能发生的误解和纠纷，于1967年颁布了《商业单据托收规则》，对托收的定义、程序和原则作了统一规定。为了适应国际贸易业务的进一步发展，于1978年修订并改名为《托收统一规则》，并于1995年再次修改，即于1996年1月1日起正式生效的《托收统一规则》(国际商会第522号出版物)，简称URC522。该规则全文共有26条，分为"总则与定义"、"托收的形式与结构"、"提示的形式"、"义务与责任"、"付款"、"利息、手续费与费用"和"其他条款"七大部分。

案例导入

江苏进出口贸易公司与加拿大皮特贸易公司签订了山地自行车销售合同，规定每辆120美元CIF蒙特利尔，采用即期付款交单的跟单托收结算方式。江苏进出口贸易公司按合同的要求发货后，填写托收委托书，并随附全套托收单据向中国银行苏州分行办理委托收款手续。中国银行苏州分行根据托收委托书的要求向中国银行蒙特利尔分行发出托收指示，委托其向皮特贸易公司收取货款并交付单据。皮特贸易公司收到中国银行蒙特利尔分行的付款通知后，进行付款赎单。

根据《商业单据托收规则》的有关内容，请思考下列问题：

1. 跟单托收业务的主要当事人有哪些？
2. 托收业务依据、托收指示的内容主要有哪些？
3. 银行对托收业务的义务、责任和免责规定如何？
4. 付款形式与利息、手续费、费用的支付有哪些主要规定？

一、托收业务当事人

托收即委托收款，是出口方根据合同规定装运货物后，开具汇票连同货运单据委托银行代向进口方收取货款的一种方式。

托收一般通过银行办理，其基本过程是：出口方按照合同的规定发运货物后，根据发票金额开出以进口方为付款人的汇票，向托收行提出委托申请，委托其通过它在进口地的代理银行向进口方收取货款。因此，托收方式的基本当事人主要有委托人、托收行、代收行和付款人。

1. 委托人

即委托银行办理托收的有关当事人，通常是出口方。

2. 托收行

即委托人委托办理托收的银行，通常为出口地银行。

3. 代收行

即除寄单行以外的参与处理托收业务的任何银行，通常为托收行在进口地的分行或代理行。

4. 付款人

即根据托收指示向其提示单据的人，一般为进口方。

在托收业务中，有时还涉及"提示行"和"需要时的代理"。所谓提示行(Presenting Bank)是向付款人提示汇票或单据并收取货款的银行。一般而言，提示行为代收行。需要时的代理(Customer's Representative in Case of Need)是由委托人指定的，在付款地代为照料货物存仓、转售、运回或改变交单条件等事宜的代理人。根据《托收统一规则》的规定，委托人如需指定需要时的代理，必须在委托书上写明该代理人的具体权限，否则银行将不受理需要时的代理的任何指示。

议题十八

江苏进出口贸易公司向加拿大皮特贸易公司出售山地自行车，根据合同的规定发货后，填写托收委托书，并随附全套托收单据向中国银行苏州分行办理委托收款手续。中国银行苏州分行委托中国银行蒙特利尔分行代向皮特贸易公司收取货款。皮特贸易公司收到中国银行蒙特利尔分行的付款通知后，进行付款赎单。请分析，委托人、托收行、代收行和付款人各是谁，为什么？

二、托收指示

1. 托收业务的依据

所有进行托收的单据必须附有一项托收指示，注明该项托收将遵循《托收统一规则》第 522 号文件并且列出完整和明确的指示。银行只根据该托收指示中的命令和《托收统一规则》的规定代收货款并交付单据。

2. 托收指示的内容

托收指示应当包括以下的内容：

(1)收到该项托收的银行详情

包括全称、邮政和 SWIFT 地址、电传、电话和传真号码以及编号。

(2)委托人的详情

包括全称、邮政地址或者办理提示的场所以及(如果有的话)电传、电话和传真号码。

(3)付款人的详情

包括全称、邮政地址或者办理提示的场所，并注明电传、电话和传真号码。

(4)提示银行的详情

包括全称、邮政地址，并注明电传和传真号码。

(5)其他详情

主要内容有：待托收的金额和货币；所附单据清单和每份单据的份数；凭以取得付款或承兑的条件，以及凭以交付单据的条件；待收取的手续费注明是否可以放弃；待收取的利息注明是否可以放弃；付款方法和付款通知的形式；发生不付款、不承兑或其他批示不相符时的指示。

托收指示应载明付款人或将要办理提示场所的完整地址，如果地址不全或有错误，代收银行可尽力去查明恰当的地址，但无义务。代收银行对因提供地址不全或有误所造成的任何延误，将不承担责任。

三、提示

提示是指代收行按照托收指示，将单据交付付款人的有效程序。其须注意的事项有：①托收指示应明确提示的期限，不能使用迅速、立即等术语。②向付款人提示的单据应保持原状，除非被授权贴附任何必需的印花。③寄单行将以委托人所指定的银行作为代收行，或在付款或承兑的国家中选择另外的银行。④单据和托收指示可由寄单行或中间银行寄送给代收行。

议题十九

江苏进出口贸易公司向加拿大皮特贸易公司出售山地自行车，根据合同的规定发货后，委托中国银行苏州分行由中国银行蒙特利尔分行代收货款。蒙特利尔分行根据托收指示注明的付款人地址通过邮局发出付款通知，因地址有误退回。由于临近新年，蒙特利尔分行业务非常繁忙，无暇顾及，假日之后向托收行核查，再次发出付款通知。皮特贸易公司在付款赎单后提货，因过了规定期限必须支付逾期费。为此，皮特贸易公司向蒙特利尔分行提出赔偿。请分析，代收行应承担责任吗？为什么？

四、即期、承兑

如果是见单即付的单据，提示行必须立即办理提示付款，不得延误。如果是远期付款单据，提示行必须在规定的承兑或付款到期日之前提示承兑或付款。

议题二十

江苏进出口贸易公司向加拿大皮特贸易公司出售山地自行车，每辆 120 美元 CIF 蒙特利尔，采用即期付款交单的跟单托收结算方式。江苏进出口贸易公司根据合同的规定发货后，委托中国银行苏州分行由中国银行蒙特利尔分行代收货款。蒙特利尔分行根据托收指示注明的付款人地址通过邮局发出付款通知。请分析，该批业务是提示承兑还是提示付款，提示人是谁，为什么？

五、商业单据的交单

在承兑交单和付款交单的条件下，应注意的主要事项是：①附有商业单据必须在付款时交出的托收指示。②如果托收含有远期汇票，托收指示应列明商业单据是凭承兑交给付款人，否则为付款交单。③如果托收含有远期汇票且托收指示中列明付款单时，则单据在付款后交付。

六、义务和责任

1. 善意、合理的谨慎

银行将以善意和合理的谨慎办理业务。

2. 银行与货物无直接关系

①未经银行事先同意，不得以该行作为收货人或为抬头人，或将货物以银行的地址直接发送给该银行，并请该行凭付款或承兑或凭其他条款将货物交付给付款人，该行将没有提取货物的义务，其风险和责任仍由发货方承担。②银行即使接到特别指示，也没有进行货物仓储和保险等义务，只有在个案中才会采取该类行动。③银行为保护货物而采取措施，所发生的任何费用由向其发出托收的一方承担，并且无论结果如何，概不承担责任，但须将措施告知托收行。④如果货物是以代收行作为收货人或抬头人，且付款人已办理了付款或承兑交单，应视为寄单行授权代收行对货物进行交付，并由寄单行对其所发生的费用或全部损失承担责任。

3. 免责

(1)对被指示的免责

其免责范围是：①为使委托人的指示得以实现，银行使用另一银行的服务是代该委托人办理的，因此，其风险由委托人承担。②即使银行主动地选择了其他银行办理业务，如该行所转递的指示未被执行，该行不承担责任。③一方指示另一方去履行服务，指示方应受到被指示方的法律和惯例所加于的一切义务和责任的制约，并承担赔偿的责任。

(2)对收到单据的免责

其免责范围是：①银行应确定托收单据与托收批示注明的表面相符，如发现任何单据有短缺或非托收指示所列，银行必须以快捷的方式通知指示一方，不得延误，不承担责任。②银行将按所收到的单据办理提示而无须做更多的审核。

(3)对单据有效性的免责

其免责范围是：①银行对任何单据的格式、完整性、准确性、真实性、虚假性，或其法律效力，或对在单据中载明或在其上附加的一般性和特殊性的条款不承担责任。②银行也不对任何单据所表示的货物的描述、数量、重量、质量、状况、包装、交货、价值，或对货物的发运人、承运人、收货人和保险人等相关人员的诚信、疏忽、清偿力等方面承担责任。

议题二十一

江苏进出口贸易公司向加拿大皮特贸易公司出售山地自行车，采用即期付款交单的跟单托收结算方式。货物到达目的港后，中国银行蒙特利尔分行代收行收到托收指示和全套托收单据后发出付款通知，未对单据的内容进行审核。皮特贸易公司进行付款赎单后提货，此时发现数量短缺，即要求代收行退还部分货款。请分析，皮特贸易公司的要求合理吗？为什么？

(4)对单据在传送中的延误、损坏、翻译的免责

其免责范围是：①银行对任何信息、信件、单据在传送中所发生的延误或损坏，或对技术条款的翻译错误不承担责任。②银行对收到的任何指示需要澄清而引起的延误将不承担责任。

4. 不可抗力

银行对由于天灾、暴动、骚乱、战争或银行本身不能控制的任何其他原因、任何罢工或停工而使银行营业中断所产生的后果，不承担责任。

七、付款

付款的形式如下：

1. 立即汇付

收妥的款项扣除手续费等有关费用后，必须按照托收指示中规定的条件付给托收行，不得延误。代收行则向寄单行汇付收妥的款项。

2. 以付款地国家货币支付

如果单据是以付款地国家货币付款，除托收指示另有规定外，必须凭该货币付款赎单。

3. 用外汇付款

如果单据是以付款地国家以外的外汇货币付款，除托收指示中另有规定外，必须凭指定的外汇货币付款赎单。

4. 分期付款

①在光票托收中可以接受分期付款，前提是分批的金额和条件是付款当地的现行法律所允许的。只有在全部货款已收妥的情况下，才能将金融单据交付给付款人。②在跟单托收中，只有在托收指示有特别授权的情况下，才能接受分期付款。除非另有指示，提示行只能在全部货款已收妥后才能将单据交付给付款人。

八、利息、手续费和费用

1. 利息

如果托收指示中规定必须收取利息，但付款人拒付该项利息时，提示行可根据具体情况在不收取利息的情况下凭付款或承兑或其他条款和条件交单；如果要求收取利息，托收指示中应明确规定利率、计息期和计息方法；托收指示中明确规定利息不得放弃，如付款人拒付利息，提示行将不交单，并对由此所引起的延迟交单所产生的后果将不承担责任；当利息已被拒付时，提示行必须以快捷的方式通知托收行，不得延误。

2. 手续费和费用

①如果托收指示中规定必须收取手续费和其他费用，须由付款人承担，并遭受拒付时，提示行可根据具体情况在不收取手续费和费用的情况下凭付款或承兑或其他条款和条件交单。每当托收手续费、费用被放弃时，该项费用应由发出托收的一方承担，并可从货款中扣减。②如果托收指示中明确指明手续费、费用不得放弃并遭受拒付时，提示行将不交单，并对由此所引起的延误所产生的后果将不承担责任。当该项费用已被拒付时，提示行必须以快捷的方式通知托收行，不得延误。③在任何情况下，若托收指示中清楚地规定或根据 URC 522 支付款项、费用、托收手续费，应由委托人承担，代收行有权从向其发出托收指示的银行立即收回所支出的，而寄单行不管该托收结果如何，有权向委托人立即收回它所付出的任何金额。④银行对向其发出托收指示的一方保留要求事先支付手续费、费用，用以补偿其拟执行任何指示的费用支出的权利，在未收到该款项期间有保留不执行该项指示的权利。

九、其他条款

1. 承兑

提示行有责任注意汇票承兑形式是否完整、正确，但对任何签字的真实性或签署承兑的任何签字人的权限不负责任。

2. 本票和其他凭证

提示行对在本票、收据或其他凭证上的任何签字的真实性或签字人的权限不负责任。

3. 拒绝证书

托收指示对发生不付款或不承兑时出具有关拒绝证书应有具体的指示。银行由于办理拒绝证书或其他法律程序所发生的手续费、费用，将由向其发出托收指示的一方承担。

4. 预备人

如果委托人指定一名代表作为在发生不付款或不承兑时的预备人，托收指示中应清楚地、详尽地指明该预备人的权限。在无该项指示时，银行将不接受来自预备人的任何指示。

5. 通知

代收行应按下列规定通知托收状况：

(1)通知格式

代收行对向其发出托收指示的银行给予的所有信息要有相应的详情，在任何情况下都应包括在托收指示中列明的银行业务编号。

(2)通知的方法

寄单行有责任就通知的方法向代收行给予指示。如无该项指示时，代收行将自行选择通知方法以寄送有关的通知，而其费用应由向其发出托收指示的银行承担。

(3)通知

通知的形式与内容如下：

①付款通知。代收行必须及时对向其发出托收指示的银行寄送付款通知，列明金额或收妥金额、扣减的手续费、支付款、费用额以及资金的处理方式。

②承兑通知。代收行必须及时对向其发出托收指示的银行寄送承兑通知。

③不付款或不承兑的通知。提示行应尽力查明不付款或不承兑的原因，并据以向对其发出托收指示的银行及时寄送通知。提示行应及时对向其发出托收指示的银行寄送不付款或不承兑通知，60 天内未收到该项指示，代收行或提示行可将单据退回给向其发出指示的银行，对此不承担责任。

思考与检测

一、单项选择题

1. 收款人又称“抬头人”，是票据到期有权收取票款的当事人，是票据的(　　)。

A. 主债务人　　B. 债权人

C. 次债权人　　D. 主债权人

2. 只能由指定的被背书人凭票取款，被背书人无权再继续转让的汇票是(　　)。

A. 限制性背书汇票　　B. 空白背书汇票

C. 指示性背书汇票　　D. 以上都不是

3. 持票人应当自收到被拒绝承兑或者被拒绝付款的有关证明之日起(　　)内，将被拒绝事由书面通知其前手。

A. 当日　　B. 3 日

C. 6 日　　D. 10 日

4. 如果通知行被要求通知信用证时，但不能确信信用证表面的真实性，则应告知(　　)。

A. 开证行　　B. 申请人

C. 交单人　　D. 受益人

5. 开证行审核交单，应从交单次日起至多(　　)银行工作日确定交单是否相符。

A. 1 个　　B. 5 个

C. 10 个　　D. 15 个

6. 如果“约”用于信用证金额或数量或单价时，应解释为有不超过(　　)的增减幅度。

A. 1%　　B. 3%

C. 5%　　D. 10%

7. 在信用证未以包装单位件数或货物自身件数的方式规定货物数量时，货物数量允许有(　　)的增减幅度，只要总支取金额不超过信用证金额。

A. 1%　　B. 3%

C. 5%　　D. 10%

8. 表明使用同一运输工具并经由同次航程运输的数套运输单据在同一次提交时，只要显示(　　)，将不视为部分发运。

A. 选择地　　B. 规定地

C. 相同装运地　　D. 相同目的地

9. 未经银行事先同意，不得以代收行作为(　　)，该行将没有提取货物的义务，其风险和责任仍由发货方承担。

A. 收货人　　B. 发货人

C. 通知人　　D. 代收人

10. 在光票托收中可以接受(　　)，前提是分批的金额和条件是付款当地的现行法律所允许的。

A. 议定付款　　B. 协定付款

C. 分期付款　　D. A 与 B

二、多项选择题

1. 票据当事人的称谓与票据行为有关，其主要有(　　)。

A. 出票人与持票人　　B. 持票人与保证人

C. 收款人与承兑人　　D. 背书人

2. 持票人的权利主要表现为(　　)。

A. 转让权　　B. 付款请求权

C. 追索权　　D. 授权行为代理

3. 进行(　　)行为的,可以依法追究行为人的刑事责任。

A. 伪造票据构成伪造金融票证罪的

B. 故意使用伪造票据构成金融票据诈骗罪的

C. 付款人同出票人等构成串通行为罪的

D. 签发空头支票构成金融票据诈骗罪的

4. 根据我国法律的规定,涉外票据的法律适用于(　　)。

A. 出票地法律　　B. 行为地法律

C. 付款地法律　　D. 以上都不是

5. 信用证必须规定一个交单的截止日,受益人的交单应在截止日(　　),并在银行营业时间内完成。

A. 后1日　　B. 当天

C. 后2日　　D. 截止日前

6. 信用证规定每一种单据须至少提交一份正本,任何带有看似出单人的(　　)的单据视为正本单据,除非单据本身表明其非正本。

A. 原始签名　　B. 标记

C. 印戳　　D. 标签

7. 托收指示内容应当包括(　　)的详情。

A. 托收银行　　B. 委托人

C. 提示银行　　D. 付款人

8. 代收行必须及时对向其发出托收指示的银行寄送付款通知,列明(　　)。

A. 金额或收妥金额　　B. 扣减的手续费

C. 支付款、费用额　　D. 资金的处理方式

9. 银行由于办理拒绝证书或其他法律程序所发生的(　　),将由向其发出托收指示的一方承担。

A. 金额　　B. 手续费

C. 费用　　D. 资金

10. 提示行有责任注意汇票承兑形式是否完整、正确,但对任何签字的(　　)或签署承兑的任何签字人的(　　)不负责任。

A. 真实性　　B. 权限

C. 代理人　　D. 印戳

三、判断题

1. 票据是以支付金钱为目的,由出票人签名并约定自己或另一个人有条件支付确定金额的可流通转让的有价证券。(　　)

2. 出票人是依法定方式做成票据并在票据上签名盖章的行为。(　　)

3. 汇票是要式证券,出票人必须按规定记载法定内容,否则该汇票无效。(　　)

4. 背书是转让汇票权利的一种法定手续,其一般只能背书一次。(　　)

5. 空白背书的汇票仅凭交付即可完成转让，我国《票据法》规定汇票不允许做空白背书。（　）

6. 本票与汇票一样，也有出票人、付款人和收款人。（　）

7. 支票本质上是一种特殊的汇票，也是一种无条件的支付命令。（　）

8. 签发空头支票不以骗取钱财为目的的，持票人有权要求出票人赔偿支票金额5%的赔偿金。（　）

9. 只要将规定的单据提交给保兑行并构成相符交单，保兑行自对信用证加具保兑之时起即不可撤销地承担承付或议付的责任。（　）

10. 对同一修改信用证的内容允许部分接受。（　）

四、案例题

1. 甲公司作为卖方同乙公司签订出口合同一份，采用可撤销信用证付款方式。甲公司以开证行指定的付款行丙银行为付款人开立了汇票，并凭信用证和有关单据要求丙银行承兑。丙银行承兑后，开证行撤销该信用证的通知到达丙银行。基于前述事实，有四种表述：丙银行的承兑行为有效；开证行的撤销行为有效；甲公司或者其他持票人向丙银行提示付款时，丙银行有义务付款；开证行虽已书面通知丙银行撤销信用证，但仍应向丙银行偿付有关款项。请分析，根据《票据法》理论指出哪个是正确的表述？

2. 甲公司因资金困难向乙公司借款，乙公司给甲公司开出了由丙银行承兑的银行汇票。乙公司取得该银行汇票后，将其背书给丁公司，丁公司又将该汇票捐赠给了戊助学基金，戊助学基金持该汇票向丙银行提示承兑时，遭到拒绝。对于本案有如下判断：A. 法律规定企业间不得拆借资金，故给甲公司开出的银行汇票无效；B. 乙公司没有取得票据权利，因此，其背书行为无效，丁公司因而也不能取得票据权利；C. 戊助学基金取得汇票没有给付对价，因此不享有票据权利；D. 戊助学基金被丙银行拒绝承兑后，有权向甲公司追索。你认为哪个判断是正确的，为什么？

3. 上海某公司董事长李某携带以印度尼西亚某银行为付款银行的汇票一张，赴东南亚办理业务，途中在马来西亚不慎将该汇票丢失，李某请求保全票据权利。请分析，其应适用何地法律？

五、简答题

1. 简述汇票当事人的权利。

2. 简述本票与汇票的主要区别。

3. 简述违反《票据法》的法律责任。

第九章　国际商事争议解决的途径

——国际商事仲裁法与诉讼法

学习目标

- 国际商事仲裁协议的类型和有效要件
- 国际商事仲裁协议的主要内容
- 国际商事仲裁裁决的执行与撤销的规定
- 国际商事诉讼管辖权的原则
- 国际司法协助的主要内容
- 国际商事仲裁与国际商事诉讼的区别

随着经济全球化进程的加快，国际商务交流日趋频繁。在国际商事关系中，由于交易双方具有不同的经济利益、文化传统和不同的法制观念，国际商事争议难以避免。采用何种方式解决国际商事的争议，对从事商事活动的主体来说，是十分重要的。解决国际商事争议的方式主要有协商、调解、仲裁、诉讼，其中国际商事仲裁与诉讼越来越受到人们的重视。

在国际商务活动中，有关国际商事仲裁与诉讼的法律法规主要有：《联合国国际商事仲裁示范法》、《联合国国际贸易法委员会仲裁规则》、《中国国际经济贸易仲裁委员会仲裁规则》、《中华人民共和国仲裁法》和《中华人民共和国民事诉讼法》等法律。

第一节　国际商事仲裁制度

仲裁也叫公断，是指发生某种争议或纠纷的当事人自愿商定，将争议交第三人裁决，双方承担裁决所确定的义务并自觉履行。

国际商事仲裁是指仲裁机构或仲裁员根据在国际商务活动中当事人事前或事后达成的仲裁协议或当事人一方的仲裁申请，对其争议进行审理并作出裁决的一种方法。因此，国际商事仲裁制度就是对商事仲裁的主体、事项、审理、裁定等要件予以规定，涉及国际商事仲裁协议、国际商事仲裁机构、国际商事仲裁员。

案例导入

IBM公司以富士通公司侵害了该公司的计算机操作系统权益对其进行起诉，为此两家跨国公司步入了两年多的诉讼之战。在支付了金额巨大的代理费和诉讼费后，诉讼仍没有结果。最后，双方放弃了诉讼，签署了仲裁协议，指定美国仲裁协会对其争议进行仲裁。IBM公司选择一位计算机专家作为仲裁员，富士通选择一位斯坦福大学法律教授作为仲裁员，并由这两位仲裁员选择一位首席仲裁员。经过仲裁员的数月调查分析，裁定富士通公司付给IBM公司8.332亿美元而获得操作系统的使用权。双方都接受了该裁决，两年多没打成的官司，仅用几个月结了案。

根据我国《仲裁法》、《联合国国际商事仲裁示范法》等法律的有关规定，请思考下列问题：

1. 国际商事仲裁协议的类型和有效要件如何？
2. 国际商事仲裁协议有哪些主要内容？
3. 国际商事仲裁机构的形式有哪些？
4. 仲裁员的资格有何具体规定？
5. 国际商事仲裁裁决的执行与撤销的规定如何？

一、国际商事仲裁协议

国际商事仲裁协议（简称"仲裁协议"），是指国际商事关系中的当事人自愿将他们之间将来可能发生或已发生的争议交付某仲裁机构进行仲裁的约定，是仲裁机构受理争议的依据。

1. 国际商事仲裁协议的法律效力

国际商事仲裁协议的法律效力主要有下列四个方面：

(1)对当事人的法律效力

国际商事仲裁协议系当事人之间同意把它们之间已经发生的或将来可能发生的争议提交仲裁解决的共同的意思表示，而不是一方当事人的意思表示。因此当发生争议时，任何一方都有权提请仲裁。如果一方当事人将争议向法院提请诉讼,另一方当事人可依据仲裁协议要求法院终止司法程序。

(2)对仲裁机构的法律效力

仲裁协议是仲裁机构取得对特定案件管辖权的主要依据,没有仲裁协议,仲裁机构就不能受理有关案件。

(3)对法院的法律效力

仲裁协议是排除法院管辖权的重要依据,如果当事人之间订有仲裁协议,法院就不受理,除非法院认定当事人之间的仲裁协议无效或失效,或者是不能履行的协议。对于仲裁庭作出的仲裁裁决,如果败诉一方未能自动执行,另一方当事人可请求法院强制执行。

(4)对合同的法律效力

仲裁条款不因合同无效而无效。《联合国国际商事仲裁示范法》规定,仲裁条款独立于其他条款,仲裁庭作出的合同无效的决定,不应在法律上导致仲裁条款的无效。《中国国际经济贸易仲裁委员会仲裁规则》也明确规定,仲裁协议独立存在,合同的变更、解除、终止或无效,不影响仲裁协议的效力。

2. 国际商事仲裁协议的类型

国际商事仲裁协议采用书面形式,一般有下列三种类型:

(1)仲裁条款

仲裁条款是指在商事合同中当事人订立的、将可能发生的争议提交仲裁解决的条款,它构成合同的一部分。仲裁条款是仲裁协议的一种最普遍和最重要的形式,许多国际商事合同中都载有这种条款。

(2)仲裁协议书

仲裁协议书一般是在商事合同没有规定仲裁条款的前提下,当争议发生后,有关当事人经过平等协商,共同签署的将其争议提交仲裁解决的一种专门性文件。与仲裁条款不同的是,仲裁协议书不构成合同的一部分,而独立存在。

(3)其他有关书面文件中所包含的仲裁协议

该类型是指双方当事人在来往的信函、电传、电报以及其他书面材料中,共同约定将他们之间可能发生或已发生的争议提交仲裁解决的意思表示。与仲裁条款、仲裁协议书不同的是,提交仲裁的意思表示不是集中表现在合同或单独的协议书中,而是分散在有关当事人双方相互往来的函件中。这种类型的仲裁协议在国际商事仲裁实践中,也是比较常见的。

3. 国际商事仲裁协议的有效要件

关于仲裁协议的有效要件,各国仲裁立法和有关国际公约的规定并不完全一致,但以下四个方面的要件是任何一个有效的仲裁协议都必须具备的。

(1)国际商事仲裁协议的当事人必须是合法主体

仲裁协议必须由合法的当事人所签订，其必须具有行为能力，并且是有关国际商事法律关系的利害关系人或其合法代理人。

(2)国际商事仲裁协议双方当事人的意思表示必须自愿真实

签订仲裁协议时双方当事人必须平等协商，充分尊重对方的意见，任何一方不得把自己的意志强加给对方，也不得通过欺诈的方式使另一方接受。

议题一

瑞士资源公司以欺骗的手段诱使中国进出口公司与其签订了一份钢材买卖合同，并在合同中记入仲裁条款。事后瑞士资源公司通过伪造的议付单据骗得了中国进出口公司的钢材货款。中国进出口公司了解真相后，即向人民法院起诉。请分析，该合同和仲裁条款是否有效，为什么？

(3)国际商事仲裁协议的内容必须合法

①仲裁协议的内容不能违背仲裁地国家的法律体系中有关强制性规范的规定，不应与仲裁地国家的公共秩序或公共政策相抵触，否则，仲裁协议无效。

②当事人约定的仲裁事项超出法律规定仲裁范围的，仲裁协议无效。例如，我国《仲裁法》规定不能仲裁的事项为：婚姻、收养、监护、扶养、继承纠纷和依法应当由行政机关处理的行政争议。再如，《纽约公约》规定，仲裁协议事项属商事争执问题而不适用非商事争执。但必须指出，各国的仲裁法发展是不平衡的，其规定不具有可仲裁性的范围也不尽相同。

③当事人不能自行处理或不能通过和解解决的事项，不可作为仲裁协议的内容。这是因为仲裁本身具有自治性的特点，而且当事人不能自由处分或不能通过和解解决的，一般不属于商事关系，故与商事仲裁法律不符。

议题二

瑞士籍皮特先生与华籍吴娜女士共同在上海购置了一套高级公寓。数年后，皮特先生突发脑溢血病逝，其在瑞士的父母要求吴娜女士分割住房财产，请当地的仲裁院进行仲裁。吴娜女士只同意在中国国际经济贸易仲裁委员会上海分会提请仲裁，皮特先生的父母做了让步，于是双方签订了仲裁协议。请分析，中国国际经济贸易仲裁委员会上海分会能接受该争议的仲裁吗？为什么？

(4)国际商事仲裁协议的形式必须合法

仲裁协议必须符合仲裁地国家和仲裁裁决执行地国家对仲裁协议所规定的形式上的要求。绝大多数国家的仲裁法和有关国际条约只承认仲裁协议必须以书面形式达成才为合法，如《纽约公约》、《国际商事仲裁示范法》和《中国国际经济贸易仲裁委员会仲裁规则》等。应注意的是，瑞典等极少数国家的仲裁法认为口头形式和书面形式都有效。

4. 国际商事仲裁协议的主要内容

一项有效的仲裁协议具体应包含哪些内容，各国仲裁立法及有关国际公约的规定不尽相同。为了使有关的仲裁程序得以顺利进行，并获得当事人所预期的效果，至少应具备以下五个方面的内容：

(1)仲裁事项

当事人首先应在仲裁协议中约定将什么样的争议提交仲裁，日后只能就仲裁协议中约定的争议事项向仲裁机构申请仲裁，这是仲裁机构行使仲裁管辖权的重要依据之一，也是当事人向法院申请执行仲裁裁决的一个必备要件。

(2)仲裁地点

在国际商事仲裁中，仲裁地点与当事人利益密切相关，当事人必须在仲裁协议中予以规定，并注明仲裁的国家与城市名称。因为仲裁地点的选择直接决定着仲裁所适用的程序规则和实体法律，如果当事人选定某个仲裁地点，仲裁员就会运用该地仲裁规则和有关法律来解决争议。因此，在签订仲裁协议时，当事人往往力争在本国进行仲裁，这是根源于对本国法律和仲裁制度的熟悉，以及对本国仲裁机构的信任。如果争取不到在本国仲裁，可以争取在第三国进行仲裁。当然，也可在对方国家仲裁。更重要的是，选择适当的仲裁地点要确保裁决的执行，所以，最好选择参加《纽约公约》的成员国的境内。

(3)仲裁机构

在仲裁协议中关于仲裁机构的确立必须明确肯定。其通常有三种方法：

①确定本国的常设仲裁机构仲裁。

②确定对方当事人所属国常设仲裁机构仲裁。

③确定第三国或国际性的常设仲裁机构仲裁。如为临时仲裁机构，还必须确定临时仲裁机构的组成和仲裁规则。

(4)仲裁规则

仲裁规则是仲裁审理的程序规则，主要内容包括：仲裁申请的提出、仲裁的受理、仲裁员的选任、仲裁庭的组成、仲裁的审理、仲裁的裁决等。国际商事仲裁的实践表明，大多数仲裁协议是将仲裁规则的选择和仲裁机构的选择结合起来，即当事人选择了某一常设仲裁机构，也就意味着选择了该机构的仲裁规则。例如，由我国仲裁机构进行仲裁，就应采用《中国国际经济贸易仲裁委员会仲裁规则》。但是，也有一些仲裁协议把这两者分开选择，这是因为一些国家的仲裁立法和有关的国际条约都承认当事人的这种意思自治权利，如瑞典仲裁法律就是如此。

(5)仲裁裁决的效力

仲裁裁决的效力主要是指仲裁裁决是否具有终局性，对双方当事人有无拘束力，能否再向法院起诉要求变更的问题。所以，当事人在签订仲裁协议时，应对仲裁裁决的效力做出明确的规定。目前，世界上大多数国家法律都规定，仲裁裁决是终局性的。正因为如此，它具有耗时少、费用低、见效快的特点，才被国际商事的当事人广泛采用。

议题三

IBM公司以富士通公司侵害了该公司的计算机操作系统权益对其进行起诉，为此两家跨国公司步入了两年多的诉讼之战，并支付了巨额代理费和诉讼费，但还未能判决。于是双方放弃了诉讼，采取仲裁解决争议。经过仲裁员的数月调查分析，裁定富士通公司付给IBM公司8.332亿美元而获得操作系统的使用权。双方都接受了该裁决，两年多没打成的官司，仅用几个月结了案。请分析，仲裁的作用如何？

二、国际商事仲裁机构

国际商事仲裁机构是指根据当事人事前或事后达成的仲裁协议或当事人一方的仲裁申请，受理其争议并作出裁决的专门组织。其形式有临时仲裁机构和常设仲裁机构。

1. 临时仲裁机构

临时仲裁机构是指根据双方当事人的仲裁协议，在争议发生后由双方当事人推荐仲裁员所组成，负责审理当事人之间的有关争议，并在做出裁决后即行解散的仲裁机构。临时仲裁机构的最显著的特点是灵活性，仲裁的每一环节都由当事人控制，仲裁员的指定方法及其管辖范围及权力、仲裁地点和程序等都由当事人决定。

2. 常设仲裁机构

常设仲裁机构是依国际条约或一国国内法而成立，有固定的名称、地址、组织章程、仲裁规则，并具有自己的办事机构和行政管理制度，用以处理国际商事争议的仲裁机构。

目前，全世界已有100多家常设仲裁机构，根据其性质和管辖范围的不同，可以分为国际性仲裁机构、地区性仲裁机构、国别性仲裁机构和专业性仲裁机构四种。

(1)国际性常设仲裁机构

作为国际性仲裁机构,目前在世界上有最大影响的为以下两家。

①国际商会仲裁院(简称 ICCCA)。其成立于 1923 年,是国际商会下设的提供国际商事仲裁服务的常设仲裁机构。仲裁院本身并不直接仲裁争议,如当事人把争议提交该院,该院即请有关国家的国际商会国家委员会具体办理。该院的主要任务是提供解决国际商事争议的仲裁规则,与审理争议的有关国家委员会一起,主持一些审理程序上的事务。国际商会仲裁院现行的规则是《国际商会仲裁规则》,对仲裁申请、仲裁庭的组成、仲裁程序的进行、法律的适用、裁决的做出等进行明确规定。我国是国际商会仲裁院的成员。

②解决投资争议国际中心(简称 ICSID)。该中心设在美国华盛顿,是国际法人,成员国近百个,专门处理国际投资争议。在国际复兴开发银行的倡导下,为了解决有关国家与其他国家国民之间的投资纠纷,在该中心签订了《解决缔约国与他国国民间投资争端公约》,并于 1966 年生效。

(2)地区性仲裁机构

作为地区性仲裁机构,目前在世界上有较大影响的为以下两家。

①美洲国家商事仲裁委员会。它是拉丁美洲国家的一个区域性国际仲裁机构,成立于 1934 年,属于民间组织。1975 年拉丁美洲 12 个国家签订了《美洲国家国际商事仲裁公约》。

②亚洲及远东经济委员会商事仲裁中心。它是由联合国亚洲及远东经济委员会组织在泰国曼谷设立并制定仲裁规则的机构。

(3)国别性仲裁机构

作为国别性仲裁机构,目前在世界上有较大影响的为以下六家。

①瑞典斯德哥尔摩商会仲裁院(简称 AISSCC)。该仲裁院成立于 1917 年,专门解决工商和航运中发生的争议,订有斯德哥尔摩商会仲裁规则,是瑞典全国性的仲裁机构。该机构仲裁的公正性得到世界各国普遍承认,尤其是在解决东西方国际商事争议中发挥了重要作用。中国国际贸易促进委员会与该仲裁院建立了业务联系,是我国优先选择的第三国仲裁机构。

②伦敦国际仲裁院(简称 LCIA)。1892 年伦敦仲裁庭成立,1903 年改名为伦敦仲裁院,1981 年改名为伦敦国际仲裁院。该仲裁院现行的仲裁规则是 1985 年 1 月 1 日起生效的仲裁规则。此外,仲裁院也可以根据当事人合意,采用《联合国国际贸易法委员会仲裁规则》的程序规定。

③美国仲裁协会(简称 AAA)。该仲裁协会成立于 1926 年,总部设在纽

约。其现行的《国际仲裁规则》于 1991 年 3 月 1 日生效，主要受理货物买卖合同、代理合同和工业产权等方面的仲裁，并与我国仲裁机构建立了业务联系。

④日本商事仲裁协会。该仲裁协会成立于 1950 年，由日本工商联合会和其他一些全国性的工商组织共同组建，总部设在东京。其现行的《商事仲裁规则》于 1992 年生效，并与 20 多个国家的仲裁机构建立了业务联系。

⑤香港国际仲裁中心(简称 HKIAC)。该仲裁中心成立于 1985 年，受理国际商事和本地的仲裁案件，采用《联合国国际贸易法委员会仲裁规则》。

⑥中国国际经济贸易仲裁委员会(简称 CIETAC)。该仲裁委员会成立于 1956 年，隶属于中国国际经济贸易委员会(中国国际商会)，总会设在北京，在深圳和上海设有分会，并在重庆、成都、长沙、福州和大连设立 5 个办事处，总会和分会使用相同的仲裁规则和仲裁员名册，在整体上享有一个仲裁管辖权。其现行的《中国国际经济贸易仲裁委员会仲裁规则》于 2000 年修订，自 2000 年 10 月 1 日起生效。中国国际经济贸易仲裁委员会受案量已跃居世界第一位，其仲裁裁决得到 140 多个国家的承认和执行。仲裁委员会的现行仲裁员名册中共有 492 名仲裁员，其中 158 位仲裁员来自中国香港、澳门特区和其他国家。

(4)专业性仲裁机构

专业性仲裁机构又称为行业性仲裁机构，是由各个行业、公会或协会为解决本行业中发生的经济纠纷而设立的常设仲裁机构，如英国伦敦橡胶交易所的仲裁机构等。

当事人一般应选择本国的常设仲裁机构或第三国或国际性的常设仲裁机构进行仲裁。但是，在选择仲裁机构时，还应当考虑仲裁程序规则。这是因为各常设的国际商事仲裁机构一般订有自己的仲裁程序规则，并大多规定，如选择该机构仲裁，则必须适用其仲裁程序规则。

议题四

IBM 公司与富士通公司就计算机操作系统权益进行仲裁，根据仲裁协议的规定，由美国仲裁协会对其争议进行仲裁。请分析，该仲裁机构是国际性仲裁机构，还是国别性仲裁机构?

三、国际商事仲裁员

1. 仲裁员的资格

为了保证仲裁的公正性，各国法律和常设仲裁机构的仲裁规则对仲裁员的资格作了具体的规定，其主要有以下几个方面：

(1)仲裁员必须具有完全的民事行为能力，并依法享有公民权未成年人、精神病人、被限制公民权或政治权利的人，不具有一般仲裁员的资格。

（2）仲裁员必须是具有一定专门知识和资历的自然人

仲裁是一种脑力活动，只有具备一定专门知识和资历的自然人才有能力合理、公正和有效地处理当事人之间的纠纷。因此，很多常设仲裁机构推荐的仲裁员一般是具有一定专门知识和资历的知名人士。

（3）仲裁员必须具有良好的道德品质

仲裁员应独立、公正、守纪、勤勉地受理案件，必须具有良好的道德品质。为此，《联合国国际贸易法委员会仲裁规则》规定，尽管拥有公民权，但存在不诚实、不公正、不负责任等不良习性的人，不得担任仲裁员。

我国《仲裁法》对仲裁员的资格规定是：仲裁委员会应当从公道正派的人员中聘任仲裁员，并符合某一条件。具体内容是：①从事仲裁工作满 8 年；②从事律师工作满 8 年；③曾任审判员满 8 年；④从事法律研究、教学工作并具有高级职称；⑤具有法律知识，从事经济贸易等专业工作并具有高级职称或具有同等专业水平。

2. 仲裁人员的确定

当事人应在协议中指定仲裁员或规定指定仲裁员的方式，特别是要规定仲裁员的人数。法国 1980 年的仲裁法令明文规定，未指定仲裁员或未规定指定仲裁员方式的仲裁协议无效。虽然其他国家一般无类似规定，但为便于仲裁庭的快速组成和仲裁工作的尽快开展，当事人应事先选定好仲裁员或商定好指定仲裁员的方式。在临时仲裁的情况下，当事人如未指定仲裁员或未规定指定仲裁员的方式、仲裁员人数的，该仲裁协议可能会因为无法执行而失效。常设机构的仲裁规则大多规定在当事人无相反约定的情况下，该机构有权为当事人确定仲裁员人数和指定仲裁员。但这样需要经办手续而且费时，且指定的仲裁员也不一定令当事人满意。

3. 仲裁员的回避制度

仲裁员的回避是指仲裁员在有可能影响对案件公正裁决的情形时依照法律的规定，自行申请退出仲裁，或者经当事人的申请根据仲裁委员会主任的决定退出仲裁。我国《仲裁法》规定，仲裁员必须回避的情形是：①是本案当事人或者当事人、代理人的近亲属；②与本案有利害关系；③与本案当事人、代理人有其他关系，可能影响公正仲裁的；④私自会见当事人、代理人，或者接受当事人、代理人请客送礼的。

当事人提出回避申请，应当说明理由，并在首次开庭前提出。回避事由在首次开庭后知道的，可以在最后一次开庭前提出。仲裁员是否回避，由仲裁委员会主任决定；仲裁委员会主任担任仲裁员的，由仲裁委员会集体决定。

四、国际商事仲裁程序

仲裁程序是当事人提请仲裁和仲裁庭进行仲裁时经历的手续、步骤、活动规则与次序的统称。根据国际商事仲裁当事人的约定习惯、各国仲裁法和各常设仲裁机构规则及仲裁实践，仲裁程序主要涉及下列问题：仲裁的申请、仲裁的受理、仲裁庭的组成、仲裁的审理、仲裁的裁决等。

1. 仲裁的申请

仲裁申请是一方或双方当事人根据仲裁协议将现存的有关争议提请仲裁的意思表示。它是仲裁程序开始的第一步。

在提请常设机构仲裁时，申诉人要提交申诉书和证据材料。在提请临时机构仲裁时，申诉人还要作成提交仲裁的通知书，并连同申诉书一起送交对方当事人。同时，申诉人还必须提交案件登记费和仲裁费用保证金等费用。如申诉人最后获得了有利的裁决，可就该保证金的一部分或全部向败诉方求偿。

2. 仲裁的受理

仲裁委员会收到仲裁申请书之日起 5 日内，认为符合受理条件的，应当受理，并通知当事人；认为不符合受理条件的，应当书面通知当事人不予受理，并说明理由。

申请人可以放弃或变更仲裁请求，被申请人可以承认或反驳诉讼请求，并有权提出反请求。一方当事人因另一方当事人的行为或其他原因，可能使裁决不能执行或难以执行的，可以向仲裁委员会申请财产保全。仲裁委员会应当将当事人的财产保全申请提交人民法院，由人民法院裁定并实施。

3. 仲裁庭的组成

根据仲裁委员会的仲裁规则，仲裁庭分为独任仲裁庭（1 名仲裁员）和合议仲裁庭（3 名仲裁员组成）两种。

（1）独任仲裁庭

双方当事人可以在仲裁员名册中共同选定或者共同委托仲裁委员会主任指定一名仲裁员，作为独任仲裁员成立仲裁庭审理案件。如果双方当事人约定由一名独任仲裁员审理案件，但在被申请人收到仲裁通知之日起 15 天内未能就独任仲裁员的人选达成一致意见，则由仲裁委员会主任指定。

（2）合议仲裁庭

第一名仲裁员由申请人和被申请人在收到仲裁通知之日起 15 天内在仲裁委员会仲裁员名册中各自指定一名仲裁员，或委托仲裁委员会主任指定。

第二名仲裁员由申请人之间或被申请人之间经过协商（如果仲裁案件中有

2个或2个以上申请人或被申请人时），各自共同选定或各自共同委托仲裁委员会主任指定1名仲裁员。如逾期，仲裁委员会主任将行使代为指定的权利。

第三名仲裁员由当事人共同选定或者共同委托仲裁委员会主任指定。第三名仲裁员担任首席仲裁员。如果当事人在被申请人收到仲裁通知之日起15天内未能共同选定或委托委员会主任指定第三名仲裁员，则由仲裁委员会主任指定。

4. 仲裁的审理

仲裁的审理是指仲裁庭对案情所作的审查和核实活动的总称。各国仲裁法和各常设机构的仲裁规则对仲裁审理的基本原则皆有规定，即尊重各方当事人的意愿，公正和快速审理。

(1)仲裁审理的范围

在实践中，仲裁审理的范围是因案而异的，通常包括：仲裁协议是否有效；仲裁庭对该案有无管辖权；申诉人或被诉人的资格是否合格，即申诉人或被诉人是否为仲裁协议的当事人；各方当事人对实体争执的陈述与举证；对通过其他途径取得的证据材料的审查与核实等。

(2)仲裁审理的方式

仲裁审理可分为口头和书面两种形式。

①口头审理。其又称听证，是指仲裁员和当事人各方规定时间集中于规定的场所，由仲裁员作口头查问，当事人作口头陈述。目前，世界上大多数仲裁规则已不再将听证列为审理程序，只有当一方当事人提出听证申请，仲裁庭才安排听证。

②书面审理。其指仲裁员只根据当事人提交的书面材料进行审理。在国际商事仲裁中，当事人往往分处于不同的国家，听证安排费时、费力，因此大多以书面审理为主。

(3)仲裁审理的地点

当事人有协议的，依协议决定仲裁审理的地点；无协议时，由仲裁员决定仲裁审理的地点。

(4)仲裁审理的程序

当事人对仲裁审理的程序可加以约定。无当事人约定时，仲裁庭可自主安排。在实践中，仲裁审理程序大致如下：

①开庭。仲裁开庭时，当事人应当到庭。申请人、被申请人经书面通知，无正当理由不到庭或未经仲裁庭许可中途退庭的，对申请人来说可视为撤回申请，对被申请人来说可以缺席裁决。开庭时，当事人应当对自己提出的主张提供证据，也有权进行辩论，当事人申请仲裁后也可以自行和解。达成和解协议

的，可以请求仲裁庭根据和解协议制作裁决书，申请人也可以撤回仲裁申请。仲裁一般不公开进行，但是当事人协议公开的，可以公开进行，涉及国家秘密的除外。

②调解。仲裁庭开庭后，可以先行调解。当事人自愿调解的，仲裁庭应当调解。仲裁庭征得双方当事人同意后，也可对案件进行调解。调解成功，双方当事人应签订和解协议，除非当事人另有约定，仲裁庭则应当根据和解协议做出裁决书。当事人在仲裁委员会之外通过调解达成和解协议的，申请人可以撤回仲裁申请，也可以请求仲裁庭作出裁决书。对于调解不成的，仲裁庭应当及时做出裁决。

③裁决。裁决应当按多数仲裁员的意见做出，少数仲裁员的不同意见应当记入笔录。当仲裁庭无法形成多数意见时，裁决应当按照首席仲裁员的意见做出。裁决书自做出之日起发生法律效力。

当事人收到仲裁裁决书后，如果发现裁决书中有书写、打印、计算上的错误或其他类似性质的错误，可以在其收到裁决书之日起 30 天内书面通知仲裁庭作出更正，如确有错误，仲裁庭应在收到书面申请之日起 30 天内自行以书面形式做出更正。当事人可以在收到仲裁裁决书之日起 30 天内请求仲裁庭就裁决书中漏裁的事项做出补充裁决。该请求应以书面形式提出。仲裁庭也可以在发出仲裁裁决书之日起 30 天内自行做出补充裁决。对裁决的书面更正及补充裁决均构成原裁决的一部分。

议题五

珠海公司向香港公司购买一套马赛克生产线设备及技术，为此双方签订了一份购货合同，并订立了仲裁条款。由于能耗远未达到合同规定指标，珠海公司拒绝向香港公司支付尾款 48 万美元。香港公司便向约定的中国国际经济贸易仲裁委员会深圳分会提请仲裁。该仲裁机构受理后，在规定的时间内将开庭的时间、地点书面通知了双方当事人，并由三名仲裁员组成了仲裁庭公开审理此案。仲裁庭先进行调解，双方达成了调解协议。但是，香港公司在签收仲裁庭制作的调解书前反悔，于是仲裁庭做出了裁决。请分析，调解书和裁决书有何本质区别？

知识连接

临时保全措施

临时保全措施是指在仲裁程序开始以后而仲裁裁决尚未作出之前，基于一方当事人的请求而对另一方当事人的财产或争议中的财产采取一种临时性强制措施。其目的是为了保证日后作出的仲裁裁决得以执行，从而不至于使胜诉一方的利益实际落空。

在各国，有关财产所在地法院或被申请采取临时保全措施的当事人住所地法院等有权决定采取临时保全措施。仲裁庭在遇到当事人提出有关临时保全措施申请时应转交法院判定。

五、仲裁的裁决

1. 仲裁裁决的类型

根据不同的标准，仲裁裁决分类如下：

(1)口头裁决与书面裁决

口头裁决是指仲裁庭仅以口头形式表示对争议问题处理结论的裁决，其使用较少。

书面裁决是指仲裁庭以书面文件的形式表示其对争议问题处理结论的裁决。多数国家的仲裁法和仲裁规则皆明确规定，裁决须以书面形式作成。

(2)全数票裁决与多数票裁决

全数票裁决是指处理意见经全体仲裁员一致同意作出的仲裁裁决。实行全数票裁决的主要是德国、奥地利等少数国家，其仲裁规则允许由两名仲裁员组成仲裁庭，对由这两名仲裁员组成的仲裁庭必须实行全数票裁决制。

多数票裁决又可分成绝对多数票裁决与相对多数票裁决两种。绝对多数票裁决是指必须经过仲裁庭成员中 2/3 或 3/4 或更高比例以上的多数同意所作出的裁决，主要是德国、奥地利等国有如此规定；相对多数票裁决是指经仲裁庭成员中过半数同意作出的裁决。包括我国在内的世界上绝大多数国家为便于裁决的快速作成而规定，裁决可根据过半数仲裁员的共同意见作出，除非当事人约定了更高的比例要求。

(3)补充裁决

补充裁决是指仲裁裁决作成之后，仲裁庭就漏裁事项进行补充所作的裁决。仲裁庭漏裁的情形并不多见，但万一出现漏裁情形时，为当事人或仲裁庭提供一解决途径，法国《仲裁法》、我国《仲裁法》和《联合国国际贸易法委员会仲裁规则》等也对补充裁决作出了明确的规定。如《联合国国际贸易法委员会仲裁规则》第37条规定：在收到裁决后30天内，任何一方当事人，经通知他方后，申请仲裁庭就其仲裁程序中已提出而在裁决中漏掉的请求作出补充裁决；如仲裁庭认为补充裁决是合理的，并认为补充原裁决中的遗漏部分可以不必再进行听证或调查证据而予以纠正时，应在收到该要求后60天内完成其裁决。

(4)临时裁决、终局裁决

临时裁决是指仲裁庭对当事人的请求事项作出的并非有终局意义的裁定，如仲裁庭作出的临时保全措施的裁定。

终局裁决是指在法律上具有稳定的自始约束力的裁决。只有不存在非法因素的裁决才会被有关国家承认为终局裁决并予以强制执行。

(5)本国裁决和外国裁决

本国裁决是指由本国境内仲裁机构在本国作出的裁决。外国裁决是指本国以外的仲裁机构在异国作出的裁决。

2. 仲裁裁决的承认与执行

在国际商事仲裁中，裁决的执行往往要关系到双方当事人的利益，还要涉及各国的法律及其国家利益，因此执行的过程较为复杂和困难。为了解决各国在承认和执行外国仲裁裁决问题上存在的分歧，使国际商事争议得到有效的解决，国际社会先后签署了《日内瓦仲裁条款议定书》、《关于执行外国仲裁裁决的日内瓦公约》、《承认与执行外国仲裁裁决的公约》(简称《纽约公约》)、《欧洲国际商事仲裁公约》(简称《日内瓦公约》)和《美洲国家间国际商事仲裁公约》(简称《巴拿马公约》)，其中最有影响的是《纽约公约》，已经成为大多数国家执行外国仲裁裁决法律制度的蓝本。

(1)《承认与执行外国仲裁裁决的公约》

1958年6月10日，在联合国主持下国际商事仲裁会议通过《承认与执行外国仲裁裁决的公约》，1959年6月7日正式生效。主要内容有：①将仲裁裁决的含义及范围加以扩展，适用于所有自然人或法人间产生的纠纷、由被申请承认与执行地国之外的国家或地区所作的裁决，或是在被申请承认与执行地国国内作成。②规定仲裁协议必须采用书面形式，包括通过信函、电报等方式。③规定缔约国必须承认外国所作裁决具有拘束力，并依照一定的程序和条件加以执行。④规定申请承认和执行仲裁裁决的一方当事人，应提交仲裁裁决正本、仲裁条款或协议的原本，必要时还应附有上述两项的译本。⑤规定执行国法院拒绝承认和执行外国仲裁裁决的理由事项主要有：当事人依对其适用的法律有某种无行为能力，或者仲裁协议依协议准据法或仲裁地所在国法律无效；当事人一方没有接到关于指派仲裁员或仲裁程序之适当通知或没有能够申辩；裁决处理的争议超过了当事人交付仲裁标的范围;仲裁机关的组成或仲裁程序与当事人的协议不符或与仲裁所在国法律不符。⑥裁决对各方没有拘束力,或经裁决地国或裁决所依据法律的国家的主管机关撤销或停止执行。

我国于1986年加入《纽约公约》,但作了两点保留:①互惠保留,即在互惠的基础上只承认和执行公约缔约国领土内作出的仲裁裁决。②商事保留,即只承认和执行根据中国法律认定为属于契约性和非契约性商事仲裁的裁决。

(2)我国关于承认与执行仲裁裁决的法律

我国《民事诉讼法》和《仲裁法》,分别对中国涉外仲裁机构所作出裁决的执行程序和对外国仲裁机构作出的裁决在中国申请执行的程序做出了明确的规定。

根据我国《民事诉讼法》的规定,经中国涉外仲裁机构作出的裁决,当事人不得再向法院起诉。如一方当事人不履行仲裁裁决,对方当事人可以向败诉人住所地或财产所在地的中级法院申请执行。

法院可不予执行的情形是:①当事人在合同中没有订立仲裁条款或者事后没有达成书面的仲裁协议;②被申请人没有得到指定仲裁员或者进行仲裁程序的通知,或者由于其他不属于被申请人负责的原因未能陈述意见;③仲裁庭的组成或者仲裁的程序与仲裁规则的规定不符;④裁决的事项不属于仲裁协议的范围;⑤法院认定执行该裁决将违背社会公共利益的。如因上述情况,仲裁裁决被法院裁定不予执行时,当事人可以根据双方达成的书面仲裁协议重新申请仲裁,也可以向法院起诉。

根据我国《民事诉讼法》的规定,外国仲裁机构作出的裁决,需要中国法院承认和执行的,应当由当事人直接向被执行人住所地或财产所在地的中级法院申请,法院应当依照中国缔结或参加的国际条约,或按照互惠原则办理。

议题六

奥地利纺织厂通过其在德国的常驻代表将人造羊毛纤维售给德国织物制造商,德国织物制造商以货物质劣为由拒付全部货款。奥地利纺织厂依其售货确认书中所包含的仲裁条款向维也纳商品交易所仲裁庭申请仲裁,并获得了对己有利的裁决。德国织物制造商对此不服,即向当地法院提请诉讼,要求判决该仲裁裁决无效。请分析,法院能接受该诉讼请求吗?为什么?

3. 仲裁裁决的撤销

我国《仲裁法》规定,如果当事人能够提出证据证明裁决有下列情形之一,可以在收到裁决书之日起6个月内向仲裁委员会所在地的中级人民法院申请撤销裁决。具体情形是：①没有仲裁协议的；②裁决的事项不属于仲裁协议的范围或者仲裁委员会无权仲裁的；③仲裁的组成或者仲裁的程序违反法律规定；④裁决所根据的证据是伪造的；⑤对方当事人隐瞒了足以影响公正裁决的证据的；⑥仲裁员在仲裁该案时有索贿受贿、徇私舞弊、枉法裁决的行为。

法院对当事人提出的撤销裁决的申请，组成合议庭审查与核实，认定裁决有《仲裁法》规定情形之一的，应当裁定撤销。法院认定裁决违背社会公共利益的，应当裁定撤销。法院应当在受理撤销裁决申请之日起2个月内做出撤销裁决或者驳回申请的裁定。法院在受理撤销裁决的申请后，认为可以由仲裁庭重新仲裁的，通知仲裁庭在一定期限内重新仲裁，并裁定中止撤销程序。仲裁庭拒绝重新仲裁的，法院应当裁定恢复撤销程序。

第二节　国际商事诉讼制度

国际商事诉讼是指在当事人双方不能通过和解或调解方式解决争议，而又缺少或达不成仲裁协议的情况下，由一方当事人向有管辖权的法院起诉，法院按照有关法律就国际商事争议进行依法裁决的诉讼活动。其中，诉讼的主体为法院和诉讼参与人，客体是国际商事行为。在国际商事活动中，诉讼作为解决争议的手段，仍然是一种主要方式。

案例导入

天津金牛贸易公司与日本大野商社签订了一份电动自行车销售合同，合同成交总金额50万美元，6 000辆自行车，采用30%预付款、70%到付。销售合同签订后，天津金牛贸易公司与瑞雪自行车公司订立加工合同，委托其生产电动自行车。瑞雪自行车公司按时交货，天津金牛贸易公司对其进行验收与装运。日本大野商社收到货后即刻检验，发现电动自行车的质量不合格，于是向当地法院提起诉讼。该法院根据日本诉讼法的有关规定予以受理，并在调查中发现该货是由瑞雪自行车公司提供的，故追加其为第三人，判决天津金牛贸易公司赔偿日本大野商社经济损失20万美元，瑞雪自行车公司20万美元。

根据诉讼法等相关法律的有关规定，请思考下列问题：

1. 国际商事诉讼管辖权的原则如何？
2. 国际司法协助有哪些主要内容？
3. 国际商事仲裁与国际商事诉讼的区别有哪些？

一、国际商事诉讼管辖权

国际商事案件的诉讼管辖权是指一国法院或具有审判权的其他司法机关受理、审判具有国际因素或涉外因素的商事案件的权限。

1. 国际商事诉讼管辖权的原则

在国际商事诉讼法领域中，根据各国立法和国际惯例，一国通常以有关案件同管辖国之间的联系因素作为确定管辖权的依据。根据联系因素的不同，国际上主要有 5 种确定国际商事管辖权的原则。

（1）属地管辖原则

属地管辖原则是指一国对该国领土范围内的一切人、物、法律行为都具有管辖权，但享有司法豁免权者除外。属地管辖原则实际上是根据当事人的住所、被告财产或诉讼标的所在地、合同成立地或履行地等发生地的案件，涉及该国法律，该国就可以对该案件享有管辖权。

议题七

天津金牛贸易公司与日本大野商社签订了一份电动自行车销售合同，于是委托瑞雪自行车公司加工生产。瑞雪自行车公司按时交货，天津金牛贸易公司对其进行验收并装运。日本大野商社收到货后即刻检验，发现电动自行车的质量不合格，于是向法院提起诉讼。请分析，按照属地管辖原则，应由哪国主张对该案件的管辖权？为什么？

（2）属人管辖原则

属人管辖原则是以案件当事人的国籍与法院的关系因素来确定管辖权，只要诉讼当事人一方为某国国籍时，该国法院就可以主张对该案的管辖权。

目前，实行属地管辖原则的国家与实行属人管辖原则的国家在管辖权原则方面日益统一。大部分实行属地管辖原则的国家也开始以属人管辖原则为补充，而实行属人管辖原则的国家，在承认和实行“以原告就被告”原则的同时，对于诉讼标的在本国境内的案件，也开始行使管辖权。

议题八

天津金牛贸易公司与日本大野商社签订了一份电动自行车销售合同，于是委托瑞雪自行车公司加工生产。瑞雪自行车公司按时交货，天津金牛贸易公司对其进行验收并装运。日本大野商社收到货后即刻检验，发现电动自行车的质量不合格，于是向法院提起诉讼。请分析，按照属人管辖原则，应由哪国主张对该案件的管辖权？为什么？

(3)协议管辖原则

协议管辖原则是指双方当事人依据"意思自治"原则，将他们之间的纠纷交由其所选择法院审理。协议管辖原则是对属地管辖原则和属人管辖原则的变更和补充，已为各国普遍接受，但各国对协议管辖案件的范围都予以限定。其范围为：由于一定合同法律关系所发生的争议；当事人只能协议选择一审法院，对上诉案件不适用；协议必须采用书面形式。

(4)专属管辖原则

专属管辖原则是指一国主张它的法院对某些国际民事案件具有独占管辖权，任何个人、组织或其他国家都不能任意剥夺该国对这类案件所享有的管辖权。各国一般把不动产、家庭、婚姻和继承等案件列入专属管辖的范围。

(5)实际控制管辖权原则

实际控制管辖权原则是指法院行使管辖权时，对人是以被告接到传票或本人在本国为依据；对物是以争议的诉讼标的在本国领域内为依据，它主要是英美法系所确认的原则。比如英国就规定，不论当事人的国籍如何，只要这个人在英国，即使他只是一个途经英国的人，诉因同英国也无事实上的联系，英国法院也可对他行使管辖权。同样，一般作为诉讼标的的外国船舶即使只是暂时停泊或经过英国水域，英国法院也可对其行使管辖权。这种管辖权尽管被一些国家不认同，认为是"过分管辖权"，但从对物的实际控制的有效性来考虑是值得借鉴的。

2. 有关管辖权的国际公约

由于各国实行不同的管辖制度，这就难免引起管辖权的冲突，从而使案件经常得不到及时的处理和解决，给商业利益带来不必要的损失，各国迫切希望能建立统一的国际民事管辖权制度，对国际民商事纠纷案件的管辖权做出比较全面的规定，促进国际经济贸易关系的发展。国际上确立统一的民事管辖权制度的努力，是从各个具体的国际经济贸易、科学技术和海事关系领域开始的，有较大影响的是 1968 年 9 月 27 日由欧洲共同体订立的《关于民商事案件管辖权及判决执行的公约》。该公约关于国际商事纠纷案件的管辖权制度中规定的基本内容、基本特点，为国际社会所普遍重视，也被许多国家采用。其主要内容如下：

(1)公约适用的范围

公约适用的范围是民商案件，有关自然人的身份、民事权利能力、夫妻财产制度、遗嘱或继承案件、破产、清偿协议、社会保障和仲裁纠纷的管辖。

(2)管辖原则

公约以被告住所地为确认管辖权的依据，对某些特殊的国际经济与贸易案件还规定了特殊的管辖原则，为解决管辖冲突提供了有效的途径。

(3)解决管辖权冲突的基本原则

公约规定任何国家不应侵犯专属特定国家的管辖权，被告住所地国的法院的管辖权应受到各缔约国的尊重。

二、审判组织和诉讼参加人

1. 审判组织

审判组织是法院对经济诉讼案件进行审理裁判的具体实施组织。我国的经济纠纷案件，由人民法院的经济审判庭负责审理。

法院审理第一审经济案件，由审判员、陪审员共同组成合议庭或者由审判员组成合议庭。合议庭的组成人数必须是单数，适用简易程序审理的经济案件，由审判员一人独任审理。人民法院审理第二审经济案件，由审判员组成合议庭。审理再审的案件，按原审程序另行组成合议庭。合议庭的庭长由院长或庭长指定审判员一人担任，院长或庭长参加审判的，由院长、庭长担任。合议庭评审案件，采取少数服从多数的原则。

2. 诉讼参加人

(1)诉讼当事人

诉讼当事人是指由于民事上的权利与义务关系发生纠纷，以自己的名义进行诉讼，并受人民法院裁判约束的利害关系人。诉讼当事人包括原告、被告、共同诉讼人和第三人，公民、法人和其他组织可以作为诉讼的当事人。

原告是指以自己的名义向人民法院起诉，为保护自己的权益而引起民事诉讼程序发生的人。被告是指因民事权益发生争议，由人民法院通知应诉的人。需要注意的是，原告与被告都是第一审中当事人的称谓，只在第一审中使用。

共同诉讼人是指当事人一方或者双方为两人以上，他们的诉讼标的是共同的或者诉讼标的是同一种类，人民法院认为应当或者可以进行合并审理的诉讼。共同诉讼中的主体为二人以上时，称为共同诉讼人。

设立共同诉讼制度，人民法院可以一并彻底解决与本案有关的主体所发生的纠纷，从而简化诉讼程序，节省诉讼时间和费用，避免人民法院对同一事件作出相互矛盾的判决或裁定。共同诉讼分为必要的共同诉讼和一般的共同诉讼两类。当事人一方或双方为二人以上，其诉讼标的是共同的诉讼，就叫做必要的共同诉讼；当事人一方或双方为二人以上，其诉讼标的是同一种类，人民法院认为可以合并审理并经当事人同意合并审理的诉讼，叫做一般的共同诉讼。

第三人是指在经济诉讼案件中，对他人之间的诉讼标的主张独立的权利，或虽不主张独立的权利，但案件的处理结果与其有法律上的利害关系，而参加到诉讼中来的人。

以是否能主张独立的权利为标准而将第三人分为有独立请求权的第三人和无独立请求权的第三人。有独立请求权的第三人，是指对当事人双方的诉讼标的的全部或者一部分有独立的请求权而参加到已经开始的诉讼中来的人；无独立请求权的第三人，是指对当事人双方争议的诉讼标的没有独立的请求权，但案件的处理结果与他们有法律上的利害关系，会涉及他们的合法权益。

(2)诉讼代理人

诉讼代理人是指经当事人授权其保护当事人的经济权益而在法院参加诉讼的人。参加诉讼的双方当事人均有权依法委托代理人，以此可以帮助他们实现司法保护，使他们能够更有效和便捷地维护自己的合法权益。

诉讼代理人必须以被代理人的名义并为被代理人的利益而进行诉讼活动，其在同一诉讼中仅能代理一方当事人且代理行为必须在代理权限的范围内，超越代理权的代理行为对被代理的当事人不产生法律约束力，也就意味着，诉讼代理人在代理权限内的诉讼行为产生的法律后果均由被代理人承担。

在一般的民事诉讼中，诉讼代理人可以分为法定代理人、委托代理人等，在经济纠纷诉讼中，比较常见的是委托代理。委托代理也称意定代理，是指被代理人(委托人)授权委托代理人(被委托人)而实施的代理行为。当事人、法定代理人可以委托律师、当事人的近亲属、有关的社会团体或者所在单位推荐的人以及经人民法院许可的其他公民作为委托诉讼代理人。委托诉讼代理人数可以是一至二人。委托诉讼代理人的代理权限范围由委托人的授权决定。委托授权分为一般授权和特别授权。特别授权，是指委托人将一特殊权利授予委托代理人，比如接受或部分接受对方诉讼请求的权利，接受一审判决放弃上诉的权利等等。除此之外，委托授权则为一般授权。

三、诉讼的程序

诉讼程序是指法律规定司法机关、当事人和其他诉讼参与人在诉讼活动中所必须遵循的原则、步骤、方式和方法。主要包括第一审程序、第二审程序、审判监督程序、特殊审判程序和执行程序等。

1. 第一审程序

(1)普通程序

①起诉。其是指原告以自己的名义，提请法院通过审判保护其权利的诉讼行为的开始。原告提起诉讼，必须具备三个条件：(a)自己是与本案有直接利害关系的公民、法人或其他组织；(b)有明确的被告，即要有具体的诉讼对象；

(c)有具体的诉讼请求、事实和理由。

②受理。其是指法院接受审理原告提出诉讼请求的案件。法院在接到起诉状后，应进行审查，符合起诉条件的，应当在7日内立案并通知当事人；认为不符合条件的，应当在7日内裁定不予受理，并说明理由。如果法院在受理案件后，发现原告的起诉不符合条件的，应当裁定驳回起诉。原告对不予受理、驳回起诉的裁定不服的，可以上诉。

③庭审前的准备。法院在受理案件后5日内将起诉状副本送达被告，并要求其在15日内向审判庭递交答辩状。被告不答辩的，不影响案件的审理。被告提出答辩状的，法院应当在收到之日起5日内将答辩状副本发送原告。法院对决定受理的案件，应当在受理案件通知书和应诉通知书中向当事人告知有关的诉讼权利和义务。合议庭的组成人员确定后，法院应当在3日内告知当事人。当事人认为合议庭组成人员中有依法应当回避的情形，可以行使申请回避的权利。法院发现必须共同进行诉讼的当事人没有参加诉讼的，应当通知其参加诉讼。

④财产保全。财产保全是为了保护利害关系人或者当事人的合法权益而设，分为诉前保全和诉中保全。诉前保全是指利害关系人由于情况紧急，不立即采取措施将会使其合法权益受到难以弥补的损害，可以在起诉前向人民法院申请采取财产保全措施。申请人应当提供担保，不提供担保的驳回申请。法院采取诉前保全措施之后，申请人应在15日内提起诉讼，逾期不起诉的，人民法院应当解除保全。诉中财产保全是指在经济纠纷诉讼中，法院对于可能因当事人一方的行为或者其他原因，使判决不能执行或者难以执行的案件，可以根据对方当事人的申请，作出财产保全的裁定；当事人没有提出申请，法院在认为必要时也可以依职权裁定采取保全措施。人民法院采取保全措施时，可以责令申请人提供担保，申请人不提供的，驳回申请。

⑤开庭审理。其可分为三个阶段：(a)法庭调查。主要由双方当事人陈述案情并出示证据，在法庭主持下对所有证据逐一进行质证。通过法庭调查，提出并核实有关证据，为查明案件的事实、确定案件的性质、分清是非和责任，奠定坚实可靠的基础。(b)法庭辩论。双方当事人或代理人可以就争议的事实发表自己的意见和观点，并相互展开辩论。辩论终结，审判长应当询问双方的最后意见。(c)调解。从法庭审理到作出判决前这段期间，法官可以征求双方当事人的意见，看其是否愿意在法庭主持下进行调解。如果能够通过调解解决纠纷，法庭可以制作调解协议书。调解书与判决书具有同等法律效力，一方不履行时，另一方有权申请人民法院强制执行。双方当事人达成调解协议后，如果在调解书送达之前，一方又反悔的，法院应当及时判决。如果当事人不愿意调

解，或调解不成，法庭将及时作出判决。

⑥判决。经过法庭调查、法庭辩论之后，又调解不成的，应依法及时作出判决。在合议庭评议后，无论是公开审理还是不公开审理，都必须公开宣告判决。当庭宣判的，应在 10 日内发送判决书；定期宣判的，宣判后立即发给判决书。在法庭宣判时，应当告知当事人上诉权利、上诉期限和上诉的法院。

适用普通程序审理的第一审案件的审结期限为 6 个月，自立案之日起计算。有特殊情况需要延长的，经本法院院长批准，可以延长 6 个月；如果还需要延长，须报请上级法院批准。

(2)简易程序

基层人民法院和它的派出法庭对事实清楚、权利义务关系明确、争议不大的简单的经济纠纷案件，适用简易程序。基层人民法院和它派出的法庭审理前款规定以外的民事案件，当事人双方也可以约定适用简易程序。法院将起诉内容用口头或者书面方式告知被告，用口头或者其他简便方式传唤当事人与证人，案件审结期限为 3 个月。

2. 第二审程序

第二审程序又称上诉审程序，是当事人不服第一审法院的判决或裁定，在法定的期限内向上一级人民法院提出申请，要求对原审判或裁定的正确性和合法性进行审查的审判程序。

(1)上诉的提起和受理

当事人提起上诉，必须具备下列条件：

①必须是对依法可以提起上诉的裁判提起上诉。凡是以普通程序、简易程序所作出的第一审判决以及依法规定可以上诉的第一审裁定，当事人如果不服都可以提起上诉。

②必须是合格的上诉人和合格的被上诉人。

③必须在收到裁判文书起的一定期限内提出。当事人不服民事判决的上诉期间为 15 日，裁定为 10 日。

④必须提交上诉状。上诉状内容应该包括上诉人和被上诉人的身份事项、原审法院的名称和案号、案由、上诉的请求和理由等。

⑤上诉人需要预交上诉费。上诉人提请诉讼时，应按规定的交费标准付费，交费标准与一审相同。

当事人递交的上诉状应当通过原审人民法院提出，并按照对方当事人或者代表人的人数提出副本。原审法院收到上诉状，应当在 5 日内将上诉状副本送达对方当事人，对方当事人在收到之日起 15 日内提出答辩状。法院应当在收到答辩状之日起 5 日内将副本送达上诉人。对方当事人不提出答辩状的，不影响法院审理。原审人民法院收到上诉状、答辩状，应当在5日内连同全部案卷和证据报送第二审人民法院。

(2)上诉案件的审理

第二审人民法院对上诉案件应组成合议庭开庭审理。但是经过阅卷、调查、询问当事人并在事实核对清楚后，合议庭认为不需要开庭审理的，也可以径行判决、裁定。

第二审程序不再是对原来案件进行全面审理，而是就上诉人请求的事实和一审判决或裁定适用的法律进行全面审理。二审法院对上诉案件经过审理，根据不同的情况作出不同处理：如原判决、裁定认定事实清楚，适用法律正确，则以判决、裁定方式驳回上诉，维持原判决、裁定；如原判决、裁定认定事实错误或者适用法律错误，以判决、裁定的方式依法改判、撤销或者变更；原判决认定基本事实不清的，裁定撤销原判决，发回原审人民法院重审，或查清事实后由二审法院改判；原判决遗漏当事人或者违法缺席判决等严重违反法定程序的，由二审法院裁定撤销原判决，发回原审法院重审。

第二审法院审理上诉案件，可以进行调解。双方调解达成协议，应当制作调解书，由审判人员、书记员署名，加盖人民法院印章。调解书送达后，原审法院的判决即视为撤销。

对于判决的上诉案件的审结期限，应当自第二审立案之日起3个月内审结。有特殊情况需要延长的，由法院院长批准。对于裁定的上诉案件，应当自第二审立案之日起30日内作出终审裁定。第二审法院的判决、裁定是终审的判决、裁定。

3. 执行程序

执行程序是经济诉讼的最后阶段，是指法院的执行组织运用国家强制力量，依照已经生效的法律文书，对于负有义务的一方当事人拒不履行义务，根据当事人的申请或人民法院依职权，强制其履行义务所适用的程序。

(1)执行根据

经济诉讼中的执行根据是指人民法院据以执行的法律文书。具体有以下几种：

①法院已经生效的具有给付内容的判决书、裁定书、调解书。当事人在收到法院做出的第一审判决书后15天内，或者在收到第一审裁定书后10天内没有提出上诉的，该判决书或裁定即发生法律效力，对双方当事人产生约束力。

②法院已经生效的支付令。

③仲裁机关的生效裁决书和调解书。

④公证机关的依法赋予强制执行效力的债权文书。

(2)执行案件的管辖

发生法律效力的判决、裁定，以及刑事判决、裁定中的财产部分，由第一审法院执行。法律规定由法院执行的其他法律文书，由被执行人住所地或者被执行的财产所在地法院执行。

(3)申请执行的期间

申请执行的期间为二年。申请执行时效的中止、中断，适用法律有关诉讼时效中止、中断的规定。

(4)执行中止和执行终结

出现下列情形之一，法院应当裁定中止执行：①申请人表示可以延期的；②案外人对执行标的提出确有理由的异议的；③作为一方当事人的公民死亡，需要等待继承人继承权利或者承担义务的；④作为一方当事人的法人或者其他组织终止，尚未确定权利义务承受人的；⑤法院认为应当中止执行的其他情形。

出现下列情形之一，法院应当裁定终结执行：①申请人撤销申请的；②据以执行的法律文书被撤销的；③作为被执行的公民死亡，无遗产可供执行，又无义务承担人；④追索赡养费、扶养费、抚育费案件的权利人死亡的；⑤作为被执行人的公民因生活困难无力偿还借款，无收入来源，又丧失劳动能力的；⑥法院认为应当终结执行的其他情形。

四、国际司法协助

国际商事诉讼程序一般与国内民商事诉讼的程序大致相同，都是以原告向法院起诉，法院受理后，经过审判前的准备、开庭审理，最后判决并执行而结束。但一国法院在审理国际商事案件时，必然会遇到向境外当事人送达法律文件、调查在国外的证据和对外国法院判决的承认与执行等问题，要解决这些问题，大多依赖国与国的司法协助。

国际司法协助是指不同国家之间，根据国际条约和协定，或根据两国共同签订的司法协助协定，法院之间相互协助，为双方代为一定诉讼的行为。具体地说，就是各国法院之间代为送达诉讼文书，询问证人和当事人，以及代为调查取证等诉讼行为的协助。其主要作为是：

1. 送达诉讼文书

送达诉讼文书是指一国法院依照有关国际条约及本国法律规定的程序和方式，将诉讼文书送交在本国领域内没有住所的当事人的诉讼行为。送达诉讼文书是一种重要的司法行为，是一国的司法机关代表国家行使国家主权的一种表现，为了实现有效送达，一国法院可以根据与其他国家间缔结或共同参加的有关双边或多边司法协助条约规定的途径代为送达诉讼文书。

如两国间没有缔结司法协助条约，法院可通过外交途径提出司法协助，请求代为送达，即由一国法院将诉讼文书送交本国外交机关，由其将诉讼文书送达驻外外交机构，并由该外交机构转交所在国的外交机关，再由该国外交机关转交该国法院或有关机构，由其送达受送达人。

2. 调查取证

在国际商事诉讼的司法协助过程中，不同国家的法院是通过互相委托、代为调查取证，从而获得案件的证据，比如收集书证、物证、代为询问证人以及代为鉴定及勘验等。作为行使国家司法主权的一种表现，进行证据调查具有严格的属地性。一国的法院如果没有有关外国的同意，就不能在外国境内调查取证。

五、外国法院判决的承认与执行

1. 外国当事人的诉讼地位

外国人在一国境内具有一定的民事诉讼地位，是进入国际商事诉讼程序的前提条件。规范外国人的诉讼地位问题是国际商事诉讼法的重要内容，各国的诉讼法和各有关的国际条约都对此作了明确的规定。具体内容如下：

(1)国民待遇的基本原则

国民待遇是规范外国自然人诉讼权利与义务的基本原则。各国的诉讼立法和各有关的国际条约在规范外国人诉讼地位时，一般在原则上给外国自然人以国民待遇，即规定外国人享有与本国国民同等的民事诉讼权利，承担同样的民事诉讼义务。

(2)以外国自然人的诉讼行为能力为依据

各国诉讼立法都明确规定，承认外国人的诉讼行为能力依其属人法。为了求得商事诉讼法律关系的稳定，保护善意的对方当事人，特别是本国国民的合法权益，各国在规定的依属人法决定外国人诉讼行为能力的同时，作为补充，都规定如果依法院地法有关外国人具有诉讼行为能力，即视为有行为能力。

(3)外国法人诉讼地位的规定

外国法人的诉讼地位一般由诉讼法做出具体的规定。

2. 承认和执行外国法院判决的方式

(1)登记制度

登记制度是指外国法院判决须在本国登记，经本国作形式上的审查，认为符合本国法律条件的，予以承认和执行。

(2)执行状制度

执行状制度是指一国法院通过签发执行令状来承认和执行外国法院的判

决。执行状制度的最大特点是将承认外国法院判决和执行外国法院判决分为两个不同的程序,并规定不同的条件。对于那些不仅需要承认也需要执行的判决,有些国家(如德国、日本)只作形式上的审查,只要符合本国承认和执行外国判决的条件就发给执行令状,予以执行。有的国家,如西班牙、比利时等,要从法律和事实两个方面对判决作实质性审查,认为判决正确的才发给执行令状。

(3)重新判决制度

英美普通法系的国家不直接执行外国法院的判决,而是把外国法院的判决作为重新提起诉讼的一种证据或事实,本国法院要重新审理。经过审理,如认为与当地法律无抵触,就由本国法院做出一个与外国法院判决内容相同的判决,然后予以执行。

3. 承认与执行外国法院判决的条件

通常一国法院的判决只能在判决国领域内生效,如未得到有关国家的承认,任何外国法院的判决在该国领域内都没有法律效力。因而,一国法院承认与执行外国法院的判决,这在司法上是指一国法院依一定的法律程序承认外国法院已生效的判决,使它在本国境内发生效力并加以强制执行的行为。

承认与执行外国法院的判决一般须具备六个条件:①该外国法院判决是已发生法律效力的判决;②按承认和执行国法律,判决国法院对该案有管辖权;③判决是依判决国的程序法规定做出的;④对该判决的承认和执行不违反本国的公共秩序和善良风俗;⑤判决中没有法律规避问题;⑥承认执行国与判决国之间有一定的互惠保证。

六、国际商事仲裁与国际商事诉讼的区别

国际商事仲裁与国际商事诉讼的区别主要有以下几个方面:

1. 争议案件受理的机构不同

国际商事争议案件采用仲裁,其受理机构通常是约定的国际性仲裁机构、地区性仲裁机构和国别性仲裁机构;国际商事争议案件采用诉讼,其机构一般为双方当事人中的一国法院或者第三国法院。

2. 争议案件受理的依据不同

国际商事仲裁机构受理国际商事争议案件的依据是仲裁条款或仲裁协议,否则,不予以受理,当事人只能采取其他解决争议的方式;各国法院受理国际商事争议案件的依据是起诉书和有关证据材料,如不符合有关规定,法院不予以受理。

3. 争议案件审理的方式不同

国际商事争议案件采用仲裁,仲裁机构通常不公开审理,其形式有利于保

护当事人的商业秘密，其时间也较少；国际商事争议案件采用诉讼，法院通常要开庭审理，进行法庭调查，由双方当事人陈述案情并出示证据，在法庭主持下进行法庭辩论，双方当事人或代理人就争议的事项发表自己的意见和观点。这样，商业秘密的保护性较弱，且周期较长。

4. 争议案件裁决的效力不同

国际商事仲裁的裁决是终局性的，当事人不得再向法院起诉。如一方当事人不履行仲裁裁决，对方当事人可以向败诉人住所地或财产所在地的中级法院申请执行；国际商事的诉讼通常有多审，第一审受理后对判决不服的，可以上诉进行第二审。第二审法院对上诉案件可发回原审法院重审或改判，第二审法院的判决是终审的判决。

思考与检测

一、单项选择题

1. 根据《纽约公约》的规定，仲裁协议事项适用于(　　)。

A. 民事争执问题　　B. 商事争执问题

C. 遗产争执问题　　D. 非商事争执问题

2. 中国国际经济贸易仲裁委员会隶属于中国国际商会，总会设在(　　)。

A. 北京　　B. 上海

C. 深圳　　D. 大连

3. 中国国际经济贸易仲裁委员会的仲裁裁决得到(　　)多个国家的承认和执行。

A. 30　　B. 50

C. 70　　D. 140

4. 中国国际经济贸易仲裁委员会的现行仲裁员名册中共有 492 名仲裁员，其中(　　)来自中国香港、澳门特区和其他国家。

A. 138 位　　B. 148 位

C. 158 位　　D. 168 位

5. 仲裁员是否回避，由(　　)决定。

A. 仲裁委员会主任　　B. 仲裁委员会集体

C. 当事人　　D. 以上都不是

6. 当事人因另一方当事人的行为可能使裁决不能执行的，可向仲裁委员会申请(　　)。

A. 撤诉　　B. 中止

C. 财产保全　　D. 调解

7. 在提请常设机构仲裁时，申诉人不须提交的是(　　)。

A. 批准书
B. 案件登记费和仲裁费用保证金
C. 申诉书
D. 证据材料

8. 在国际商事仲裁中，仲裁审理形式主要以(　　)为主。

A. 口头审理
B. 公开审理
C. A 与 B
D. 书面审理

9. 为了解决各国在承认和执行外国仲裁裁决问题上的分歧，国际社会先后签署了多个公约，其中最有影响的是(　　)。

A.《日内瓦公约》
B.《纽约公约》
C.《巴拿马公约》
D.《海牙公约》

10. 调查取证作为行使国家司法主权的一种表现，其依据是(　　)。

A. 议定管辖原则
B. 协定管辖原则
C. 属地管辖原则
D. 属人管辖原则

二、多项选择题

1. 解决国际商事争议的方式主要有四种，其中(　　)越来越受到人们的重视。

A. 协商
B. 调解
C. 仲裁
D. 诉讼

2. 国际商事仲裁协议采用书面形式，一般有下列(　　)类型。

A. 仲裁条款
B. 仲裁协议书
C. 委托书
D. 其他有关书面文件中所包含的仲裁协议

3. 我国《仲裁法》规定不能仲裁的事项为(　　)。

A. 婚姻
B. 收养
C. 扶养
D. 监护

4. 中国国际经济贸易仲裁委员会在(　　)设立了办事处。

A. 重庆
B. 成都
C. 大连
D. 长沙与福州

5. 我国《仲裁法》规定，拥有仲裁员资格的条件是(　　)。

A. 曾任审判员满 8 年
B. 从事仲裁工作满 8 年
C. 从事经济贸易并具有高级职称
D. 从事律师工作满 8 年

6. 我国《仲裁法》规定，仲裁员必须回避的情形是(　　)。

A. 与本案有利害关系的
B. 与本案当事人有其他关系的
C. 私自会见当事人的
D. 是本案当事人近亲属的

7. 在提请常设机构仲裁时，申诉人要提交(　　)。

A. 批准书
B. 贸易合同
C. 申诉书
D. 证据材料

8. 仲裁审理形式主要有(　　)。

A. 口头审理
B. 书面审理

C. 外国审理　　　　D. 本国审理

9. 承认与执行外国法院的判决一般须具备的条件是(　　)。

A. 已发生法律效力的判决　　　　B. 判决国法院对该案有管辖权

C. 依判决国的程序法规定做出　　　　D. 不违反本国的公共秩序

10. 有关国际条约对外国人的诉讼地位问题的规定为(　　)。

A. 国民待遇的基本原则　　　　B. 以外国自然人的诉讼行为能力为依据

C. 以代理人为依据　　　　D. 外国法人诉讼地位的规定

三、判断题

1. 仲裁协议书一般是在争议发生前,有关当事人经过平等协商,共同签署的将其争议提交仲裁解决的一种专门性文件。　　(　　)

2. 仲裁协议的内容不能与仲裁地国家的公共秩序相抵触,否则,仲裁协议无效。(　　)

3. 在签订仲裁协议时,当事人往往力争在国际性的常设仲裁机构仲裁。　　(　　)

4. 世界上大多数国家法律都规定,仲裁裁决是终局性的。　　(　　)

5.《联合国国际贸易法委员会仲裁规则》规定,拥有公民权和一定专门知识的人士都可担任仲裁员。　　(　　)

6. 即使申诉人赢了的裁决,其保证金不得向败诉方求偿。　　(　　)

7. 独任仲裁员必须由双方当事人在仲裁员名册中指定。　　(　　)

8. 裁决应当按多数仲裁员的意见做出。　　(　　)

9. 根据我国《民事诉讼法》的规定,经中国涉外仲裁机构作出的裁决,当事人不服可向法院起诉。　　(　　)

10. 属人管辖原则是以案件当事人的国籍与法院的关系因素来确定管辖权,只要诉讼当事人一方为某国国籍时,该国法院就可以主张对该案的管辖权。　　(　　)

四、案例题

1. 杭州碧溪外贸公司(简称杭州公司)与房西有限责任公司(简称房西公司)因钢材贸易发生纠纷,依据合同仲裁条款,杭州公司向中国国际经济贸易仲裁委员会申请仲裁,要求房西公司赔偿因钢材不合格造成的损失。经审理,仲裁委员会裁决驳回了杭州公司的请求,同时裁决杭州公司支付房西公司钢材价款30万美元。房西公司申请被执行人住所地的杭州市中级人民法院强制执行,而杭州公司认为,房西公司未提出反请求,仲裁委员会就裁决杭州公司支付30万美元,实属裁决不公。请分析,杭州公司可如何行使权利?

2. 某公司与香港某公司就合资公司的股权转让签订了“股权转让合同书”。该“股权转让合同书”在公证处公证。市人民政府批复同意合资公司股东的变更申请。合资公司全部股权转让后,承让方即取代转让方在合资公司的股东地位,并继续履行合资公司原合营合同和章程。合同书规定,由于合资公司的债权债务未作清理,所以股权转让款29万美元由承让方汇入合资公司的账户保存,由合资公司用来清偿其在股权转让前发生的债务(债权、债务相抵后的净债务)。承让方应在一周内,将29万美元汇入合资公司专用的账户。逾期未将款汇入，则每天支付违约金300美元。逾期30天，除支付违约金外，转让方有权向承让方追究法律责任。但是，后来承让方并未支付。转让方多次交涉，要求支付股权转让款，均没有结果，只好向中国国际经济贸易仲裁委员会深圳分会提出仲裁申请，请求由被诉人支付股权转让款人民币67万元和延期付款滞纳金人民币549 400元以及仲裁费用。请分析，仲裁委员会裁决何方胜诉？

五、简答题

1. 简述国际商事仲裁协议的法律效力。

2. 简述根据我国《民事诉讼法》的规定，法院可不予执行裁决的情形。

3. 简述国际商事仲裁与国际商事诉讼的区别。